इश्क़ का ज़हर भरा प्याला

इश्क़ का ज़हर भरा प्याला

कमाल अमरोही-मीना कुमारी की दास्तान-ए-मोहब्बत

अनिता पाध्ये

MANJUL

मंजुल पब्लिशिंग हाउस

मंजुल पब्लिशिंग हाउस

कॉर्पोरेट एवं संपादकीय कार्यालय

• द्वितीय तल, उषा प्रीत कॉम्प्लेक्स, 42 मालवीय नगर, भोपाल-462 003
विक्रय एवं विपणन कार्यालय

• सी-16, सेक्टर 3, नोएडा, उत्तर प्रदेश, 201301
वेबसाइट : www.manjulindia.com

वितरण केन्द्र

अहमदाबाद, बेंगलुरू, भोपाल, कोलकाता, चेन्नई,
हैदराबाद, मुम्बई, नई दिल्ली, पुणे

मेरे स्वर्गीय पिता को...
जिन्होंने मुझे करियर बनाने के लिए
हमेशा प्रोत्साहित किया।

– अनिता

भूमिका

अपनी फ़िल्मों में नारी की एक सशक्त छवि पेश करने वाला भावनात्मक और संवेदनशील लेखक, क्या प्रत्यक्ष जीवन में इतना कठोर और निर्दयी भी हो सकता है? क्या मीना कुमारी जैसी स्तरीय अभिनेत्री अपने पति का इतना कठोर शासन चुपचाप बर्दाश्त कर सकती हैं?

ऐसे अनेक सवालों ने मेरे मन में 'व्यक्ति अमरोही' के प्रति एक कौतूहल का निर्माण किया और अंततः इस पुस्तक का जन्म हुआ। अमरोही और मीना कुमारी को निकट से जानने वालों, उनके पत्रों और डायरियों द्वारा उनके बीच के संबंधों को मैंने एक सूत्र में पिरोने की कोशिश की है।

पति-पत्नी अपने वैवाहिक जीवन में घटने वाली प्रत्येक घटना के मूक गवाह होते हैं और यही घटनाएँ उनके वैवाहिक जीवन का, उनके रिश्ते का आधारस्तंभ बनती हैं। अमरोही और मीना कुमारी में कौन सही था और कौन ग़लत? मैं किसी को कठघरे में खड़ा नहीं करना चाहती, पर इस पुस्तक के द्वारा मैंने 'व्यक्ति अमरोही' को समझने का प्रयास भर किया है। अमरोही-मीना कुमारी के संबंधों का जो पक्ष मैंने जाना-समझा, उसी को ज्यों का त्यों आपके समक्ष रख दिया है। संभव है, उनके जीवन में इन सबसे अलग और भी कुछ घटा हो, पर सच और झूठ पर से पर्दा उठाने वाले वे दोनों ही इस दुनिया में अब नहीं हैं, इसलिए यह कार्य मेरे लिए और भी चुनौती भरा था।

हिंदी में यह मेरी पहली पुस्तक है। आशा है पाठक इसे पसंद करेंगे। पुस्तक को अंतिम रूप देने के दौरान जिन छोटी-छोटी समस्याओं से मेरा सामना हुआ, उनका निदान करने में हमेशा की तरह श्री विनय नेवालकर ने मेरा साथ दिया।

—अनिता पाध्ये

1

कमाल अमरोही, यानी विलक्षण दूरदृष्टि संपन्न एक व्यक्तित्व। कवि हृदय का यह शायर हुस्न का पुजारी था। यही कारण था कि हुस्न की मलिका कही जाने वाली मधुबाला उनका दिल नहीं जीत सकीं, जबकि ख़ास सुंदर न होते हुए भी शायर मिजाज़ मीना कुमारी उनके दिल की मलिका बनीं। कमाल अमरोही प्रेम का सम्मान करने वाले प्रेमी और लेखक-निर्देशक के रूप में किसी तरह का समझौता न करने वाले कलाकार थे। वे पारंपरिक रीति-रिवाजों में यक़ीन करने वाले कर्मठ इंसान थे। मुसलमान हालाँकि मोहर्रम के दिनों में आमोद-प्रमोद का काम नहीं करते, लेकिन अमरोही इस धार्मिक मान्यता को तरजीह न देते हुए तरक़्क़ी पसंद कलाकार थे। सैयद परिवार में जन्मे और अपनी ख़ानदानी विरासत पर गर्व करने वाले इस व्यक्ति ने अपनी शर्तों और अपनी मर्ज़ी की ज़िंदगी जी।

ज़मींदार घराने में जन्मे सैयद हैदर आगे चलकर कमाल अमरोही के नाम से जाने गए। दिल्ली से थोड़ा आगे मुरादाबाद के पास एक छोटा-सा गाँव है 'अमरोहा'। अमरोही इसी गाँव के निवासी थे।

अमीर हैदर 17 जनवरी 1918 के दिन पैदा हुए। उनके कुछ रिश्तेदार मुस्लिम काल गणना के अनुसार 1917 में उनकी पैदाइश बताते हैं, तो यह कहना गलत न होगा कि अमरोही के विवादास्पद जीवन की शुरुआत उनके जन्म से ही हो गई थी।

अमरोही के घर वाले लाड़ से उन्हें चंदन कहकर पुकारते थे। चंदन आठ साल का था, तभी उनके पिता का निधन हो गया। पितृविहीन चंदन शरारतें करता, तो भी उसे कोई डाँटता-फटकारता नहीं था। चंदन का लालन-पालन उसके चाचा अल्लामा शफ़ीक हसन एलिया ने किया। उनके घर के लोग सोचते थे कि बिना बाप के अनाथ बच्चे पर हाथ उठाने से पाप लगेगा। चंदन परिवार वालों की इस सोच का नाजायज़ फ़ायदा उठाने लगा, और दिनों-दिन घर-गाँव में उसकी शरारतें बढ़ती गईं।

चंदन की अम्मी हर वक़्त अपने गले में एक बटुआ लटकाए रहती थीं, जिसमें वे सौंफ़ और इलायची के साथ छुट्टे पैसे भी रखती थीं। बटुआ उनकी छाती पर लटकता रहता था। आटा गूँथते या दूसरे काम करते समय जब उनके दोनों हाथ

फँसे होते थे, तो मौक़ा देखकर चंदन उनके पास पहुँचकर सौंफ़ की माँग करता। उसे पता होता था कि अम्मी हाथ धोकर बटुए से सौंफ़ निकाल कर देने के बजाय, यही कहेंगी कि ख़ुद ही निकाल लो और होता भी यही था। अम्मा कहतीं, "तुम्हीं निकाल लो", लेकिन सौंफ़ का तो महज़ बहाना होता था। वह बटुए से पैसे निकाल कर सीधा मुँह में डाल लेता और उसकी अम्मी को पता भी नहीं चलता था। चोरी के उन पैसों से वह गाँव के दोस्तों के साथ सर्कस देखने जाता। उस ज़माने में सर्कस देखना अच्छा नहीं माना जाता था। सर्कस देखने का अपराध करने वाले बच्चों का सिर सज़ा के तौर पर मुँडवा दिया जाता था, ताकि सारे गाँव को पता चल जाए कि उसने कोई शरारत की है।

इसके बावजूद घर वालों की नज़र बचाकर चंदन चोरी-छिपे सर्कस देखने जाता था। अमरोही का स्वभाव बचपन से ही रूमानी था। रूमानियत उनके ख़ून में रची-बसी थी। चंदन अभी सिर्फ़ आठ साल का था कि उत्तरप्रदेश की नामचीन गायिका माला गिरि ख़ास आमंत्रण पर अमरोहा आई थीं। चौबीस-पचीस साल की उस रूपसी को देखकर चंदन उस पर मोहित हो गया। उसकी एक झलक पाने के लिए चंदन घंटों उसके घर के सामने खड़ा रहता। घर में इधर-उधर, आते-जाते, खिड़की से बाहर झाँकते उस युवती की नज़र अक्सर चंदन पर पड़ती। शुरुआत में उसे लगा कि छोटा बच्चा है कौतूहलवश देख रहा है, लेकिन यह महसूस करके कि इस बच्चे की नज़र बाल सुलभ नहीं है, एक दिन उसने चंदन को बुलाकार उसे समझाने के अंदाज़ में कहा, "मुझे तुम्हारे बात करने, अपनी ओर देखने का भाव समझ में आता है। तुम्हारी नज़र छोटे बच्चे की कौतूहल भरी नज़र नहीं है। तुम्हारी आँखों में मुझे अपने प्रति आकर्षण दिखाई देता है, लेकिन मैं उम्र में तुमसे काफ़ी बड़ी हूँ। मेरा-तुम्हारा कोई मेल नहीं है। तुम भले ख़ानदान के लड़के हो, तुम्हें यह सब शोभा नहीं देता!"

माला गिरि के अमरोहा से जाने के बाद चंदन पीछे लगकर उसके गाँव चंदौसी जा पहुँचा। माला गिरि ने ऊँच-नीच समझा कर उसे अमरोहा वापस भेज दिया। यह सारी बातें घर वालों को पता नहीं चलीं, लिहाज़ा इस बार चंदन बच गया। उसकी शरारतें सीधी-सादी, अपने हम-उम्र लड़कों जैसी नहीं थीं, बल्कि बिलकुल अनोखी होती थीं, लेकिन जब वह ऐसी-वैसी शरारत करता और कोई उसकी शिकायत लेकर घर आता, तो मार पड़ने के डर से वह भागकर सीधा अपनी अम्मी के आँचल में जा छिपता था। उसके चाल-चलन को लेकर अम्मी गुस्सा करतीं तो कहता, "अम्मी, देखना एक दिन मैं मेहनत करके ख़ूब पैसे कमाऊँगा और लाकर तुम्हारे आँचल में डाल दूँगा। देखना उन पैसों के वज़न से तुम्हारा आँचल फट जाएगा।"

उम्र बढ़ने के साथ-साथ चंदन की उद्दंडता भी बढ़ती गई। वह साढ़े तेरह साल का था, तब की बात है। उस समय, उसके गाँव में टोकरी में मैला ढोने का रिवाज

था। सफ़ाई कर्मी टोकरी में घरों से मैला उठाकर उसे गाँव के बाहर घूरे पर डालकर उस पर राख डाल देते थे। अमरोहा में यह काम एक जवान और ख़ूबसूरत युवती करती थी। वह हमेशा अपने पैरों में चाँदी की पायल पहनती थी। तवायफ़ के प्रेम का भूत उतरने के बाद चंदन मैले की टोकरी ढोने वाली इस युवती के सम्मोहन में फँस गया। वह भी उम्र में उससे बड़ी थी, लेकिन उसकी उम्र, उसकी जाति, उसके पेशे की चंदन की नज़र में कोई अहमियत नहीं थी। अहमियत थी तो सिर्फ़ उसकी ख़ूबसूरती की। (अपने बच्चों को अपनी उस मोह आसक्ति की कहानी सुनाते हुए अमरोही कहते, "वह ठुमक-ठुमक कर चलती, तो मेरा दिल चाक हो जाता।") चंदन उसका पीछा करने लगता तो वह कहती, "बाबा मेरी जान छोड़ो, मैं नहीं आऊँगी तुम्हारे साथ। मेरे मोहल्ले में मर्दों का कोई अकाल नहीं है कि मैं तुम्हारे जैसे बच्चे के मुँह लगूँ, जिसकी अभी मुश्कें भी नहीं उभरीं, अभी जिसके दूध के दाँत तक नहीं टूटे!" अपने प्रति चंदन के आकर्षण को भाँपकर वह उससे जी भर कर छेड़खानी करती। उसे चंदन से कोई लगाव नहीं था। टोकरी लेकर उसके गाँव में निकलने का समय होते ही चंदन बाल सँवार कर उसके पीछे लग जाता, पर वह सफ़ाई कर्मी चंदन की तरफ़ देखती भी नहीं थी।

उसकी उपेक्षा से आहत एक दिन चंदन ने उसे तंग करने के इरादे से पटाखे का एक बाण लिया और उसे मिट्टी के तेल की बोतल में रख दिया।

"मुझे भाव नहीं देती, तो देख आज तुझे अच्छा मज़ा चखाता हूँ।" उसने मन-ही-मन सोचा कि जलता हुआ बाण इसके पास से गुज़रेगा, तो यह बिलकुल ही घबरा जाएगी और हाथ की टोकरी ज़मीन पर रख कर हक्का-बक्का होकर इधर-उधर देखने लगेगी, तब बड़ा मज़ा आएगा, लेकिन हुआ उलटा। बाण युवती के बग़ल से जाने के बजाय सीधा उसके कपड़ों में जा घुसा। वह आतंकित होकर "मरSSS गई, मरSSS गई" कहती चिल्लाने लगी और कुछ देर के लिए बेहोश हो गई। उसकी चीख-पुकार सुनकर आस-पास के लोग दौड़ पड़े। अब तो अपनी ख़ैर नहीं, यह सोच कर चंदन वहाँ से फूट लिया। होश में आने पर सफ़ाई कर्मी युवती ने लोगों को सारी बातें बताईं।

कुछ घंटों बाद उस युवती की जाति के तक़रीबन दो-तीन सौ लोगों की टोली लाठी-डंडों से लैस होकर चंदन को मारने के लिए उसके घर आ धमकी। "अमीर को बाहर निकालो" चिल्लाने लगी। गाँव में चंदन के चाचाजी का काफ़ी मान था। इसलिए लोग उनके घर में घुसने की हिम्मत नहीं कर सके। "हुज़ूर अमीर को बाहर निकालिए। वह आपके ख़ानदान का नाम मिट्टी में मिलाकर रहेगा। आज उसने हमारी बेटी को जलाने की कोशिश की।" यह कहकर भीड़ हो-हल्ला मचाने लगी। बाहर लोग मारने आए हैं, यह सुनकर चंदन भागकर अपनी अम्मी के आँचल में जा छिपा। "अम्मी मुझे बचा लो, वे लोग मुझे मार डालेंगे।"

"बेटा, जैसा कि ये लोग कह रहे हैं, तुमने ख़ानदान की इज़्ज़त को बट्टा लगाने वाला कोई काम किया होगा। है न?" अम्मी को इस बात से भारी सदमा लगा था। कहीं यह लड़का बिगड़ तो नहीं जाएगा? पलभर में उनका मन तरह-तरह की आशंकाओं से भर गया। चंदन के चाचा ने सोचा कि लोग इतनी बड़ी भीड़ लेकर आए हैं। इसका मतलब है कि चंदन की ख़ैर नहीं है। मामले की नज़ाकत को देखते हुए उन्होंने चंदन की ओर से माफ़ी माँगी और उन्हें कुछ पैसे देकर मामला रफा-दफा कर दिया।

वह युवती अमरोही को सारी ज़िंदगी याद रही। कारण कि उसी की वजह से उनके जीवन को एक नई दिशा मिली। यही कारण था कि उन्होंने *पाकीज़ा* में उस युवती का व्यक्तित्व चित्रण पेश किया। राजकुमार घर आकर हाथ-पाँव धो रहे होते हैं, उसी समय एक सफ़ाई कर्मी आती है और पूछती है, "कंगन कब पहनाओगे?" जवाब में राजकुमार कहते हैं, "पहले ब्याह तो कर, फिर कड़े ही कड़े पहनाता हूँ।"

"मैंने अपना ब्याह तो कर लिया, अब आप करो।"

"चल हट मुई। मुँह लगती है।"

इस घटना से भी चंदन पर कोई ख़ास असर नहीं पड़ा। एक-दो दिन में फिर से उसकी शरारतें शुरू हो गईं। उसे इस बात का पूरा भरोसा था कि "मैं घर में सबसे छोटा हूँ, ऊपर से अब्बा भी नहीं हैं, इसलिए कोई मुझे डाँटे-मारेगा नहीं।"

लेकिन यह घटना हवा में उड़ा देने वाली नहीं थी। उसके घर वालों को लगने लगा था कि अगर अभी से चंदन पर अंकुश न लगाया गया, तो बड़ा होकर यह लड़का हाथ से निकल जाएगा, निरंकुश हो जाएगा और घर की इज़्ज़त मिट्टी में मिला देगा। लिहाज़ा, पूरे परिवार ने एक राय होकर चंदन के बड़े भाई रज़ा हैदर को बुलाने का फ़ैसला किया, जो चंदन से अट्ठारह साल बड़े थे। रज़ा हैदर उन दिनों सहारनपुर में पुलिस महकमे में नौकर थे। अल्लामा शफ़ीक हसन एलिया ने पत्र लिख कर मामले का ब्योरा देते हुए, रज़ा हैदर को फ़ौरन अमरोहा आने को कहा। उन्होंने अपने पत्र में यह भी लिखा, "तुम अमरोहा आकर चंदन को समझा दो, वरना वह बिगड़ जाएगा। उसने फिर कोई ग़लत हरकत की, तो फिर मुझे दोष न देना कि मैंने उस पर ध्यान नहीं दिया। बिना बाप का बेटा है, मैं उस पर हाथ भी नहीं उठा सकता।"

जिस समय रज़ा हैदर अमरोहा पहुँचे, चंदन के घर किसी रिश्तेदार की लड़की की शादी थी। कुछ लड़कियाँ पलंग पर बैठ कर ढोल बजा रही थीं। अपनी तरफ़ लड़कियों का ध्यान खींचने की गरज से चंदन उनके आस-पास ही मँडरा रहा था। घर काफ़ी बड़ा था। बाहर आंगन में कई सीढ़ियाँ थीं। उन सीढ़ियों पर एक तरफ़ गुलाब की क्यारियाँ थीं। उनके पास एक बड़ा सा दोलान था। छह फुटे रज़ा हैदर ने घर के आंगन में क़दम रखते ही भारी आवाज़ में हाँक लगाई, "चंदन ऽऽऽ!"

कमाल अमरोही का अमरोहा का घर

अचानक आ पहुँचे बड़े भाई को देखकर चंदन खुशी से उछल पड़ा और "आदाब भाई साहब", कहता लपक कर उनके पास आ खड़ा हुआ। भाई साहब क्यों और किस मनःस्थिति में आए हैं, इसका उसे कोई अंदाज़ा नहीं था। रज़ा हैदर ने उससे सवाल किया, "क्यों बख़ुर्दार, ख़ानदान का नाम रोशन कर रहे हो?" हालाँकि रज़ा हैदर ने यह बात तंज़ में कही थी, लेकिन चंदन को लगा कि भाई साहब उसकी तारीफ़ कर रहे हैं। यही सोचकर उसने हँसते हुए जवाब दिया, "जी हाँऽऽऽ !" वह आगे कुछ कहता, इससे पहले रज़ा हैदर ने उसके गाल पर एक झन्नाटेदार थप्पड़ जड़ दिया। थप्पड़ इतना ज़ोरदार था कि चंदन छिटक कर गुलाबों की क्यारी में जा गिरा। उसका चेहरा और कपड़े कीचड़ से सन गए। उसकी वह हालत देखकर लड़कियाँ खिलखिला कर हँस पड़ीं। चंदन जैसे-तैसे उठा और हँसती-खिलखिलाती लड़कियों पर एक नज़र मारता चुपचाप अपने कमरे में चला गया। रात के खाने के समय भी वह कमरे से नहीं निकला। उसकी अम्मी और दादी ने उसे खाने के लिए बुलाना चाहा, तो रज़ा हैदर ने मना करते हुए कहा, "उसे भूखा रहने दो। यही उसकी सज़ा है।" उसके बाद किसी ने उसे खाने के लिए नहीं बुलाया। अपमानित चंदन ने तय कर लिया कि अब अमरोहा में नहीं रहना है। अंततः उसे पढ़ने के लिए उसकी बड़ी बहन खुर्शीद के पास देहरादून भेज दिया गया, लेकिन वहाँ पहुँचकर भी चंदन की आशिक़मिजाज़ी नहीं गई। एक युवती के नाम लिखा उसका पत्र जीजाजी के हाथ लग गया, जिसके लिए उन्होंने चंदन को जमकर आड़े हाथों लिया। चंदन के ख़र्च के

लिए अमरोहा से माहवार छह रुपये आते थे। जीजाजी की डाँट खाने के बाद एक रात दो-ढाई बजे चंदन दबे पाँव अपने कमरे से बाहर आया। बिना आहट के बाहर के कमरे में रखी आलमारी उसने खोली और बड़ी बहन खुर्शीद की (जो उससे दो साल बड़ी थी) चाँदी की पायल निकाल ली और चुपके से घर से निकल कर बाहर आया और सीधे स्टेशन की राह ली।

उसने मन ही मन सोचा, उसके इस तरह बिना बताए घर छोड़ देने से घर वाले परेशान होंगे और यही उनकी सज़ा होगी। वह स्टेशन तो पहुँच गया। कहाँ जाना है, क्या करना है, उसे कुछ भी पता न था। कुछ देर बाद स्टेशन पर एक गाड़ी आई। यह जाने बिना कि गाड़ी कहाँ जा रही है, वह उस पर सवार हो गया।

2

कु छ ही घंटों में वह गाड़ी लाहौर पहुँच गई। अपनी क़िस्मत से अनजान चंदन प्लेटफ़ार्म पर उतर गया। उसकी जेब में केवल आठ रुपये थे, जो बहन की पायल बेच कर मिले थे। जल्दी ही चंदन के यह पैसे भी ख़त्म हो गए, अब उसके सामने यह सवाल मुँह बाएँ खड़ा था कि अब क्या करूँ? इसी उधेड़बुन में घूमते हुए वह लाहौर के ओरियंटल कॉलेज परिसर में पहुँच गया। 1931 के शुरूआती दिन थे। कॉलेज के गेट से छात्र आ-जा रहे थे। चंदन के मन में पढ़ने की ललक तो थी, पर ख़ाली जेब इसकी इजाज़त नहीं दे रही थी। इसलिए चंदन आशा भरी नज़रों से कॉलेज को देखते हुए एक पेड़ की छाँव में बैठ गया।

शाम हो गई, कॉलेज बंद हो गया, लेकिन चंदन वहाँ से नहीं उठा। उसी समय कॉलेज कैंपस में ही रहने वाले कॉलेज के जर्मन प्रिन्सिपल मि. वुलनर और उनकी पत्नी हेलेना खुली गाड़ी में घूमने निकले, तो गेट के बाहर निकलते हुए उनकी नज़र चंदन पर पड़ी। उस समय तो उन्होंने उसे नज़रअंदाज कर दिया, पर जब तीन दिनों तक यही सिलसिला चलता रहा, तो उनसे न रहा गया और उन्होंने ड्राइवर को भेजकर चंदन को बुलवाया और पूछा,

"तुम्हारा नाम क्या है?"

"अमीर हैदर।"

"यहाँ क्यों बैठे हो?"

"मुझे पढ़ना है," चंदन ने कहा।

"तुम्हारे पास पैसे हैं?"

"नहीं।"

"फिर कैसे पढ़ोगे? घर से भागकर आए हो?"

"हाँ।"

"तुम्हारे माँ-बाप को मालूम है कि तुम लाहौर में हो?"

"नहीं। मैं कुछ बनना चाहता हूँ।"

15

"इस पेड़ के नीचे बैठकर तुम कुछ बन पाओगे?"

"नहीं, इसके लिए पढ़ना जरूरी है।"

"फिर यहाँ बैठने से क्या मिलेगा?"

"मिसेज़ वुलनर ने, जो उनकी बातें सुन रही थीं, अपने पति से कहा, "इतने छोटे-से बच्चे से कितने सवाल कर रहे हो?" फिर कुछ सोच-विचार कर वुलनर ने चंदन से कहा, "अगर तुम्हें पढ़ना है, तो चलो गाड़ी में बैठो।"

और वे चंदन को अपने साथ ले गए।

"हमारी कोई संतान नहीं है। हम तुम्हें अपने बेटे की तरह रखेंगे, पढ़ाएँगे, लेकिन एक शर्त है कि तुम्हें यूनिवर्सिटी में टॉप करना होगा, तभी तुम हमारे बेटे कहलाने लायक़ होगे। वादा करो कि तुम टॉप करोगे।" चंदन ने फ़ौरन हामी भर दी।

इसके बाद चंदन वुलनर दंपत्ति के साथ रहते हुए कॉलेज में पढ़ने लगा। चंदन को सचमुच सरस्वती का वरदान था। तीन-साढ़े तीन साल में चंदन ने उर्दू और फ़ारसी में महारत और एमओएल (मास्टर ऑफ़ लैंग्वेज़) की उपाधि हासिल कर ली।

अब तक वुलनर के अवकाश प्राप्ति का समय आ गया था। उन्होंने जर्मनी वापस जाने का फ़ैसला कर लिया। वे चंदन को भी अपने साथ जर्मनी ले जाना चाहते थे, लेकिन चंदन तैयार नहीं था। उसने कहा, "अगर मैं आपके साथ जर्मनी चला गया, तो मेरे परिवार के लोगों से मेरा रिश्ता और संपर्क टूट जाएगा। वे मुझे मरा हुआ मान लेंगे। आपने मुझे सहारा दिया। शिक्षा दिलाई, आपका यह उपकार मैं ज़िंदगी भर नहीं भूल सकता। मुझे जीवन में कुछ बनना है, नाम कमाना है, इसलिए मुझे कुछ करके दिखाना होगा, तभी मेरा परिवार गर्व से सिर उठा सकेगा। इसलिए मैं यहीं रहूँगा।"

इसके बाद वुलनर दंपत्ति ने चंदन से जर्मनी चलने का आग्रह नहीं किया। उनके जाने के बाद चंदन ने भरण-पोषण के लिए अख़बारों में लिखने का निश्चय किया। उस समय *हुमायूं* लाहौर का नामचीन अख़बार था। एक दिन चंदन *हुमायूं* के दफ़्तर जा पहुँचा। इस अख़बार के संपादक थे हामिद अली खाँ। चंदन सीधे संपादक की मेज़ पर पहुँचकर बोला, "मैं अमीर हैदर हूँ। मैं आपके अख़बार के लिए लेख लिखना चाहता हूँ।"

हामिद अली ने उसे सिर से पाँव तक देखते हुए पूछा, "तुम्हारी उम्र क्या है?"

"सोलह साल।"

सोलह साल के इस हठी लड़के की बात सुनकर हँसते हुए अली खाँ ने कहा, "अभी तुम्हारे दूध के दाँत भी नहीं टूटे हैं और तुम लेख लिखने आए हो! पहले उर्दू पर महारत हासिल करो, फिर मुझसे मिलना। तब मैं तुम्हारा ट्रायल लूँगा और

फिर लिखने का काम दूँगा। फिलहाल चाहो तो किसी छोटे अख़बार में लिखने की शुरुआत कर सकते हो।"

हुमायूं में लिखने के दो फ़ायदे थे। एक तो अख़बार धड़ल्ले से बिकता था। दूसरे उसमें एक लेख के बदले दो रुपये मिलते थे, जो उस ज़माने में बड़ी रक़म थी। हँसी उड़ाने वाले संपादक की इन बातों से चंदन मायूस तो ज़रूर हुआ, लेकिन उसने हार नहीं मानी। उसने इस बात पर गौर किया कि संपादक ने उसके लेख की तरफ़ देखना भी गँवारा नहीं किया था। इसीलिए चंदन ने तय किया कि वह डाक से अपने इस लेख को अख़बार के दफ़्तर में भेजेगा। देखें वे कैसे नहीं छापते?

उसने अपना लेख *हुमायूं* के पते पर पोस्ट कर दिया। लेख की सुर्खी थीः 'मिट्टी की उम्र'। पंजाब विश्वविद्यालय की लाइब्रेरी में घंटों बैठकर कई पुस्तकों से सामग्री इकट्ठा कर उसने यह लेख तैयार किया था।

लेख भेजते वक़्त चंदन ने अपना नाम बदल दिया था। कुछ दिनों बाद वह लेख *हुमायूं* में छप गया और पारिश्रमिक के दो रुपये भी इस आग्रह के साथ मिल गए कि अपने दूसरे लेख भी भिजवाने की मेहरबानी करें।

उसके बाद हर हफ़्ते उसके लेख *हुमायूं* में छपने लगे। कुछ ही महीनों में वह पाठकों का चहेता लेखक बन गया और वे उसके बारे में जानने के लिए बेचैन हो उठे - "यह लेखक कौन है?" *हुमायूं* के दफ़्तर में इस तरह के बेशुमार पत्र आने लगे। इन पत्रों को देखकर हामिद अली ने चंदन को एक पत्र लिखा कि "आप एक बार आकर मुझसे मिलें। जब तक आप नहीं आएँगे, हम आपके लेख नहीं छापेंगे।" पेट भरने के लिए चंदन को पैसों की ज़रूरत थी, लिहाज़ा न चाहते हुए भी वह संपादक के सामने हाज़िर हुआ। अपनी कुर्सी के सामने सोलह-सत्रह बरस के किशोर को देखकर हामिद अली ने सोचा कि शायद यह लेखक का बेटा होगा और इसके अब्बू पीछे से आ रहे होंगे।

इसीलिए वे बार-बार सामने की तरफ़ देखते रहे। उनकी नज़रों की उत्सुकता भाँपकर चंदन हँसते हुए बोला, "मैं ही वह लेखक हूँ।"

उन्होंने ऊपर से नीचे तक चंदन को देखा। घूरकर देखने के बाद उन्हें लगा यह तो वही लड़का है, जो एक बार मुझसे मिलने आया था। ...“तुम तो यहाँ पहले भी आए थे न?”

“हाँ।” “तुमने ही ये सारे लेख लिखे हैं? फिर मुझसे कहा क्यों नहीं?” “आपने मेरा चेहरा देखा था, लेख कहाँ पढ़ा था?” इस पर भी उन्हें चंदन की बातों पर यक़ीन नहीं आ रहा था।

“सचमुच ये सारे लेख तुमने ही लिखे हैं?” उन्होंने अविश्वास भरे लहज़े में पूछा।

"हाँ।"

"ठीक है, फिर ऐसा करो कि मैं तुम्हें एक विषय देता हूँ, तुम उस पर यहीं लिखकर दिखाओ।" चंदन ने यह चुनौती स्वीकार कर ली। वहीं बैठकर उसने वह लेख लिखकर दे दिया। उसे पढ़कर हामिद अली इतने ख़ुश हुए कि उन्होंने सह संपादक के पद पर चंदन की नियुक्ति कर ली।

उन्हीं दिनों चंदन के एक दोस्त के.के. सहगल कलकत्ता से लाहौर आए और उन्होंने फ़िल्म निर्देशक राजहंस से चंदन की भेंट कराई। चंदन की लिखी एक कहानी 'आहों का मंदिर' पर वे एक फ़िल्म बनाना चाहते थे। उससे मिलने के बाद उन्होंने उस कहानी का एक हज़ार मुआवज़ा दिया और चार सौ रुपये महीने वेतन पर काम करने का निमंत्रण भी, लेकिन इसके लिए उसे कलकत्ता जाना था। मस्तमौला चंदन ने बिना आगे-पीछे सोचे कलकत्ता जाने का मन बना लिया और स्क्रिप्ट पर काम शुरू कर दिया। उस फ़िल्म का नाम था *रजनी*। उसमें उस समय के मशहूर अभिनेता नज़म्मुल हुसैन और गायिका-अभिनेत्री कल्याणी काम करने वाली थीं, (इसी अभिनेता ने 1935 में बॉम्बे टॉकीज़ की फ़िल्म *जवानी की हवा* में देविका रानी के साथ काम किया था।) लेकिन किन्हीं कारणवश *रजनी* पूरी न हो सकी और चंदन का बसा-बसाया आशियाना उजड़ गया। इस वक़्त पीछे लौटना संभव न था। इसलिए चंदन ने नए सिरे से शुरुआत करने की सोची। इसी दौरान नितिन बोस और पीसी बरुआ जैसे लोगों से उनकी मुलाक़ात हुई। बरुआ उस समय *मुक्ति* नाम की एक फ़िल्म बना रहे थे। इस फ़िल्म की नायिका कल्याणी ही थीं। बरुआ ने चंदन से कहा कि अगर तुम इसी लाइन में कुछ करना चाहते हो, तो तुम्हें बंबई जाना चाहिए। चंदन को बात जम गई। उन्हीं दिनों बंबई के उनके मित्र आगा कश्मीरी भी उन्हें बंबई आने का न्योता दे रहे थे, लिहाज़ा, चंदन ने बंबई जाने का फ़ैसला कर लिया।

3

बंबई पहुँचकर चंदन मोहम्मद अली रोड पर किराये पर कमरा लेकर रहने लगा। वह कमरा एक तंदूर की भट्टी के बीच था। वह दिनभर काम की तलाश में बाहर रहता, लेकिन तंदूर की उस भयानक गर्मी में रात काटनी मुश्किल हो जाती। बंबई आए कई दिन बीत चुके थे, लेकिन काम की कोई जुगत नहीं बन रही थी।

एक दिन आगा कश्मीरी ने चंदन की मुलाक़ात सरोज मूवीटोन के बहिरे कपूर से कराई। और चंदन, यानी अमीर हैदर को उनकी फ़िल्मों के संवाद और पटकथा लेखक का काम मिल गया। उसी दौरान अमीर हैदर की मुलाक़ात ख़्वाजा अहमद अब्बास से हुई, जो बॉम्बे टॉकीज़ के जनसंपर्क अधिकारी होने के साथ-साथ *बॉम्बे क्रानिकल* के उप संपादक भी थे। उन्होंने कुछ समय पहले अमीर की एक कहानी पढ़ी थी। ख़्वाजा अहमद अब्बास ने अमीर हैदर से कहा, "मैंने तुम्हारी कहानी 'मुसाफ़िर' हिमांशु राय को सुनाई है। उन्हें वह पसंद भी है, तुमसे मिलकर उन्हें बड़ी ख़ुशी होगी।"

अमीर हैदर 14 जनवरी 1938 के दिन हिमांशु राय से मिले और उन्हें 'मुसाफ़िर' के साथ-साथ दो-तीन कहानियाँ और भी सुनाईं। हिमांशु राय उन कहानियों से इस क़दर प्रभावित हुए कि उन्होंने तुरंत अमीर हैदर को चार सौ रुपये महीना वेतन और रहने के लिए एक घर देने की पेशकश की। अमीर हैदर ने फ़ौरन हामी भर दी, पर यहाँ भी अमीर हैदर की बदक़िस्मती ने उनका साथ नहीं छोड़ा। *मुसाफ़िर* भी अधूरी रह गई। फ़ाक़ाकशी के उन्हीं दिनों में किसी ने उन्हें सोहराब मोदी से मिलने की सलाह दी। अमीर हैदर ने एक दिन सोहराब मोदी के दफ़्तर में फ़ोन किया। संयोग से ख़ुद सोहराब मोदी ने ही फ़ोन उठाया।

"मुझे मोदी साहब से बात करनी है," अमीर हैदर ने कहा।

"कहिए, मैं मोदी बोल रहा हूँ।" "मैं एक लेखक हूँ।" "फिर?"

"सुना है कि आपको एक कहानी की तलाश है। मैं आपको कहानी सुनाना चाहता हूँ", अमीर हैदर ने कहा।

"ठीक है। आज शाम चार बजे मेरे दफ़्तर आ जाइए।" मोदी ने ऑफ़िस का पता बताकर फ़ोन काट दिया।

जिस आदमी को काम तलाश होती है, वह समय की राह नहीं देखता, हालाँकि मोदी ने अमीर हैदर को चार बजे बुलाया था, लेकिन ऑफ़िस का पता खोजने में कहीं देर न हो जाए, यह सोचकर अमीर हैदर दोपहर को ही निकल पड़े। जेब ख़ाली थी, इसलिए पैदल ही वे साढ़े तीन बजे शिवड़ी स्थित मोदी के मिनर्वा मूवीटोन स्टूडियो पहुँच गए। समय से पहले पहुँचने के कारण उन्हें रिसेप्शन पर इंतज़ार करना पड़ा। उस दौरान मोदी किसी काम से एक-दो बार रिसेप्शन पर आए और उन्होंने अमीर हैदर को देखा भी, लेकिन उन्होंने यही समझा कि किसी आदमी के साथ यह लड़का यहाँ आया होगा।

सवा चार बजे तक भी जब अमीर हैदर नाम का आदमी मिलने नहीं आया, तो मोदी ने रिसेप्शन पर फ़ोन करके पूछा, "चार बजे अमीर हैदर नाम का शख़्स मुझसे मिलने आने वाला था। वह आया या नहीं, उसका कोई फ़ोन...?"

"वे तो कब से बैठे हैं", रिसेप्शनिस्ट ने बताया। "उसे अंदर भेज दो", मोदी का जवाब आया।

अंदर पहुँचकर अमीर हैदर को उन्हीं हालात का सामना करना पड़ा, जैसे *हुमायूँ* के दफ़्तर में करना पड़ा था। दरवाज़े से अंदर आते अमीर हैदर को देख सोहराब मोदी यह देखने लगे कि उसके पीछे कौन आ रहा है।

"मैं अकेला आया हूँ मोदी साहब", उनके देखने का आशय समझकर अमीर हैदर ने कहा।

अठारह-उन्नीस साल का यह लड़का लेखक भी हो सकता है, उन्होंने यह सोचा भी नहीं था। अमीर हैदर को भी इस बात का अहसास था। इसीलिए उन्होंने जान-बूझ कर मूँछें रख ली थीं। दिन में दो-तीन बार गालों पर उस्तरा फेर लेते थे, ताकि दाढ़ी जल्दी से बढ़ जाए। बिना नंबर का चश्मा लगाने लगे थे।

"तुमने ही फ़ोन किया था?" सोहराब ने पूछा।

जी हाँ।"

"लेकिन तुम्हें देखकर, तो नहीं लगता कि तुम लेखक हो।"

"मोदी साहब, मैं देखने की नहीं, सुनने की चीज़ हूँ।"

अमीर हैदर की इस हाज़िरजवाबी के आगे मोदी लाजवाब हो गए।

"बैठिए, कैसी कहानियाँ लिखते हैं आप?"

"आपको कैसी कहानी चाहिए?" अमीर हैदर ने पूछा।

"जो आपने लिखी हों, उनमें से ही एक सुनाइए।"

“ठीक है। एक बात मैं आप से अभी कहना चाहता हूँ कि मेरी कहानी सुनने के बाद आप इस कमरे से बाहर जाएँगे। (मोदी के कमरे के बाहर एक पार्टीशन था, जिसके दूसरी तरफ़ टाइपिस्ट और स्टाफ़ के दूसरे लोग बैठते थे।) जब वापस आएँगे, तो वहाँ से टाइपिंग की आवाज़ सुनाई पड़ेगी।”

“क्यों?”

“इसलिए कि आप बाहर जाकर टाइपिस्ट से मेरा एग्रीमेंट बनाने के लिए कहेंगे। उसे मेरे सामने रखकर उस पर मुझसे दस्तख़त करने को कहेंगे।”

अमीर हैदर के आत्मविश्वास को देखकर मोदी हैरान रह गए।

“मेरी कहानी का नाम है ‘जेलर’ ”... यह कहते हुए अमीर हैदर ने कहानी सुनानी शुरू की और सचमुच वैसा ही हुआ, जैसा उन्होंने कहा था। कहानी के अंजाम तक पहुँचते-पहुँचते मोदी कमरे से बाहर गए और टाइपिंग की आवाज़ आने लगी। कुछ ही क्षणों में अमीर हैदर के सामने एग्रीमेंट रख दिया गया।

अमीर हैदर की इस कहानी पर *जेलर* नाम की फ़िल्म बनी। पति से विश्वासघात करने वाली स्त्री की कहानी पर बनी इस फ़िल्म में लीला चिटणीस और सोहराब मोदी की प्रमुख भूमिकाएँ थीं।

पहली फ़िल्म के लेखन ने ही अमीर हैदर को दर्शकों का चहेता बना दिया था। इस फ़िल्म के सारे गीत उन्हीं के थे।

जेलर के प्रसिद्ध होने के बाद सोहराब मोदी ने एक ऐतिहासिक फ़िल्म बनाने का फ़ैसला किया। मराठी के प्रसिद्ध नाटककार वीर वामन राव जोशी ने एक नाटक लिखा था ‘न्याय का दरबार’। न्यायप्रिय बादशाह ज़हाँगीर पर आधारित इस नाटक को उन्होंने ललित कलादर्श मंडली नामक नाटक संस्था के सुपुर्द किया था, लेकिन ललित कलादर्श के संचालक और प्रसिद्ध गायक नट बाबू साहेब पेंढारकर ने नाटक यह कहकर ठुकरा दिया था कि नाटक में उनके लायक़ कोई भूमिका नहीं है।

‘जेलर’ में लीला चिटणीस

बाद में इस नाटक की कहानी श्री विष्णु पंत औंधकर ने एक बार सोहराब मोदी को सुनाई और मोदी को कहानी इतनी पसंद आई कि उन्होंने उसमें थोड़ा फेरबदल करके फ़िल्म बनाने का फ़ैसला कर लिया। इस तरह *पुकार* का जन्म हुआ। इस फ़िल्म की पटकथा, संवाद और गीत लिखने की ज़िम्मेदारी मोदी ने अमीर हैदर को सौंप दी।

"ज़िंदगी का साज़ भी क्या साज़ है

बज रहा है, और बेआवाज़ है" और ...

ख़्यालों में तू ही...

आदि गीत उस समय बहुत लोकप्रिय हुए थे। *पुकार* बनने के समय का यह क़िस्सा है। सोहराब मोदी का नियम था कि लेखक स्क्रिप्ट सुनाने आए, तो साफ़ और सुंदर लिखकर लाए। मोदी की एक आदत यह भी थी कि स्क्रिप्ट सुनते समय एकाध सीन उन्हें ख़ास पसंद आ जाता या कोई संवाद बहुत अच्छा लगता, तो वे उसे फिर से सुनाने के लिए कहते थे। *पुकार* के संवाद सुनाते समय भी ऐसा ही हुआ। एक सीन में अमीर हैदर का लिखा संवाद उन्हें इतना पसंद आया कि उसे फिर से सुनाने को कहा। अमीर हैदर ने कॉपी के एक-दो पन्ने पलटे और संवाद पढ़ने लगे।

"नहीं, नहीं। पहले दूसरा संवाद था।"

"नहीं, यही था।"

"नहीं, नहीं, कुछ दूसरा था।" "यह संवाद अच्छा नहीं लगा क्या?"

"उर्दू अमरोही की ज़बान की दासी है"
कमाल अमरोही

"नहीं, यह भी ठीक है, पर वह ज़्यादा अच्छा था, किसी दूसरे पन्ने पर होगा, देखो।"

मोदी के कहने पर अमीर हैदर फिर से पन्ने पलटने लगे।

"हाँ, इस पन्ने से पढ़ना शुरू करो।" अमीर हैदर को चार-पाँच पन्ने पलटते देखकर मोदी ने कहा। उन्होंने फिर से पढ़ना शुरू किया।

"यह क्या पढ़ रहे हो? पहले ऐसा संवाद नहीं था। कॉपी मुझे दो, मैं देखता हूँ।" मोदी चिढ़कर बोले।।

अमीर हैदर ने चुपचाप कॉपी मोदी को थमा दी। उन्होंने पन्ने पलटना शुरू किया, तो देखा कि ज़्यादातर पन्नों

पर धोबी का हिसाब लिखा हुआ है। दो बुशर्ट, एक सलवार, दो बनियान।"

"यह क्या है?" तुम इसी कॉपी से सुना रहे थे न? लेकिन यहाँ तो धोबी का हिसाब लिखा हुआ है। इसका मतलब तुम मुझे ज़बानी सुना रहे थे?" मोदी ने गुस्से से पूछा।

"मुझे पटकथा लिखने का वक़्त ही नहीं मिला। इसलिए आपको सुनाते हुए ही पटकथा-संवाद तैयार हुआ है। मैं स्क्रिप्ट लिखकर लाया ही नहीं।"

अमीर हैदर की प्रतिभा के क़ायल तो मोदी पहले से ही थे। यह धासू पटकथा-संवाद सुनकर तो वे उनके मुरीद हो गए।

"तुम तो कमाल के हो मियाँ!" मोदी ने ख़ुशी से झूमते हुए कहा। और बस, तब से ही अमीर हैदर का नाम 'कमाल' पड़ गया।

पुकार की श्रेय नामावली में अमीर हैदर 'कमाल' रखा गया, लेकिन यह नाम ज़रा लंबा था। इसीलिए अमरोही ने बाद में अमीर हैदर निकालकर 'कमाल' के आगे अमरोही जोड़ दिया और फ़िल्म *महल* से लोग उन्हें कमाल अमरोही के नाम से जानने लगे।

ख़ैर *पुकार* ने इतिहास रच दिया।"

"बाअदब बा मुलाहिज़ा होशियार, शहंशाह तशरीफ़ ला रहे

'पुकार' का एक दृश्य

हैं ऽऽऽ" जैसी दरबारी भाषा और मुग़ल बादशाह का अपने लिए 'हम' शब्द के इस्तेमाल की शैली हिंदी फ़िल्मों में अमरोही ही लाए।

इससे पहले की ऐतिहासिक फ़िल्मों में इस तरह की भाषा का इस्तेमाल किसी ने नहीं किया था। *पुकार* के बाद मुग़ल बादशाहों पर जो फ़िल्में बनीं, उनमें इसी भाषा का इस्तेमाल हुआ। इसके संवादों ने मुग़लिया बादशाहत की दरबारी भाषा का ट्रेंड स्थापित कर दिया। उस वक़्त ये संवाद इतने लोकप्रिय हुए कि बंबई के मिनर्वा थिएटर में कुछ अंधे भी इस फ़िल्म को सुनने आए थे। लाहौर में फ़िल्म ने गोल्डन जुबली मनाई। किसी फ़िल्म के एक ही शहर के कई थिएटरों में एक साथ प्रदर्शन

की परंपरा *पुकार* के साथ ही शुरू हुई। *जेलर* और *पुकार* जैसी फ़िल्मों के लेखक अमरोही उस दौरान यानी 1940 के दशक में सोहराब की और दो फ़िल्में *भरोसा* और *मैं हारी* लिख रहे थे। भरोसा में चंद्रमोहन सरदार अख़्तर और शीला थे। *मैं हारी* में नसीम, मायादेवी, नवीन याज्ञिक की भूमिकाएँ थीं। *मैं हारी* के गीत भी अमरोही के ही थे।

इस फ़िल्म की शूटिंग शुरू होने के बाद की घटना है। मोदी के मिनर्वा स्टूडियो में शूटिंग चल रही थी। शूटिंग के दौरान अचानक मोदी ने सीन में फेरबदल कर दिया। अब नए सीन के साथ नए संवाद की ज़रूरत थी। उन्होंने नौकर से कहा, "देखो स्टूडियो में कमाल आया हो, तो उसे बुला लाओ।" लेकिन तब तक अमरोही आए नहीं थे। लिहाज़ा, मोदी ने बदले सीन के मुताबिक़ संवाद लिखकर सीन शूट कर लिया और बदले संवाद का काग़ज़ अमरोही के कैबिन में रखवा दिया।

दोपहर बारह बजे के क़रीब अमरोही स्टूडियो पहुँचे। लंच के दौरान मोदी उनसे मिलने आए। "मैंने सीन बदल दिया है। नया संवाद तुम्हें मिल गया है न?" उन्होंने पूछा।

"एक मिनट मोदी साहब, यह लीजिए।" मोदी ने काग़ज़ देखा, तो उनके लिखे संवादों को अमरोही ने अपनी लिखावट में लिखकर नीचे दस्तख़त कर दिए थे। यह देखकर उन्होंने पूछा, यह क्या है? "ऊपर के संवाद आपने लिखे थे और ये लेखक के संवाद हैं।"

अमरोही की इस हाज़िरजवाबी पर मोदी हँस पड़े।

रणजीत स्टूडियो की 1941 में प्रदर्शित फ़िल्म *परदेसी* भी अमरोही ने ही लिखी थी। फ़िल्म की नायिका थीं खुर्शीद। अमरोही कभी भी घर या निर्माता के ऑफ़िस में बैठकर पटकथा-संवाद नहीं लिखते थे। वे हमेशा ट्राम या लोकल में यात्रा करते हुए लिखते थे। मालाड से बंबई सेंट्रल और फिर उससे उलटी दिशा में यात्रा करते हुए वे लिखते रहते थे। उस वक़्त ट्रेनों में आज की तरह इतनी भीड़ नहीं रहती थी। इसलिए डिब्बे में बैठकर आराम से लिखा जा सकता था।

एक दिन वे अपने एक दोस्त फ़राहिम हुसैन के साथ मालाड स्टेशन पर खड़े ट्रेन का इंतज़ार कर रहे थे। इतने में उन्होंने दोस्त से कहा, "फ़राहिम, सामने देखो, प्लेटफ़ार्म पर आग लगी है।"

फ़राहिम घबराकर सामने देखने लगे, पर उन्हें कहीं आग नज़र नहीं आई।

"कहाँ है आग?"

"सामने बेंच पर !"

व्यक्तिगत जीवन में भी अपनी फ़िल्मों की तरह अमरोही हमेशा काव्यात्मक बोली ही बोलते थे। फ़राहिम ने फिर से सामने देखा, तो उन्हें बेंच पर एक सुंदर सी

लड़की दिखी, जो अपनी सहेली से बातें करने में मशगूल थी। इतने में सामने वाले प्लेटफ़ार्म पर ट्रेन आ गई और वह लड़की उस ट्रेन में बैठकर चली गई।

बस आगे कुछ नहीं।

इस घटना के कुछ ही दिनों बाद एक बुज़ुर्ग अमरोही के पास शादी का प्रस्ताव लेकर आए। अमरोही ने साफ़ शब्दों में उन्हें कह दिया कि "हमारे घराने में लड़का ख़ुद लड़की देखने नहीं जाता है। यह हमारे ख़ानदानी उसूलों के ख़िलाफ़ है। दूसरे वह सैयदों का घराना नहीं है। इसीलिए मैं यह शादी नहीं कर सकता।"

"ठीक है! तुम चाहो, तो शादी से इंकार भी कर सकते हो, लेकिन एक बार लड़की देखने में क्या हर्ज़ है? बाद में किसी बहाने से शादी से इंकार कर देना," उस बुज़ुर्ग ने कहा। "नहीं, यह लड़की के साथ नाइंसाफ़ी होगी", अमरोही ने कहा।

ख़ैर, उस बुज़ुर्ग के कहने पर अमरोही लड़की देखने पर राज़ी हो गए। पठान घराने की लड़की थी। उसे देखकर अमरोही दंग रह गए। यह वही लड़की थी, जिसे उन्होंने मालाड स्टेशन पर देखा था। लड़की का नाम था बानो।

लड़की इतनी ख़ूबसूरत थी कि उसके लिए इंकार करने का उनका दिल नहीं हो रहा था। वे असमंजस में पड़ गए। उन्होंने सोचने के लिए कुछ दिनों की मोहलत माँग ली।

अब तक अमरोही ने काफ़ी शोहरत और दौलत कमा ली थी। अब उन्हें अपने परिवार से संबंध रखने में कोई संकोच नहीं था। उन्होंने पत्र लिखकर अपनी अम्मी से बंबई आने को कहा। उनका पत्र पाकर अम्मी खुशी से झूम उठीं। दरअसल, अमरोही के घर से भागने के बाद उनके घरवालों ने उन्हें खोजने की कोई ख़ास कोशिश नहीं की थी। इतने दिनों से लापता बेटे के सही-सलामत होने की ख़बर और बंबई आने का उसका बुलावा पाकर अम्मी की खुशी का ठिकाना न रहा। वे खुद को रोक न सकीं और तुरंत बंबई के लिए रवाना हो गईं। उन्हें लेने अमरोही गाड़ी लेकर स्टेशन गए। शोफ़र के साथ गाड़ी देखकर अम्मी ने उनसे पूछा, "बेटा यह गाड़ी किसकी है?"

"मेरे एक दोस्त की है। वह अफ्रीका गया है, इसलिए कुछ दिनों के लिए उसने अपनी गाड़ी मुझे सँभालकर रखने के लिए दी है।" घर पहुँचने के बाद अमरोही के मालाड वाले बंगले को देखकर अम्मी और भी हैरान रह गईं।

"यह घर?" "यह भी उसी दोस्त का है।" "बड़ा अमीर लगता है, तुम्हारा दोस्त!" अम्मी ने कहा।

पंद्रह दिन अम्मी उनके साथ रहीं। वे हर वक्त बेचैन-सी रहतीं। अमरोही ने उनकी बेचैनी भाँपकर एक दिन पूछा, "अम्मी, क्या हुआ?"

"कुछ भी हो बेटा, अपना घर अपना ही होता है। यहाँ दूसरे के घर में रहना मुझे अच्छा नहीं लगता। तुम्हारी अपनी झोंपड़ी भी होती, तो उसमें रहकर मुझे ज़्यादा खुशी होती," अम्मी ने कहा।

यह सुनकर अमरोही से न रहा गया। उन्होंने अम्मी को सब कुछ बता दिया।

"अम्मी यह घर, यह गाड़ी, सब कुछ तुम्हारा है।" तुम्हारे बेटे की कमाई का है। यह सुनकर अम्मी खुशी से भर गईं। उन्होंने सपने में भी नहीं सोचा था कि उनका बेटा इतनी तरक़्क़ी करेगा।

इतने में अमरोही उन्हें कमरे में ले गए और कहा, "अम्मी ज़रा अपना दुपट्टा तो फैलाना।"

अम्मी ने दुपट्टा फैलाया, तो अमरोही ने उनके फैले दुपट्टे पर चाँदी के खनखनाते हुए इतने सिक्के डाल दिए कि उन सिक्कों के वज़न से उनका दुपट्टा फट गया।

"अम्मी, तुम्हें याद है, मैंने तुमसे कहा था कि मेरी कमाई के पैसों से तुम्हारा दुपट्टा फट जाएगा। देखो, सच में तुम्हारा दुपट्टा फट गया।"

अम्मी के बंबई प्रवास के दौरान ही उन्होंने अम्मी से बानो की चर्चा की, लेकिन यह सुनकर वे नाराज़ हो गईं।

"नहीं, अमरोहा के ही किसी नाते-रिश्तेदार की लड़की के साथ तुम्हारा रिश्ता होगा। तुम अपनी पसंद की लड़की से शादी करने का ख़याल अपने दिल से निकाल दो। हमारे जज़्बात की भी तो कुछ क़द्र करो," अम्मी ने कहा।

"मगर अम्मी, तुम एक बार उस लड़की को तो देख लो। तुम्हें पसंद नहीं आई तो मैं उन लोगों से कह दूँगा कि तुम्हें लड़की पसंद नहीं आई।" समझा-बुझाकर उन्होंने अम्मी को लड़की देखने पर राज़ी कर लिया। बानो की ख़ूबसूरती देखकर अम्मी का मन डोल गया।

"बेटा, खुदा पर भरोसा न करने वाला आदमी ही इस लड़की को नापसंद कर सकता है। तुम इससे निकाह कर लो, मुझे कोई एतराज़ नहीं है।"

अम्मी की रज़ामंदी से अमरोही ने बानो से निकाह कर लिया। इस तरह अमरोही का वैवाहिक जीवन शुरू हुआ। शादी होने के सालभर बाद ही उनका बेटा पैदा हुआ, जिसका नाम उन्होंने सिकंदर रखा। छह महीने का गोल-मटोल सिकंदर साल-सवा साल का लगता था, लेकिन एक बार उसे अचानक न्यूमोनिया हो गया और वह उसी में चल बसा। बेटे की मौत का सदमा बानो सह न सकी। बरसात के दिन थे। अमरोही किसी काम से बाहर गए थे। मूसलाधार बारिश हो रही थी। बानो छत पर खड़ी उस बारिश में सारे दिन भीगती रही। बारिश थमने के बाद भी उसने भीगे कपड़े नहीं बदले। शाम को अमरोही आए, तो पड़ोसियों से उन्हें इसके

अमरोही अपने सायन के फ़्लैट में

बारे में पता चला। बानो बुख़ार में तप रही थी। अमरोही ने फ़ौरन डॉक्टर बुलवाया। डॉक्टर ने बताया कि न्यूमोनिया हो गया है। इलाज शुरू हुआ, लेकिन बानो को बचाया न जा सका।

बानो की मौत के कुछ दिनों बाद 1943 में अमरोही ने अपनी अम्मी की मर्ज़ी से अपने मामा की बेटी अले ज़ेहरा से निकाह कर लिया। अले ज़ेहरा के अब्बू शिक्षा विभाग में मुलाज़िम थे। नौकरी के सिलसिले में अक्सर उनका तबादला होता रहता था। अले ज़ेहरा ख़ूबसूरत होने के साथ-साथ हमउम्रों के मुक़ाबले ज़्यादा व्यवहार कुशल थीं। उन्हें घर में प्यार से महमूदी कहा जाता था।

गंभीर समझे जाने वाले अमरोही अंदर से बड़े ही मज़ाक़िया इंसान थे। उनके गंभीर चेहरे को देखकर यह अंदाज़ा लगाना मुश्किल था कि वे क्या सोच रहे हैं। वे अले ज़ेहरा से निकाह के बाद उसके साथ बंबई आ रहे थे, तो उनकी मामी, यानी अले ज़ेहरा की अम्मी ने रास्ते के लिए उन्हें सब्जी-पूरी का एक डिब्बा दिया था। ग़लती से सब्जी में नमक ज़्यादा पड़ गया था। बंबई आकर अमरोही ने अपनी मामी को ख़त लिखा, जिसका मज़मून था :

"तसलीम! आपका चेहरा साँवला है। साँवला चेहरा नमकीन कहा जाता है। आपका चेहरा देखकर नमक की याद आती है। नमक के पहाड़ बहुत ख़ूबसूरत होते हैं। सूरज की रोशनी में दमक उठते हैं।" अमरोही ने ख़त में आगे लिखा कि

"महाराष्ट्र, लाहौर, कलकत्ता जैसे हिंदुस्तान के अलग-अलग शहरों के नमक की अलग-अलग विशेषताएँ होती हैं। खाना तो आपने बड़े प्यार से दिया, लेकिन उसमें नमक कुछ ज़्यादा ही था, जिससे मैं भरपेट खा न सका।" इस ख़त के मज़मून से अमरोही के हँसोड़ स्वभाव की झलक तो मिलती ही है, साथ ही उनके समृद्ध लेखन शैली की भी बानगी मिल जाती है।

कुछ समय बाद अमरोही ने मालाड का बंगला छोड़कर सायन में एक फ़्लैट ले लिया। नया घर, नई बीबी के साथ उनकी नई गृहस्थी शुरू हुई। कढ़ाई-बुनाई जैसे कामों में अले ज़ेहरा का हाथ बहुत सधा हुआ था। शरारा मुस्लिम औरतों का पसंदीदा पहनावा है। अले ज़ेहरा शरारे बनाने और उनकी कशीदाकारी में निपुण थीं। उस ज़माने के मशहूर ड्रेस डिज़ाइनर अब्दुल क़रीम को शरारे बनाना उन्होंने ही सिखाया था। अले ज़ेहरा से सीखने के बाद उन्होंने *मेरे महबूब, बहू बेगम, ग़ज़ल-* जैसी कई फ़िल्मों की नायिकाओं के शरारे बनाए। ख़ैर, समय बीतता रहा। अले ज़ेहरा और अमरोही का दांपत्य जीवन सुखी था। उनके दो बेटे हुए – शानदार और ताजदार, लेकिन आगे चलकर जीवन कैसी करवट लेने वाला था, इसकी ज़रा भी आशंका अले ज़ेहरा को नहीं थी।

4

अब तक अमरोही बतौर लेखक काफ़ी प्रसिद्ध हो चुके थे। इससे पहले कि उन्हें इस बात का भरोसा होता कि फ़िल्मी दुनिया में उनके पाँव अच्छी तरह जम गए, 1947 में देश का बँटवारा हो गया और बँटवारे के बाद हिंदू-मुसलमानों के बीच भयानक दंगे, आगजनी, लूटपाट शुरू हो गई। दूसरे उद्योग धंधों की तरह बँटवारे के समय हुए हिंदू-मुस्लिम दंगों से फ़िल्म उद्योग भी बुरी तरह प्रभावित हुआ। देशभर में भारी मार-काट मची थी। ऐसे में भला फ़िल्म देखने का किसका मन करता? नतीजतन, निर्माताओं की तादाद घटने लगी। बँटवारे के चलते कितने ही फ़िल्मी कलाकार पाकिस्तान चले गए। फ़िल्म जगत में नए चेहरों, नई प्रतिभाओं की माँग बढ़ने लगी। अमरोही को चिंता सताने लगी कि अब क्या होगा। उनके पास कोई ख़ास काम नहीं था। काम न होने के कारण पैसों की क़िल्लत बढ़ती गई। वे पाकिस्तान नहीं जाना चाहते थे। कशमकश के इस दौर में उन्होंने रहस्य-रोमांच से भरी एक कहानी लिखी और वह कहानी उन्होंने चरित्र अभिनेत्री वीणा के भाई और अपने दोस्त शहज़ादा इफ़्तेख़ार को सुनाई। वह अमरोही का क़रीबी दोस्त था।

फूल के. आसिफ़ के निर्देशन में बनी पहली फ़िल्म थी। 1945 में प्रदर्शित इस फ़िल्म में पृथ्वीराज कपूर और वीणा की मुख्य भूमिकाएँ थीं। फ़िल्म फूल के सेट पर ही अमरोही, इफ़्तेख़ार और के. आसिफ़ की दोस्ती परवान चढ़ी। सुरैया इसमें पृथ्वीराज कपूर की बहन की भूमिका में थीं। कहानीकार थे कमाल अमरोही। फूल के सेट पर वीणा के साथ उनका भाई इफ़्तेख़ार आता-जाता रहता था। उन दिनों सुरैया अल्हड़ युवती थीं। सेट पर वे बेतकल्लुफ़ी से पेश आती थीं। उनकी इस बेतकल्लुफ़ी के चलते इफ़्तेख़ार ग़लतफ़हमी के शिकार हो गए कि सुरैया उनसे प्यार करती है। कमाल अमरोही, के. आसिफ़, दिलीप कुमार जैसे उनके दोस्तों ने उनकी इस ग़लतफ़हमी को और भी हवा दे दी। नतीजतन, इफ़्तेख़ार सुरैया को प्रेम पत्र लिखने लगे। सुरैया शेर-शायरी से भरे उनके पंद्रह-पंद्रह पन्नों के जवाब दें या नहीं, लेकिन इफ़्तेख़ार नियमित रूप से पत्र भेजते रहते। शेर-शायरी से भरे उनके पत्रों का मज़मून तैयार करते थे उनके दोस्त कमाल अमरोही। कारण कि इफ़्तेख़ार का

शेर-शायरी से दूर-दूर तक का भी नाता न था। अपने दोस्त की ख़ातिर अमरोही सुरैया को अपने काव्यात्मक पत्रों के जरिए उनके क़रीब लाने की कोशिश कर रहे थे। यह बात अलग है कि इन तमाम कोशिशों के बावजूद सुरैया पर इफ़्तेख़ार के पत्रों का नशा नहीं चढ़ा।

खैर, इफ़्तेख़ार ने अमरोही की रहस्यमयी कहानी पर फ़िल्म बनाने का फ़ैसला किया, लेकिन अमरोही उन्हें निर्देशक के रूप में लेने को तैयार नहीं थे।

पैसों की तंगी के चलते, कमाल अमरोही ने बॉम्बे टॉकीज़ में अपनी क़िस्मत आज़माने का फ़ैसला किया। एक दिन उन्होंने सावक वाच्छा को फ़ोन करके उन्हें अपनी इस कहानी का मज़मून सुनाया। 1940 में बॉम्बे टॉकीज़ के संस्थापक हिमांशु राय के निधन के बाद कंपनी की बागडोर देविका रानी, शशिधर मुखर्जी वगैरह के हाथों में आ गई थी।

1940 की *झूला*, 1942 की *वचन* और 1943 की *क़िस्मत* वगैरह फ़िल्में बॉम्बे टॉकीज़ की ही थीं। कुछ ही समय बाद देविका रानी ने रूसी चित्रकार रेरिख़ से शादी कर ली और कंपनी के अपने शेयर बेचकर विदेश चली गईं। इसके बाद अशोक कुमार ने नए सिरे से कंपनी शुरू की, लेकिन तब कंपनी की हालत काफ़ी दयनीय थी। रिकॉर्डिस्ट सावक वाच्छा कंपनी में आधे हिस्सेदार थे। दोनों किसी तरह कंपनी को उस विषम परिस्थिति से उबारना चाहते थे। इसके लिए उन्हें एक अच्छी कहानी की तलाश थी। ऐसी सूरतेहाल में अमरोही ने सावक वाच्छा को फ़ोन किया और उनके बुलावे पर उन्हें कहानी सुनाने बॉम्बे टॉकीज़ स्टूडियो में आए। पुनर्जन्म पर आधारित उनकी वह कहानी वाच्छा को इतनी पसंद आई कि वे फ़ौरन उसे ख़रीदने पर राज़ी हो गए।

"ठीक है," अमरोही ने कहा, "मैं आपको अपनी कहानी दे सकता हूँ, बशर्ते कि इस पर बनने वाली फ़िल्म के निर्देशन की ज़िम्मेदारी आप मुझे दें।" इससे पहले अमरोही ने न तो किसी फ़िल्म का निर्देशन किया था और न किसी निर्देशक के सहायक ही रहे थे। उनका मानना था कि नई क़िस्म की इस कहानी के साथ दूसरा निर्देशक न्याय नहीं कर पाएगा। साथ ही साथ उन्हें अपने आप पर पूरा यक़ीन था। वे बतौर निर्देशक अपनी कामयाबी को लेकर पूरी तरह आश्वस्त थे।

उस समय अशोक कुमार कलकत्ता गए थे। वाच्छा ने फ़ोन पर उन्हें अमरोही की कहानी के बारे में बताया। अशोक कुमार ने कहा, "कहानी बिलकुल अलग और अच्छी है। तुम उसे फ़ौरन ख़रीद लो। हम उस पर फ़िल्म बनाएँगे।"

"लेकिन अमरोही कह रहे हैं कि निर्देशक वे ही रहेंगे", वाच्छा ने बताया। "लेकिन कंपनी की मौजूदा स्थिति में क्या हम यह जोखिम उठा सकते हैं।" उन्होंने आशंका जताई।

“बात तो तुम्हारी सही है। अच्छा एक काम करो। उन्हें ज़्यादा पैसों का लालच दो”, अशोक कुमार ने सुझाया।

“मैंने वह करके देख लिया, लेकिन वे इसके लिए भी राज़ी नहीं हैं।”

अशोक कुमार अमरोही की प्रतिभा के क़ायल थे। साथ ही वे यह भी जानते थे कि नए विषय को लेखक ही रुपहले पर्दे पर सही ढंग से साकार कर सकता है। लिहाज़ा, वे अमरोही को निर्देशन की ज़िम्मेदारी सौंपने को तैयार हो गए।

फ़िल्म साइन करने के समय अमरोही ने बॉम्बे टॉकीज़ के सामने कुछ और शर्तें रखीं। बॉम्बे टॉकीज़- जैसी नामचीन कंपनी के सामने एक नए निर्देशक का शर्तें रखना अपने-आप में बड़ी बात थी। उनकी पहली शर्त यह थी कि “शूटिंग के दौरान मेरी अनुमति के बिना कोई सेट पर नहीं आएगा। मालिक या उनके सहयोगी और रिश्तेदार भी नहीं।” उनकी दूसरी शर्त थी कि “सुबह स्टूडियो में पहुँचकर मैं आपको सलाम करूँगा, क्योंकि मैं आपकी कंपनी का नौकर हूँ और आप मालिक हैं।” तीसरी शर्त यह थी कि “मैं दोपहर में सेट पर दो घंटे की नींद लूँगा। उस दौरान कोई भी मुझे तंग नहीं करेगा।” चौथी शर्त यह थी कि “फ़िल्म की नायिका मेरी पसंद की होगी। एक नई लड़की मेरी नज़र में है। मेरे ख़याल से वह इस भूमिका के लिए बिलकुल ठीक है।”

बॉम्बे टॉकीज़ ने इस अंतिम शर्त को छोड़कर तमाम शर्तें मान लीं। 1943 में बनी बॉम्बे टॉकीज़ की फ़िल्म *हमारी बात* में मुख्य भूमिकाएँ राजकपूर और सुरैया ने की थीं और उसी दौरान बॉम्बे टॉकीज़ ने अपनी भावी फ़िल्म के लिए सस्ते में सुरैया को साइन कर रखा था। दूसरी बात यह थी कि निर्देशक और नायिका दोनों का नया होना फ़िल्म के लिए काफ़ी रिस्की साबित हो सकता था, लेकिन अमरोही अपनी ज़िद पर क़ायम थे। उनका कहना था कि इस फ़िल्म की नायिका की भूमिका सिर्फ़ ‘वही’ लड़की कर सकती है।

‘वह’ लड़की कोई और नहीं, मधुबाला थीं। *महल* के कथानक के जन्म के तीन-चार साल पहले अमरोही ने मधुबाला और उनके पिता को ट्राम से यात्रा करते देखा था। उस ज़माने में फ़िल्म कलाकार, निर्देशक, कैमरामैन वगैरह कंपनी के मुलाज़िम हुआ करते थे। तब फ़िल्मी दुनिया आज की तरह नहीं थी। लोग एक-दूसरे से अनजान नहीं थे, हालाँकि अमरोही और मधुबाला एक दूसरे के रूबरू भले नहीं हुए थे, लेकिन वे जानते थे कि यह लड़की फ़िल्मों में काम करती है। यात्रा करते हुए मधुबाला और उनके पिता जिस स्टॉप पर उतरे, उसी स्टॉप पर उतर कर उनका पीछा कर अमरोही देख आए थे कि वह कहाँ रहती है। *महल* की कहानी लिखते समय कामिनी के रूप में अमरोही के ज़ेहन में मधुबाला का ही अक्स उभरा था।

इस तरह अमरोही की ज़िद के आगे बॉम्बे टॉकीज़ ने अंततः हथियार डाल दिए, लेकिन लड़की का स्क्रीन टेस्ट लेने के बाद ही उसे बतौर नायिका लेने की शर्त भी रखी।

उन दिनों जर्मन मूल के जोसेफ़ विर्सिंग बॉम्बे टॉकीज़ के कैमरामैन थे। सावक वाच्छा ने उन्हें बुलाकर कहा कि "अमरोही लेखक हैं, इसलिए उन्हें कैमरे की पोज़ीशन और लाइटिंग जैसी बारीक़ियों की जानकारी नहीं होगी। तुम लाइटिंग और कैमरे की पोज़ीशन ऐसी रखना कि लड़की बदसूरत लगे।" जोसेफ़ ने उनके निर्देशों का पालन किया।

महल के कोर्ट सीन पर मधुबाला का स्क्रीन टेस्ट लिया गया। टेस्ट के फ़ौरन बाद नटराज स्टूडियो में स्क्रीन टेस्ट देखा गया। उसमें मधुबाला बहुत ही बदसूरत दिखीं। अमरोही परेशान हो उठे। उन्हें हैरत हो रही थी कि यह लड़की इतनी बदसूरत क्यों दिख रही है। बाक़ी लोगों ने सीन देखते ही मधुबाला को नकार दिया।

अमरोही ने सावक वाच्छा से दोबारा स्क्रीन टेस्ट की सिफ़ारिश की। वाच्छा उनके बदसूरत दिखने का राज़ जानते थे, इसलिए उन्होंने बिना किसी ना-नुकुर के हामी भर ली।

दूसरे स्क्रीन टेस्ट की तैयारियाँ शुरू हो गईं। अमरोही ने जोसेफ़ से सिर्फ़ बेसिक लाइटिंग देने को कहा और मेन लाइटिंग के लिए ख़ुद निर्देश देने की बात की। मधुबाला के सेट पर आने के बाद अमरोही ने उनके सिर पर दुपट्टा डालकर उन्हें शॉट के लिए तैयार किया और जोसेफ़ को ऐसी लाइटिंग देने का निर्देश दिया कि गवाह के कठघरे में खड़ी लड़की के चेहरे का सिर्फ़ एक पहलू दिखाई पड़े। इस तरह वह दृश्य फ़िल्माया गया। पूर्व निर्धारित समय पर फ़िल्म की पूरी यूनिट स्क्रीन टेस्ट देखने के लिए जमा हुई। जब स्क्रीन टेस्ट देखा गया, तो वाच्छा की स्थिति देखने लायक़ थी। उस दृश्य में मधुबाला इस क़दर बढ़िया लग रही थीं कि उनको नकारना मूर्खता होती। लिहाज़ा, बिना किसी हील-हुज्ज़त के बॉम्बे टॉकीज़ ने उन्हें साइन कर लिया, लेकिन मधुबाला को लेकर अशोक कुमार को आशंका बनी रही। अशोक कुमार उनसे बाइस साल बड़े थे। (बशर्ते कि मधुबाला की पैदाइश 1933 की मानी जाए, लेकिन बहुतों का मानना था कि उस समय वे बीस साल की थीं।) इसलिए वे इस बात को लेकर चिंतित थे कि पर्दे पर मधुबाला के साथ उनकी जोड़ी जमेगी या नहीं।

देश के बँटवारे के बाद फ़िल्मी दुनिया में काफ़ी उलटफेर हो चुका था। बहुत सारे फ़िल्मी कलाकार पाकिस्तान चले गए थे। शंकर-जयकिशन जैसे संगीतकारों का पदार्पण हो चुका था। बावजूद इसके बॉम्बे टॉकीज़ ने *महल* के लिए खेमचंद प्रकाश जैसे पुराने संगीतकार को चुना। वे बॉम्बे टॉकीज़ की *जिद्दी* में संगीत दे चुके थे।

'महल' में मधुबाला

यही नहीं, अमरोही की कहानी पर आधारित रणजीत मूवीटोन की फ़िल्म *परदेसी* का संगीत भी उन्होंने ही दिया था। उनके संगीत में अमरोही को एक तरह के दर्द का अहसास होता था। ऐसे दर्द का जो मोहर्रम के दिनों में गाए जाने वाले मर्सियों में होता है। इसलिए खेमचंद को बतौर संगीतकार लेते समय वे पूरी तरह आश्वस्त थे, फिर एक दिन पार्श्व गायिका राजकुमारी की आवाज़ में *घबरा के हम सर को...* वाले गीत के साथ एक और गीत रिकॉर्ड किया गया।

फ़िल्म की शूटिंग 4 अप्रैल 1948 के दिन शुरू हुई। बॉम्बे टॉकीज़ के कर्मचारियों में से एक लाजपतराय अस्थाना अमरोही के चीफ़ असिस्टेंट बनाए गए। उनके अलावा कंपनी ने उन्हें दो-तीन सहायक और भी दिए। अमरोही के मुताबिक अशोक कुमार बेशक अच्छे कलाकार थे, लेकिन उनमें भी कुछ ख़ामियाँ थीं। अमरोही ने शूटिंग शुरू होने से पहले ही उनकी वे ख़ामियाँ ताड़ लीं। अशोक कुमार एक तो थोड़ा-सा तिरछा होकर चलते थे और संवाद काफ़ी तेज़ी से बोलते थे। दूसरे निर्देशक उनकी ख़ामियों को नज़रअंदाज़ कर देते थे, लेकिन अमरोही ने उनको लेकर आपत्ति दर्ज कराई।

"आप संवाद बोलते समय इतनी जल्दबाज़ी क्यों करते हैं?"

"मैं आपके लिए अपना स्टाइल नहीं बदल सकता और इसमें बुराई भी क्या है! आपको छह घंटे की फ़िल्म बनानी है या तीन घंटे की?" उन्होंने तल्खी से पूछा।

अमरोही उनकी बात सुनकर चुप हो गए, लेकिन उन्होंने वाच्छा से कहा कि मुझे स्क्रिप्ट पर नए सिरे से काम करना है। इसलिए हम फ़िल्म की शूटिंग तीन महीने बाद शुरू करेंगे।

इसके बाद अमरोही हर दिन बॉम्बे टॉकीज़ के स्टूडियो में जाकर अशोक कुमार को पटकथा और संवाद सुनाने लगे। तीन महीने बाद फ़िल्म की शूटिंग शुरू हुई, तब तक अशोक कुमार ने अमरोही की वाकशैली अपना ली थी। वे अब बिलकुल उसी अंदाज़ में डायलाग बोलने लगे थे, जिस अंदाज़ में अमरोही उनसे बुलवाना चाहते थे।

शूटिंग ख़त्म होने के बाद जब उसका ट्रायल शो हुआ, तो अमरोही ने जान-बूझकर उसमें वह सीन करवाया, जिसमें अशोक कुमार ने तेज़ी से संवाद बोले थे। उस दृश्य को देखते ही अशोक कुमार चीख पड़े, "अरे यह क्या है? इसे मत रखो।" पर अपनी तमाम कोशिशों के बावजूद अमरोही अशोक कुमार के चलने का ढंग नहीं बदल सके। इसीलिए फ़िल्म में जहाँ-तहाँ अशोक कुमार की पीठ दिखाई देती है, उन दृश्यों को उन्होंने अपने या अपने सचिव सैयद बाक़र अली पर फ़िल्माया।

बाक़र से अमरोही की मुलाक़ात बंबई में आने के कुछ ही दिनों बाद हुई थी। सभ्य और सुसंस्कृत परिवार के कुल दीपक बाक़र अली के पिता रजिस्ट्रार थे, लेकिन बचपन की कुसंगति के कारण बाक़र अली ठीक से पढ़-लिख नहीं सके। लिहाज़ा, उन्हें बेस्ट में बस ड्राइवरी करनी पड़ी। कलकत्ता के न्यू थिएटर्स की गायिका-अभिनेत्री कल्याणी के बंबई आने के बाद बाक़र अक्सर उनके घर आते-जाते रहते थे। वहीं अमरोही से उनकी मुलाक़ात हुई थी।

महल के शुरुआती दिनों में ही किसी कारणवश बेस्ट में हड़ताल हो गई थी। हड़ताल के दौरान नौकरी छोड़ने के बाद उनके सामने रोटी का संकट खड़ा हो गया। ऐसे में अमरोही ने उन्हें अपने यहाँ नौकरी दे दी।

ऊँचे, कद्दावर बदन के बाक़र बुलंद आवाज़ के व्यक्ति थे। अमरोही को एक ड्राइवर की ज़रूरत तो थी, लेकिन उनकी माली हालत ऐसी नहीं थी कि अलग से ड्राइवर रख पाते। इसलिए उन्होंने बाक़र को सेक्रेटरी-कम-ड्राइवर की नौकरी पर रख लिया।

महल बनाने के दौरान अमरोही हर दिन फ़िल्म पर ज़रूरी चर्चा के लिए सायन से मालाड जाते। इस सफ़र के दौरान उन्हें फ़िल्म की पटकथा और संवाद पर सोचने का मौक़ा मिल जाता था। *महल* की कामयाबी में उसके थीम सांग *आएगा आने वाला...* का विशेष योगदान था। शूटिंग शुरू होने के बाद भी अमरोही को उसका थीम सांग सूझ नहीं रहा था। गीतकार नख़शब ने कई मुखड़े लिखे, लेकिन अमरोही को उनमें से कोई भी मुखड़ा पसंद नहीं आया। अमरोही के ज़ेहन में उस गीत के भाव स्पष्ट थे। उन्हें पता था कि मधुबाला क्या गाएगी, उसका आशय क्या

होगा और गाते वक़्त नायिका की मनोदशा कैसी होगी? लेकिन उन्हें गीत का मुखड़ा सूझ नहीं रहा था और नख़शब उन्हें जो लिखकर दे रहे थे, वह उसे ख़ारिज करते जा रहे थे। उनके इस व्यवहार से नख़शब बुरी तरह आहत थे।

उधर, फ़िल्म के थीमसांग की शूटिंग भी ज़रूरी थी। ऐसे में अमरोही ने एक तरक़ीब निकाली। मूल रूप से रूमानी मिज़ाज के व्यक्ति अमरोही मधुबाला की ख़ूबसूरती पर फ़िदा थे। उन्होंने सोचा कि शायद मधुबाला का सौंदर्य ही किसी गीत की कड़ी बन जाए। यह सोचकर एक दिन उन्होंने मधुबाला को अपने घर बुलवा लिया। आँखों ही आँखों में बात करने, पाँव के अंगूठे से ज़मीन कुरेदने जैसी उनकी अदाओं का वे बारीक़ी से मुआयना करने लगे। उनके जाने के बाद अमरोही आँखें बंद करके गीत के बोल सोचने लगे। सोचते-सोचते उन्हें नींद आ गई। नींद से जागे तो उनके होंठों पर एक गीत था *आएगा, आएगा, आने वाला...* मुखड़ा सूझते ही वे भागकर बग़ल के कमरे में सो रहे नख़शब के पास पहुँचे और उन्हें झिंझोड कर जगाया और गीत के बोल सुनाए। नख़शब को वह मुखड़ा इस क़दर पसंद आया कि उन्होंने क़लम उठाई और उस अधूरे गीत को पूरा किया।

महल में यह गीत दो भागों में था। उनमें से एक कड़ी नख़शब और दूसरी अमरोही ने लिखी। अमरोही पूरी शिद्दत से स्वीकार करते थे कि यह गीत मधुबाला की ख़ूबसूरती की देन था। उसका संगीत तैयार कराने अमरोही नख़शब के साथ खेमचंद प्रकाश के पास गए। गीत के बोल पढ़ते ही खेमचंद ने अमरोही को एक धुन सुना दी, जिसे उन्होंने तुरंत पास कर दिया।

नख़शब को यह बात पसंद नहीं आई। खेमचंद के यहाँ से निकलते ही उन्होंने आपत्ति उठाते हुए कहा, "तुम भी क्या आदमी हो। तुम फ़िल्म के निर्देशक हो और मैं गीतकार। चाहिए तो यह था कि हम उनसे पंद्रह-बीस धुनें तैयार करने को कहते और उनमें से कोई अच्छी धुन चुनते, लेकिन उन्होंने एक धुन सुनाई और तुमने उसे मंज़ूरी दे दी।" नख़शब को, दरअसल, यह धुन पसंद नहीं आई थी, लेकिन अमरोही उसे लेकर अड़ गए।

फिर बारी आई उस गीत के रिकॉर्डिंग की। रिकॉर्डिंग के वक़्त सावक वाच्छा मौजूद थे। लता मंगेशकर ने पाँच बार *आएगा-आएगा...* दोहराया, तो उनका धीरज जवाब दे गया और वे फट पड़े, "यह क्या आएगा, आएगा लगा रखा है? आने वाले को बुलाओ न!" खेमचंद प्रकाश वाच्छा की यह बात सुनकर गुस्सा हो गए और जाकर रिकॉर्डिंग रूप में बैठ गए। अंततः खेमचंद प्रकाश और वाच्छा दोनों को समझा-बुझाकर शांत कराया गया और तब जाकर कहीं गीत की रिकॉर्डिंग हुई। वैसे बॉम्बे टॉकीज़ इस गीत की कामयाबी को लेकर आशंकित था, लेकिन आगे चलकर यही गीत अमर हो गया। अफ़सोस यह रहा कि इसकी लोकप्रियता को देखने के लिए

खेमचंद ज़िंदा नहीं रहे। *महल* रिलीज़ होने के दो महीने बाद उनका निधन हो गया।

महल की शूटिंग के दौरान किशोर कुमार तक़रीबन हर दिन बॉम्बे टॉकीज़ की कैंटीन में आकर बैठते थे और टेबल पर 'भांपचक... भांपचक बम-बम...' बजाते हुए लोगों से बातें करते थे। उन्हीं दिनों उन्हें देव आनंद अभिनीत *ज़िद्दी* में पार्श्व गायन का काम मिला था, लेकिन वे गायक नहीं, अभिनेता बनना चाहते थे।

एक दिन बातों-बातों में अशोक कुमार और कमाल अमरोही ने *महल* में किशोर कुमार को छोटी-सी भूमिका देने का फ़ैसला किया। तब तक तमाम मुख्य भूमिकाओं के लिए कलाकारों का चयन हो चुका था। ऐसे में सवाल यह था कि किशोर कुमार को कौन-सी भूमिका दी जाए। *महल* की शुरुआत का एक दृश्य है, जिसमें अशोक कुमार स्टेशन से बाहर आकर तांगे वाले से पूछते हैं, "गंगा भवन चलोगे।" जवाब में तांगे वाला कहता है, "साहब, रात के दो बजे मैं वहाँ नहीं जा सकता। वहाँ तो भूतों का डेरा है।" और फिर वही तांगे वाला उन्हें हवेली ले जाता है।

कमाल अमरोही और अशोक कुमार ने किशोर कुमार को उसी तांगे वाले की भूमिका में लेने का मन बना रखा था, लेकिन फिर इस तरह की एकाध संवाद वाली भूमिका के साथ किशोर कुमार को ब्रेक देना उन्हें उचित नहीं लगा। लिहाज़ा, यह तय हुआ कि बॉम्बे टॉकीज़ की ही किसी अन्य फ़िल्म में अच्छी-सी भूमिका के साथ उन्हें ब्रेक दिया जाए।

महल के सेट पर ही अमरोही ने अशोक कुमार को सिगरेट पीना सिखाया। उससे पहले वे सिगरेट नहीं पीते थे, लेकिन *महल* के नायक का व्यक्तित्व उभारने के लिए उनका सिगरेट पीना ज़रूरी था। लिहाज़ा, उन्होंने समझा-बुझाकर अशोक कुमार को सिगरेट पीने पर राज़ी किया।

उन दिनों बॉम्बे टॉकीज की माली हालत डाँवाडोल थी। लिहाज़ा, फ़िल्म के लिए ज़रूरी फ़र्नीचर, कपड़े वगैरह और चीज़ें अमरोही अपने घर से ही ले आते थे। शूटिंग के दिन वे अपने सायन स्थित फ़्लैट से आवश्यक सामान लेकर स्टूडियो जाते थे। नौ महीने की कमरतोड़ मेहनत के बाद कहीं जाकर *महल* बन कर तैयार हुई। तब तक अमरोही के घर का फ़र्नीचर वगैरह तमाम चीज़ें ख़राब हो चुकी थीं। इसे लेकर उनकी बीबी अले ज़ेहरा उनसे काफ़ी नाराज़ थीं।

प्रदर्शन से पहले कुछ गिने-चुने लोगों के लिए उसका ट्रायल शो रखा गया। ट्रायल देखने के बाद कुछ लोगों ने दबी ज़बान में बड़ी ही ठंडी प्रतिक्रिया व्यक्त की, हालाँकि अमरोही के मुँह पर किसी ने कुछ नहीं कहा, लेकिन लोगों के चेहरे पर यही भाव थे कि कहीं यह आदमी पागल तो नहीं हो गया है।

लोगों की इस प्रतिक्रिया को देखकर अशोक कुमार भी विचलित हो गए। उन्हें आशंका सताने लगी कि अगर फ़िल्म नहीं चली, तो पहले से ही डूब रही बॉम्बे

टॉकीज कंपनी पूरी तरह डूब जाएगी। उन दिनों सिने जगत उत्पादन लागत, सीमित फ़िल्मों और मनोरंजन कर के बोझ तले दबा था।

खैर, दिल्ली के मैजेस्टिक टॉकीज़ में *महल* का प्रीमियर शो हुआ। प्रदर्शन के बाद लोगों ने शुरुआत में भूतहा फ़िल्म कह कर इसका मज़ाक़ उड़ाया, लेकिन देखते ही देखते इस नई फ़िल्म की चर्चा शुरू हो गई।

'*महल*' की नायिका का किरदार निभाने के बदले 'मधुबाला' को दस हज़ार रुपये मेहनताना दिया गया था। बतौर लेखक-निर्देशक अमरोही ने पचास हज़ार रुपये लिए थे। नौ लाख की लागत से बनी इस फ़िल्म ने महज़ दिल्ली और बंबई में तक़रीबन तीस लाख रुपये का कारोबार किया। दूसरी जगहों पर भी फ़िल्म ख़ूब चली।

'*महल*' भारत की पहली तिलस्मी फ़िल्म थी। आगे चलकर इसकी देखादेखी *मधुमती*, '*बीस साल बाद*' और '*कोहरा*' जैसी कई और रहस्य-रोमांच से भरी फ़िल्में बनीं।

बाकर, अमरोही का ड्राइवर, सेक्रेटरी और राज़दार भी

5

इस फ़िल्म की सफलता के कुछ महीने बाद ही *महल* के दिल्ली के वितरक रमेश ने अमरोही से एक नई फ़िल्म बनाने की पेशकश की और फ़ाइनैंस की व्यवस्था ख़ुद करने का आश्वासन दिया। इस बात के लिए अमरोही राज़ी हो गए। *महल* की सफलता ने उन्हें फ़िल्म जगत में बतौर निर्देशक स्थापित कर दिया था। इसी के साथ उनसे लोगों की अपेक्षाएँ भी बढ़ गई थीं। लोग *महल* जैसी ही लीक से हट कर फ़िल्म की प्रतीक्षा करने लगे थे। अमरोही ने इस अपेक्षा पर खरा उतरने के लिए एक अनूठी कहानी लिखी। कहानी का विषय कुछ इस प्रकार था कि उसका नायक अपनी मृत प्रेमिका की रूह से प्यार करने लगता है और उसी की कल्पना में जीता है।

कथा-पटकथा और संवाद लेखक के अलावा अमरोही उस फ़िल्म के निर्माता भी थे। रमेश से मिल रही वित्तीय मदद के चलते उन्होंने बैनर का नाम टाइम्स फ़िल्म्स रखा। *महबूबा* नाम की इस प्रस्तावित फ़िल्म की लीड जोड़ी में अशोक कुमार और मधुबाला ही थे। बॉम्बे टॉकीज़ के स्टूडियो में इस फ़िल्म का मुहूर्त हुआ। अमरोही ने फ़िल्म की पटकथा पर काम करने के लिए दो सहायक भी रख लिए। उनके सहायकों में से एक थे अमानउल्ला खाँ और दूसरे मिनर्वा मूवीटोन के कथा लेखक हसरत लख़नवी। अनूठी कहानी होने के कारण पटकथा पर बार-बार चर्चा करनी पड़ती थी। दृश्यों में भी फेरबदल करने होते थे। इसलिए अमरोही का ज़्यादातर समय पटकथा और संवाद लेखन में जाने लगा। इससे फ़ाइनैंसर रमेश का धीरज जवाब दे गया और उन्होंने फ़िल्म बंद करने का फ़ैसला कर लिया। इस तरह *महबूबा* मुहूर्त से आगे न बढ़ सकी। अमरोही के कई सहयोगियों का कहना था कि *महबूबा* बन जाती, तो अपनी अनूठी विषयवस्तु के कारण बहुत सराही जाती और अमरोही की शोहरत में चार चाँद लग जाते।

उन्हीं दिनों बॉम्बे टॉकीज़ ने फनी मजूमदार के निर्देशन में *तमाशा* की शूटिंग शुरू कर दी। इस फ़िल्म में अशोक कुमार, देव आनंद और मीना कुमारी की भूमिकाएँ थीं। अशोक कुमार के आग्रह पर एक दिन अमरोही *तमाशा* के सेट पर शूटिंग देखने गए। वहीं उनकी मीना कुमारी से मुलाक़ात हुई।

इस मुलाक़ात से कुछ साल पहले की बात है। कमाल अमरोही ने ट्राम से भिंडी बाज़ार जाते समय पंद्रह-सोलह साल की एक लड़की देखी थी। उन्होंने उसे तुरंत पहचान लिया था, क्योंकि वह फ़िल्मों में बतौर बाल कलाकार काम करती थीं। यह लड़की दादर टीटी के स्टॉप पर उतर गई। अमरोही भी उतरकर उसके पीछे हो लिए और उसका पीछा करके उसके रहने का ठिकाना देख आए थे। इस घटना के दो-तीन दिन बाद बाक़र के साथ भिंडी बाज़ार जाते हुए दादर टीटी की उस इमारत के सामने पहुँचकर उन्होंने बाक़र से कहा, "इस इमारत में जो लड़की रहती है, वह अभी तो बाल कलाकार के रूप में काम करती है, लेकिन निकट भविष्य में वह टॉप की हीरोइन बनेगी। उसका चेहरा पारदर्शी होने के साथ-साथ अत्यंत भावपूर्ण है।" वह लड़की कोई और नहीं, मीना कुमारी थीं। अशोक कुमार ने जब अमरोही को *तमाशा* के रशेज दिखाए, तब उनमें मीना कुमारी का सहज और भावपूर्ण अभिनय देखकर उन्हें अपनी भविष्यवाणी याद आ गई।

तमाशा के सेट पर दोनों ज़रूर मिले, पर अमरोही और मीना कुमारी की पहली बातचीत वी.एम.व्यास के निर्देशन में बन रही फ़िल्म *दाना-पानी* के सेट पर हुई थी।

महल की सफलता के चलते उनकी गिनती श्रेष्ठ निर्देशकों में होने लगी थी। लिहाज़ा, मधुबाला ही नहीं, उस दौर की तमाम अभिनेत्रियाँ उनके साथ काम करने को लालायित थीं। मीना कुमारी भी इसका अपवाद नहीं थीं। उन दिनों वे ज़्यादातर *हनुमान पाताल, श्री गणेश महिमा, लक्ष्मी नारायण* जैसी धार्मिक तथा कम बजट की कुछ सामाजिक फ़िल्में कर रही थीं। फ़िल्म जगत के आकाश पर छाने के लिए उन्हें एक हिट फ़िल्म की दरकार थी। उन दिनों वे एक फ़िल्म करने के बदले पंद्रह हज़ार रुपये ले रही थीं, जबकि अमरोही को लेखन और निर्देशन के लिए निर्माता एक लाख रुपये देने को राज़ी थे।

वे अमरोही ही थे, जिनकी वजह से मधुबाला के अच्छे करियर की शुरुआत हुई थी। मीना कुमारी को भी लगता था कि उनकी फ़िल्म में काम करके उनका करियर बुलंदियों को छू सकता है। यही कारण था कि *दाना-पानी* के सेट पर हुई मुलाक़ात को वे आगे बढ़ाना चाहती थीं। संयोग से अमरोही के साथ काम करने की उनकी मंशा जल्द ही पूरी हो गई।

महबूबा के बंद होने के कुछ ही दिनों बाद अमरोही ने *अनारकली* की कथा-पटकथा तैयार की। *अनारकली* के निर्माण की ज़िम्मेदारी उस ज़माने में अंधेरी-कुर्ला रोड पर स्थित एम.एन.स्टूडियो के मालिक माखन लाल तिवारी और उनके बेटे राजेंद्र तिवारी सँभालने वाले थे। अनारकली की भूमिका अमरोही मधुबाला को देने की सोच रहे थे। सलीम का किरदार निभाने के लिए उन्होंने सप्रू को चुना था, जिन्होंने आगे चलकर बतौर चरित्र अभिनेता कई फ़िल्में कीं।

अमरोही ने *अनारकली* के लिए मधुबाला से पूछा, तो उन्होंने फ़ौरन हामी भर दी। कुछ लोगों का कहना है कि मधुबाला और सप्रू पर *अनारकली* का मुहूर्त शॉट भी फ़िल्माया गया था, लेकिन अचानक एक दिन मधुबाला *अनारकली* से बाहर हो गईं। दरअसल, हालात ही कुछ ऐसे बन गए थे कि *अनारकली* से उनका जाना लाज़िमी हो गया था।

महल में काम करते हुए अमरोही ने मधुबाला के मन में अपना एक विशिष्ट स्थान बना लिया था। मेधा के साथ-साथ उनका व्यक्तित्व भी लोगों को अपनी ओर आकर्षित करता था। सुदर्शन काया, रौबदार आवाज़, आकर्षक चाल-ढाल और काव्यात्मक भाषा लोगों पर जादू कर देती थी।

मधुबाला उनके व्यक्तित्व से काफ़ी प्रभावित थीं और उनसे निकाह करना चाहती थीं, लेकिन मधुबाला में एक भारी कमी थी, बुद्धिमत्ता की कमी। वे ख़ूबसूरत तो थीं, लेकिन काव्यात्मक मन नहीं था उनके पास । यही कारण था कि उनके प्रति अमरोही के मन में कोई आकर्षण नहीं हुआ। 1951 की बात है। अमरोही बॉम्बे टॉकीज़ के स्टूडियो में बैठे किसी से बतिया रहे थे कि मधुबाला उनसे मिलने आईं। "मुझे आपसे कुछ बातें करनी हैं।" मधुबाला का इतना कहना था कि वह व्यक्ति जो अमरोही से बातें कर रहा था, उठकर बाहर चला गया।

"बोलो, क्या बात है?" अमरोही ने पूछा।

"मैं आपसे शादी करना चाहती हूँ, लेकिन उसके लिए आपको अपने परिवार को अमरोहा भेजना होगा। बदले में मैं आपको तीन लाख रुपये दूँगी।"

अपनी सुंदरता पर मधुबाला को इतना नाज़ था कि वे सोचती थीं कि अमरोही मना नहीं कर सकते। अमरोही के साथ शादी करने की कामना करना एक बात थी, लेकिन उसके लिए बीबी-बच्चों को छोड़ने जैसी शर्त और बदले में पैसों की लालच देना दूसरी बात थी। अमरोही को उनकी यह बात अपमानजनक लगी। उन्होंने स्पष्ट शब्दों में मधुबाला को जवाब दे दिया, "मधु मैं क़लम बेचता हूँ, बीबी-बच्चे नहीं।"

अमरोही का इशारा इतना स्पष्ट था कि उसके बाद कुछ कहने-सुनने की कोई गुंजाइश ही नहीं बची थी। मधुबाला बिना कुछ कहे वहाँ से चली गईं। इसके बाद उनके *अनारकली* बनने का सवाल ही नहीं रह गया।

इस घटना के बाद *अनारकली* के किरदार के लिए अभिनेत्रियों के बारे में सोचते-सोचते अमरोही के ज़ेहन में मीना कुमारी का चेहरा कौंध गया। उन्होंने फ़ौरन बाक़र को उनके घर भेज दिया। मीना कुमारी के वालिद अली बख़्श यह देखकर खुशी से भर उठे कि कमाल अमरोही जैसे 'हॉटकेक' समझे जाने वाले निर्देशक ने *अनारकली* की भूमिका के लिए मंजू के बारे में सोचा और आदमी भेजकर बुलाया है। मीना कुमारी के लिए भूमिकाएँ चुनने, उनके काम की क़ीमत तय करने, शूटिंग

की तारीख़ें देने का काम अली बख़्श ही करते थे। उन्होंने मीना कुमारी की तरफ़ से उसकें *अनारकली* में काम करने की रज़ामंदी दे दी।

अली बख़्श ने जब मीना कुमारी को इसकी सूचना दी, तो वे आश्चर्यचकित रह गईं। पहले ही वे अमरोही के व्यक्तित्व, उनकी बुद्धिमता से प्रभावित थीं। अब उन्हें उसी अमरोही के साथ काम करना था।

अब मीना कुमारी की पृष्ठभूमि की चर्चा करते हैं : सुन्नी संप्रदाय के मुसलमान अली बख़्श पाकिस्तान के भेटा गाँव के निवासी थे। हारमोनियम वादक अली बख़्श अपनी क़िस्मत आज़माने बंबई आए और कृष्णा नामक नाटक कंपनी के लिए संगीत देने लगे। वहीं उनकी मुलाक़ात बंगाली ईसाई नर्तकी प्रभावती से हुई। कुछ दिनों बाद प्रभावती ने इस्लाम धर्म स्वीकार करके अली बख़्श से निकाह कर लिया। निकाह के बाद वे इक़बाल बेगम कही जाने लगीं। इक़बाल बेगम ने ख़ुर्शिद, महज़बीन उर्फ़ मीना कुमारी और माधुरी उर्फ़ मधु नाम की तीन बेटियों को जन्म दिया।

अली बख़्श का संगीत ख़ास कामयाब नहीं हुआ। इसलिए पिता की गृहस्थी चलाने के लिए ख़ुर्शिद को बचपन से ही फ़िल्मों में काम करना पड़ा। उसके बाद मीना कुमारी और मधु ने भी कैमरे का सामना किया। मीना कुमारी की समकालीन अभिनेत्री वीणा, जिन्होंने कमाल अमरोही की *पाकीज़ा* और *रज़िया सुलतान* में चरित्र भूमिकाएँ की थीं, पुराने दिनों के संस्मरण सुनाते हुए कहती थीं, "मीना कुमारी दिलोजान से अमरोही पर फ़िदा थीं। मीना की बड़ी बहन ख़ुर्शिद ने मेरे साथ *रुस्तमजी* में काम किया था। वे अक्सर अपनी बहनों मीना और मधु के साथ मेरे पास आती थीं। मीना कुमारी को मैं तभी से जानती थी। उनकी माँ भी फ़िल्मों में माँ की भूमिकाएँ करती थीं। वे मीना के करियर को लेकर कुछ ज़्यादा ही चिंतित रहती थीं। जब कभी हमारी भेंट होती तो वे कहतीं, 'ख़ुर्शिद और मधु तो सुंदर हैं, वे ज़िंदगी के दौड़ में आगे निकल जाएँगी। मुझे मीना के भविष्य की चिंता है। एक तो वह उतनी ख़ूबसूरत नहीं है और दूसरे नाक भी थोड़ी चपटी है। उसका क्या होगा।' आगे चल कर वही मीना टॉप की हीरोइन बनी। जिन दिनों मैं और मीना रणजीत स्टूडियो की फ़िल्मों में काम कर रहे थे। उन्हीं दिनों मीना की भेंट अमरोही से हुई थी। अमरोही जब भी किसी को कहानी सुनाने या किसी और काम से स्टूडियो आते, मीना उनके लिए अपने घर से खाने का डिब्बा लेकर आती थीं। *महल* के हिट होने के बाद कमाल की गिनती चोटी के निर्देशकों में होने लगी थी। लड़कियाँ मक्खी की तरह उनके इर्द-गिर्द मँडराने लगी थीं। मीना भी अमरोही के साथ काम करने की इच्छुक थीं।"

अनारकली के सिलसिले में कमाल और मीना कुमारी की मुलाक़ातें बढ़ती गईं। अमरोही के संपर्क में आने के कुछ ही दिनों बाद मीना कुमारी ने अमरोही को एक पत्र लिखा :

"मेरे कमाल, न जाने तुम कहाँ से आए और मेरी कायनात पर छा गए, मेरी कायनात एक डरी हुई बुज़दिल लड़की की कायनात... मैं कभी-कभी सोचा करती थी कि वह कौन होगा, कौन है वह, जिसका मुझे नामालूम मुद्दत से इंतज़ार है, न जाने वह कहाँ है, न जाने वह कैसा है, न जाने वह क्या कर रहा होगा... शायद वह इस आदमी की तरह हो... इस इंसान के ख़यालात में इसकी बात कितनी सरल है... फिर शायद यह हो, बिलकुल नहीं... इसमें वह शायराना रंग कहाँ... इसमें वह बुलंदी नहीं... मैं उसे बिलकुल नहीं पहचानती... इसमें ख़ुदी नहीं, यह शायर नहीं, यह अदीब (लेखक) नहीं, कहाँ हो? कहो... कहाँ हो? ए मेरे शहज़ादे, क्या तुम वाक़ई में कहानी के शहज़ादों की तरह, एक दिन आसमान से उतरकर मुझे ले जाओगे?... और मैं इंतज़ार करती रही, करती रही... फिर एक दिन मैंने महल देखी। मुझे बहुत पसंद आई... बहुत ही... और उसके बाद मैं यह सोचने लगी कि शायद मैं ही वह बदनसीब कामिनी हूँ...।"

"तुम इन्हें तो जानती होगी (किसी ने मीना कुमारी से कमाल अमरोही का परिचय कराते हुए कहा था), 'आप हैं कमाल अमरोही...' मेरी निगाहों ने तुम्हारा बहुत एहतराम (आदर) किया और अदब से तुम्हारे क़दमों पर झुक गईं - मंजू।"

इसके बाद उनके बीच ख़तों के आने-जाने का सिलसिला शुरू हो गया।

कुछ दिनों बाद ताड़देव के पास स्थित सेंट्रल स्टूडियो (जहाँ आज एसी मार्केट की इमारत खड़ी है) में *अनारकली* का भव्य मुहूर्त हुआ। मीना कुमारी और सप्रू पर मुहूर्त शॉट लिया गया। शूटिंग शुरू होने में अभी एक-दो महीने का विलंब था।

उन्हीं दिनों मीना कुमारी ने एक सेकंड हैंड कार ख़रीद ली और गाड़ी लेने की ख़ुशी में वे अली बख़्श और मधु के साथ महाबलेश्वर गईं, लेकिन वापसी में उनकी कार का एक्सीडेंट हो गया। उस दुर्घटना में अली बख़्श और मधु को तो मामूली खरोचें ही आईं, लेकिन मीना कुमारी बुरी तरह ज़ख़्मी हो गईं। उन्हें पूना के ससून अस्पताल में भर्ती कराया गया। उनके दाएँ हाथ की कनिष्ठ उंगली में जोड़ पर फ्रैक्चर हो गया था और कलाई का हिस्सा बुरी तरह क्षत-विक्षत हो गया था। उसमें छोटे-छोटे छेद हो गए थे।

उन दिनों प्रचार माध्यम आज जितने प्रभावशाली नहीं थे। इसलिए आज की तरह उस ज़माने के छोटे-बड़े सिने सितारों को उतनी प्रसिद्धि नहीं मिलती थी। दूसरे, उन दिनों मीना कुमारी कोई टॉप की हीरोइन भी नहीं थीं। लिहाज़ा, इस दुर्घटना पर लोगों ने ख़ास तवज्जो नहीं दी।

सिर्फ़ वे निर्माता-निर्देशक ही, जिनकी फ़िल्मों में वे काम कर रही थीं और कुछ क़रीबी लोग ही उनसे मिलने गए थे, लेकिन मीना कुमारी की आँखें बेसब्री से कमाल अमरोही का रास्ता देख रही थीं। होश आते ही उन्होंने बड़ी बहन ख़ुर्शीद

से पूछा, "वे नहीं आए?" खुर्शीद उनके 'वे' का आशय ताड़ गईं और बोलीं, "नहीं, अभी तक वे नहीं आए।"

इधर, बंबई में अमरोही अपने बेटे शानदार और सहयोगी के साथ कहीं गए थे। वहीं उन्हें मीना कुमारी के साथ हुई घटना की ख़बर मिली। ख़बर पाते ही उन्होंने पूना जाने का निश्चय किया और शानदार को घर छोड़कर पूना के लिए रवाना हो गए। अमरोही को आया देखकर मीना कुमारी ख़ुशी से झूम उठीं। अमरोही ने उनकी तबीयत के बारे में पूछा और उन्हें साँत्वना दी। अमरोही उनके पास बैठे ही थे कि मीना कुमारी के लिए मधु मौसंबी का जूस लाई, पर मीना कुमारी ने जूस पीने से इंकार कर दिया। मधु ने अमरोही की ओर देखा। अमरोही उसके देखने की मंशा समझ गए। वे अपनी जगह से उठकर मीना कुमारी के बिस्तर के पास आए। हाथों का सहारा देकर उन्हें पीठे के बल बिस्तर पर बैठाया और जूस का गिलास उनके होंठों से लगा दिया। इस तरह अमरोही और मीना कुमारी की मोहब्बत की शुरुआत हुई।

इस घटना के बाद मीना कुमारी के पास बैठ कर घंटों गप्पे लड़ाना अमरोही की रोज़मर्रा की ज़िंदगी का हिस्सा बन गया। वे जब तक अस्पताल न पहुँचते, मीना कुमारी दवाइयाँ नहीं खाती थीं। वे अमरोही के ही हाथ से दवा खाती थीं। मीना कुमारी अब उन्हें उनके बचपन के नाम 'चंदन' से बुलाने लगी थीं और अमरोही उन्हें 'मंजू' कह कर संबोधित करते थे। अमरोही मीना कुमारी से पंद्रह साल बड़े थे, लेकिन उनके दिलों ने उम्र के इस फ़ासले को कब का पार कर लिया था।

अमरोही जब उनके पास न होते या बंबई चले जाते, तो मीना कुमारी ज़िद पकड़ लेतीं कि वे उनके आने पर ही दवाइयाँ खाएँगी। उनकी ज़िद के आगे हार मानकर उनकी बहन अमरोही को फ़ोन करके कहतीं, "चंदन भाई, आप जल्दी आ जाइए, मंजू दवा नहीं ले रही है।"

बचपन से पिता के कड़े अनुशासन में पली मीना कुमारी प्यार की भूखी थीं। यही कारण था कि अमरोही जब उनसे प्यार से बातें करते, तो वे ख़ुशी से भर जातीं। 1947 में माँ की मृत्यु के बाद से वे अपने पिता और परिवार के लिए 'कमाऊ मशीन' बन कर रह गई थीं। वे भी इस बात से बख़ूबी वाक़िफ़ थीं कि उनके घरवाले उनसे नहीं, उनकी कमाई दौलत से प्यार करते हैं।

कहा जाता है कि प्रेम और युद्ध में सब कुछ जायज़ होता है। मीना कुमारी चाहती थीं कि अमरोही हर वक़्त उनके साथ रहें। उधर, उनको छोड़कर बंबई जाना अमरोही को भी नागवार गुज़रता, लेकिन बीबी-बच्चों और कामकाज के लिए बंबई जाना उनकी मजबूरी थी। अमरोही ने मीना कुमारी को इस बात का अहसास कराने के लिए कि वे उन्हें कितनी अहमियत देते हैं, उनसे कहा कि मैं हर दिन तुम्हें देखने

अमरोही और मीना कुमारी के प्यार का सिलसिला यहीं से शुरू हुआ। ससून हॉस्पिटल के कॉरिडोर में अमरोही-मीना कुमारी

बंबई से पूना आता हूँ। असलियत इसके विपरीत थी कि वे चार-चार, पाँच-पाँच दिन पूना में रहते और एक-दो दिन बंबई आते और अपने ज़रूरी काम निपटा कर फिर पूना चले जाते थे। मीना कुमारी जितने दिन अस्पताल में रहीं, यह सोच मन-ही-मन मुग्ध होती रहीं कि अमरोही उनके लिए इतनी तकलीफ़ उठा रहे हैं।

दुर्घटना के बाद मीना कुमारी को अमरोही के रूप में अपने प्यार का आधार तो मिल गया था, लेकिन अब वे अपने करियर को लेकर भी चिंतित थीं। अभी उन्हें काफ़ी समय अस्पताल में ही रहना था। दूसरे, वे टूटी हुई उंगली को लेकर परेशान थीं। उन्हें यह चिंता सताने लगी कि पता नहीं फ़िल्मों के निर्माता-निर्देशक उन्हें आगे काम देंगे या नहीं। यही नहीं, उन्हें इस बात का भी खटका लगा रहता था कि कहीं *अनारकली* के निर्माता भी

उन्हें अपनी फ़िल्म से बाहर न कर दें। वे मन ही मन इन्हीं आशंकाओं में घुली जा रही थीं। अमरोही को जैसे ही उनकी मानसिक चिंता का पता चला तो उन्होंने मीना कुमारी को ख़त लिखकर उन्हें आश्वस्त कराया। ख़त का मज़मून इस प्रकार था : "तुम ही मेरी अनारकली हो। अगर तुम इस फ़िल्म में नहीं रहोगी, तो यह फ़िल्म बनेगी ही नहीं।" यह ख़त पढ़कर मीना कुमारी के दिल का बोझ उतर गया।

डेढ़-दो महीने अस्पताल में रहकर मीना कुमारी बंबई आ गईं, जहाँ उनका और अमरोही का ढका-छिपा रोमांस शुरू हो गया। अपने प्रेम-प्रसंग की भनक अपने वालिद अली बख़्श को लगने देने का अर्थ था संकट मोल लेना। दरअसल, वे मीना की कमाई से महरूम नहीं होना चाहते थे। मीना कुमारी के प्यार करने और शादी कर लेने से उन्हें उसकी कमाई से महरूम होना पड़ सकता था। यही कारण था कि वे उन्हें किसी से मिलने-जुलने की इजाज़त नहीं देते थे। वे शूटिंग के समय हमेशा

उसके साथ रहते थे। नतीजतन, मीना कुमारी के लिए अमरोही से मिलना-जुलना असंभव हो गया था। ऐसे में भी मीना कुमारी ने रोमांस का एक रास्ता निकाल लिया था। रात में सोते समय वे मोटा कंबल ओढ़ लेतीं और उसमें छिपाकर फ़ोन पर अमरोही से दबी ज़बान में बातें करती थीं। उनका यह प्रेमालाप रात बारह बजे से शुरू होता था और सुबह के चार-पाँच बजे तक चलता रहता था।

इस तरह दोनों मानसिक तौर पर एक-दूसरे को अच्छी तरह जानने-समझने लगे थे। अमरोही की बीबी अले ज़ेहरा सीधी-साधी गृहिणी थीं। वे उनके साथ शेर-शायरी, फ़िल्मों की पटकथा-संवाद या किताबों पर चर्चा नहीं कर सकती थीं। दूसरी तरफ़, मीना कुमारी अपनी बातों से अमरोही की कल्पनाओं को नया आयाम दे रही थीं। लिहाज़ा, धीरे-धीरे उनकी तरफ़ अमरोही का झुकाव बढ़ता गया।

उन्हीं दिनों अले ज़ेहरा ने अपनी तीसरी संतान, यानी बेटी को जन्म दिया। प्रसव के बाद पति की उपेक्षा के चलते उन्हें अवसाद के दौरे पड़ने लगे। अमरोही उनसे अलग दूसरे कमरे में सोते और रात-रात भर फ़ोन पर मीना कुमारी से बातें करते रहते थे। इस प्रेम-प्रसंग कां पता चलने पर बाक़र ने अमरोही से पूछा, "कमाल साहब, आप यह क्या कर रहे हैं?"

"यह लड़की मेरे दिलोदिमाग़ पर छा गई है।" कमाल अमरोही ने जवाब दिया।

"आप उससे शादी करेंगे?" "हाँ, मैं तैयार हूँ।"

"कमाल साहब, आपको पता है कि आप क्या कह रहे हैं?" बाक़र के इस सवाल के जवाब में अमरोही ने कहा, "हाँ, मालूम है।" उनका यह दो-टूक जवाब सुनने के बाद बाक़र ने कुछ और कहना मुनासिब न समझा। मीना कुमारी की तबीयत धीरे-धीरे सुधर रही थी। दुर्घटना में उनका चेहरा पूरी तरह सही-सलामत बच गया था। अपनी टूटी हुई उंगली में दुपट्टा या पल्लू लपेटकर वे उसे छिपाने में भी कामयाब हो गई थीं। इसलिए फ़िल्मों में फिर काम न पाने की उनकी आशंका बेबुनियाद साबित हुई। वे धीरे-धीरे अपनी अधूरी फ़िल्में पूरी करने में जुट गईं।

उन्हीं दिनों उन्हें ज़िया सरहदी निर्देशित *फुटपाथ* और विजय भट्ट निर्देशित *बैजू बावरा* में काम करने का अवसर मिला। संगीतकार नौशाद कहते थे कि मीना कुमारी को *बैजू बावरा* में काम उन्होंने ही दिलाया था। बचपन से ही मीना कुमारी दादर टीटी स्थित हैदर मेंशन में रहती थीं, जहाँ नौशाद उनके पड़ोसी थे। मीना कुमारी और उनकी बहन मधु टैरेस पर रहने वाले नौशाद के कमरे में पत्थर फेंक कर उन्हें तंग किया करती थीं। नौशाद अली बख़्श से शिकायत कर देते, तो दोनों की शामत आ जाती। नौशाद कहते थे कि प्रकाश पिक्चर्स के विजय भट्ट ने जब उन्हें *बैजू बावरा* का संगीत देने की जिम्मेदारी सौंपी, उस समय वे इसमें दिलीप कुमार और नर्गिस को लेने की सोच रहे थे। इस बात का पता पाकर नौशाद ने विजय भट्ट से

कहा, "देखिए प्रकाश पिक्चर्स की आर्थिक स्थिति वैसे भी ठीक नहीं है। ऊपर से अगर आप नामी कलाकारों को लेते हैं, तो उनकी क़ीमत अदा करने में ही काफ़ी ख़र्च पड़ेगा। किसी फ़िल्म के लिए उसके कलाकारों के मुक़ाबले उसकी विषयवस्तु और नायक का व्यक्तित्व ज़्यादा महत्त्वपूर्ण होता है। अगर आप नए कलाकार लेकर फ़िल्म बनाते हैं, तो उसकी नायक-नायिका को ही दर्शक बैजू और गौरी के रूप में स्वीकार करेंगे। इस तरह समझा-बुझाकर नौशाद ने विजय भट्ट को मीना कुमारी और भारत भूषण का नाम सुझाया।" यही नहीं, बक़ौल नौशाद मीना कुमारी को विजय भट्ट के पास वे ही ले गए थे।

हालाँकि *बैजू बावरा* में मीना कुमारी को काम दिलाने का श्रेय नौशाद लेते थे, लेकिन असलियत कुछ और ही थी। यह सच है कि विजय भट्ट ने *बैजू बावरा* के लिए दिलीप कुमार और नर्गिस को साइन कर लिया था, लेकिन दिलीप कुमार की क़ीमत उनका बजट बिगाड़ रही थी। इसलिए दिलीप कुमार इस फ़िल्म से बाहर हो गए। उनकी जगह भारत भूषण ने ले ली। उस वक़्त तक भारत भूषण नए अभिनेता थे। नर्गिस ने उनके साथ काम करने से मना कर दिया था। मीना कुमारी को उस समय एक अदद अच्छी फ़िल्म की तलाश थी। वे विजय भट्ट की *लेदर फ़ेस* में बाल कलाकार की हैसियत से काम कर चुकी थीं। इसलिए भट्ट ने नर्गिस की जगह उन्हें साइन कर लिया। नौशाद प्रकाश पिक्चर्स की माली हालत के बारे में जो कुछ भी बताते थे, वैसा कुछ भी नहीं था।

खैर, मीना कुमारी ने *फुटपाथ* और *बैजू बावरा* की पटकथाएँ अमरोही को पढ़ने के लिए दीं। उन्हें यक़ीन था कि वे सही सलाह देंगे। उनकी ओर से हरी झंडी मिलने के बाद ही वे इन फ़िल्मों में काम करने पर राज़ी हुईं।

महबूबा की तरह अनारकली भी *मुहूर्त* से आगे नहीं बढ़ सकी। शूटिंग शुरू होने से पहले ही इसके निर्माता माखनलाल तिवारी आर्थिक संकट से घिर गए। चाँदी के सट्टा बाज़ारी कारोबार में तिवारी पिता-पुत्र को इतना नुक़सान हुआ कि वे दाने-दाने को मोहताज हो गए। ऐसे में उनके लिए फ़िल्म बनाना नामुमकिन हो गया।

अनारकली के बंद होने के साथ मीना कुमारी और कमाल अमरोही के मेल-मिलाप का सिलसिला भी बंद हो गया, लेकिन अली बख़्श के सख़्त पहरे को तोड़कर दोनों मिल ही लेते थे। *अनारकली* के बंद होने के बाद अमरोही ने खुद ही एक फ़िल्म बनाने का निश्चय किया और उसकी कथा-पटकथा लिखने लगे। वे कहानी रिश्तेदारों के रहम-ओ-करम पर पलने वाली एक अनाथ और बेसहारा लड़की की कहानी थी, जिसे उम्रदराज़ व्यक्ति के साथ ब्याह दिया जाता है। ससुराल में उसके घर के ठीक सामने एक युवक रहता है। धीरे-धीरे उस लड़की को पता चलता है कि वह युवक उससे प्यार करने लगा है, लेकिन नैतिकता की बेड़ियों में जकड़ी पतिव्रता

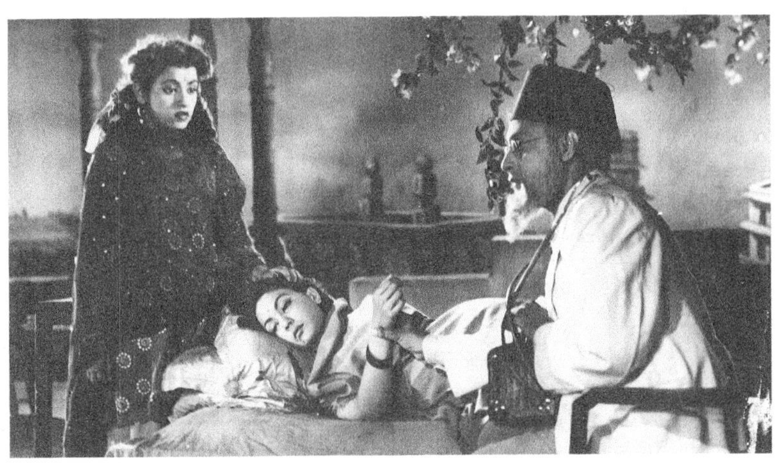

'दायरा' भारत की पहली कलात्मक फ़िल्म

अपने मन पर क़ाबू रख कर पति के प्रति निष्ठावान बने रहने का प्रयास करती है। एक दिन उसका पति किसी काम से विदेश चला जाता है। रास्ते में हवाई जहाज़ दुर्घटना में उसकी मृत्यु हो जाती है।

कुछ महीनों बाद उसके सामने वाले घर में रहने वाला युवक उस विधवा लड़की के सामने शादी की पेशकश करता है। भविष्य को लेकर चिंतित युवती उसकी पेशकश मान लेती है। अभी शादी की तैयारियाँ चल ही रही थीं कि उसका पति वापस आ जाता है। नतीजतन, उसकी शादी नहीं हो पाती। कुछ दिनों बाद उसका पति बीमार पड़ जाता है। युवती तन-मन से उसकी तीमारदारी में जुट जाती है। पति की सेवा करते-करते वह अंदर से टूट जाती है और क्षय रोग का शिकार होकर मर जाती है। उस ज़माने में फ़िल्मों पर कला फ़िल्म और व्यावसायिक फ़िल्म का लेबल नहीं लगाया जाता था, लेकिन *दायरा* की विषयवस्तु और उसका ट्रीटमेंट प्रयोगात्मक था। कला फ़िल्म की श्रेणी में आने वाली यह पहली फ़िल्म थी।

दायरा के नायक की भूमिका के लिए अमरोही ने नासिर खान को चुना, जबकि नायिका के किरदार में मीना कुमारी और उसके उम्रदराज़ पति की भूमिका के लिए कुमार मिज्जन का चयन किया।

इस बार भी कहानी सुनने के लिए अली बख़्श मीना कुमारी के साथ आए थे और इस मुलाक़ात के दौरान उन्होंने दोनों की आँखों के भाव पढ़ लिए थे। उन्हें यक़ीन हो गया कि अगर मीना इस फ़िल्म में काम करती है, तो दोनों के प्यार पर अंकुश लगाना मुश्किल हो जाएगा और सोने के अंडे देने वाली मुर्गी उनके हाथ से निकल जाएगी।

कहानी सुनने के बाद अली बख़्श ने मीना कुमारी से पूछे बगैर फ़तवा दे दिया कि "मंजू इस फ़िल्म में काम नहीं करेगी। इसकी कहानी हमें ख़ास जमी नहीं।"

अनारकली के लिए अमरोही का प्रपोज़ल पाकर मीना कुमारी की क़िस्मत को सराहने वाले अली बख़्श अब उसी अमरोही को अपनी राह का काँटा मानने लगे थे। अमरोही भी *दायरा* शुरू करने की हड़बड़ी में नहीं थे। उन्हें अभी पैसों की व्यवस्था से लेकर कथा-पटकथा तक बहुत कुछ करना था।

अली बख़्श के इंकार के बावजूद मीना कुमारी *दायरा* में काम करने की इच्छुक थीं। इसलिए अपनी गुप-चुप मुलाक़ातों के दौरान उन्होंने *दायरा* साइन कर ली थी। अमरोही और मीना कुमारी अपनी मसरूफ़ियत के बावजूद आपस में मिलने का वक़्त निकाल ही लेते थे। मीना कुमारी की बहनें खुर्शीद और मधु के अलावा उनकी सौतेली बहन शमा भी उनके प्रेम संबंधों की राज़दार थीं और कभी-कभार उनके मिलने में मददगार की भूमिका निभाती थीं।

उन दिनों अमरोही की बीबी अले ज़ेहरा की मानसिक स्थिति ख़राब चल रही थी। अमरोही ने तीनों बच्चों के साथ उन्हें अमरोहा भेज दिया। दरअसल, वे मीना कुमारी के साथ अपने संबंधों की ख़बर अले ज़ेहरा तक नहीं पहुँचने देना चाहते थे।

अमरोही ने अपने निकाह और तीन बच्चों का पिता होने की सच्चाई मीना कुमारी से छिपाई नहीं थी। उनकी साफ़गोई का सम्मान करते हुए मीना कुमारी ने मधुबाला की तरह बीबी-बच्चों को छोड़ने की शर्त कभी नहीं लगाई। अमरोही भी मीना कुमारी की इस फ़राख-दिली पर निसार थे। कहते हैं कि इश्क़ और मुश्क छिपाए नहीं छिपते। फ़िल्मी दुनिया में अमरोही और मीना कुमारी के इश्क़ के चर्चे होने लगे। इस प्रेम को एक नया नाम देना लाज़िमी हो गया था। उधर, मीना कुमारी इस बात को लेकर आशंकित थीं कि शादीशुदा अमरोही उनसे निकाह करेंगे भी या नहीं। उन्हें यह भी पता था कि एक बार अमरोही चाहे तैयार भी हो जाएँ, लेकिन उनके वालिद अली बख़्श इस शादी के लिए कभी राज़ी नहीं होंगे। इसी मानसिक ऊहापोह में एक दिन मीना कुमारी ने अमरोही के सामने शादी का प्रस्ताव रखा। अमरोही फ़ौरन तैयार हो गए। उन दिनों में भी विवाहेत्तर संबंध रखने वाले निर्माता-निर्देशकों और अभिनेताओं की कोई कमी नहीं थी, लेकिन उनमें से किसी ने अपने संबंधों को कोई नाम देने, उन्हें जायज़ बनाने की कोशिश नहीं की। अमरोही अलग मिट्टी के बने थे। यही कारण था कि उन्होंने मीना कुमारी का शादी का प्रस्ताव ठुकराया नहीं। अलबत्ता, दोनों ने तय कर लिया कि उनके निकाह की असलियत लोगों के सामने न आने तक मीना कुमारी फ़िल्मों में काम करती रहें।

6

मीना कुमारी पेडर रोड स्थित 'जस्सावाला क्लिनिक' में व्यायाम करने जाती थीं। अली बख़्श उन्हें क्लिनिक पर छोड़कर घूमने चले जाते थे। घंटे-डेढ़ घंटे घूम-फिरकर लौटते थे और उन्हें लेकर घर चले आते थे। 15 फ़रवरी 1952 के दिन अली बख़्श हर दिन की तरह मीना कुमारी को क्लिनिक पर छोड़कर घूमने चले गए। पूर्व निर्धारित योजना के तहत अमरोही ने पास की गली में अपनी कार पार्क कर रखी थी। मीना कुमारी क्लिनिक से निकलकर उनकी गाड़ी में आ बैठीं और वहाँ से भिंडी बाज़ार जा पहुँची। वहाँ बाक़र और अमरोही के मित्र और ज़ीनत अमान के पिता अमान अली उल्लाह खाँ पहले से ही मौजूद थे। बंबई आकर शुरुआत में अमरोही भिंडी बाज़ार में ही रहे थे। वहीं के मुर्ग़े मौलाना नाम के काज़ी ने अमरोही और मीना कुमारी को निकाह पढ़ाया। बाक़र और अमान अली उल्लाह खाँ ने बतौर गवाह बनकर निकाहनामे पर दस्तख़त किए। उस समय कमाल अमरोही ने पास में रखे क़ुरान शरीफ़ पर लिखा : "बिस्मिल्ला हिर्रहमानिर्रहीम-ए-रहीम ये लो, आज तो मैंने अहद-ए-वफ़ा कर दिया। उसके नीचे मीना कुमारी ने लिखा : "और मैंने भी। मैं तुम्हारी हक़ीक़ी रफ़ीक़-ए-हयात (अर्धांगिनी) हूँ। तुम मुझे मार भी डालो, तब भी मेरी ज़बान से कोई लफ़्ज़-ए-शिकायत (शिकायत का शब्द) नहीं निकलेगा। इंशाअल्ला, महज़बीन कमाल।" (लेकिन भविष्य में उन्होंने अमरोही के ख़िलाफ़ काफ़ी कुछ कह डाला।) निकाह के बाद अमरोही मीना कुमारी को क्लिनिक के पास छोड़ गए। तब तक अली बख़्श वापस नहीं लौटे थे।

निकाह के बाद दोनों छिप-छिपकर ही मिलते थे। *तमाशा* के फ़्लॉप होने को लेकर मीना कुमारी मानसिक रूप से परेशान थीं, लेकिन अक्टूबर 1952 में प्रदर्शित *बैजू बावरा* ने उन्हें रातों-रात स्टार बना दिया। यह फ़िल्म इस क़दर कामयाब रही कि मीना कुमारी के पास निर्माता-निर्देशकों की क़तार लग गई। उन्होंने धड़ाधड़ कई फ़िल्में साइन भी कीं। उनमें *बैंक मैनेजर, इल्ज़ाम* और बिमल राय की *परिणीता* प्रमुख थीं। *बैजू बावरा* की सफलता के कारण बड़े निर्माता-निर्देशक बतौर अभिनेत्री मीना कुमारी को जानने लगे थे, लेकिन वे उस दौर के सबसे लोकप्रिय

निर्माता-निर्देशक महबूब खान के साथ काम करने की इच्छुक थीं। उन्होंने एक दिन महबूब खान से मिलकर अपनी ख़्वाहिश जता दी। *बैजू बावरा* के कारण वे हिट हो गई थीं और उनके अभिनय की हर तरफ़ तारीफ़ हो रही थीं। नतीजतन, महबूब खान ने उन्हें आगामी फ़िल्म *अमर* के लिए साइन कर लिया। इस फ़िल्म के नायक थे दिलीप कुमार।

बतौर स्टार मीना कुमारी के आर्थिक पक्ष को सँभालने, उनकी शूटिंग की तारीख़ें तय करने जैसे काम अब अली बख़्श अकेले नहीं सँभाल पा रहे थे। यही कारण था कि वे शूटिंग के समय सेट पर उनकी परछाई बनकर हर समय उनके साथ नहीं रह पाते थे। इसी कारण मीना कुमारी की देखभाल के लिए उन्होंने फ़िरदौस नाम की एक लड़की रख ली, लेकिन जल्द ही मीना कुमारी ताड़ गईं कि उनके पिता अली बख़्श और फ़िरदौस के बीच 'कुछ' चल रहा है। उसी दौरान अली बख़्श को भी मीना कुमारी और अमरोही के इश्क़ की भनक लग गई। लिहाज़ा, फ़िरदौस और अमरोही को लेकर बाप-बेटी के बीच शीतयुद्ध शुरू हो गया। अली बख़्श अभी तक बेटी के निकाह की असलियत से बेख़बर थे।

मई 1952 में महबूब खान की *अमर* की शूटिंग शुरू हुई और अलग-अलग पाँच लोकेशनों पर तेरह दिन की शूटिंग हुई। उस शिड्यूल के फ़ौरन बाद अमरोही ने *दायरा* की शूटिंग शुरू की। मीना कुमारी ने *अमर* की शूटिंग के लिए पिता की दी हुई तारीख़ों में से कुछ तारीख़ें *दायरा* के लिए दे दीं। जून के महीने में *अमर* के दूसरे शिड्यूल की शूटिंग शुरू होने पर मीना कुमारी उसके सेट पर जाने की बजाय *दायरा* के सेट पर जा पहुँचीं। यही नहीं, उन्होंने महबूब खान को भनक भी नहीं लगने दी कि वे *दायरा* के लिए काम रही हैं। नतीजतन, *अमर* की शूटिंग अधर में लटक गई।

अली बख़्श को इस बात का पता चला, तो वे चौंक गए। वे एक अरसे से बेटी के बाग़ी तेवर देखते आ रहे थे। बाप-बेटी के बीच तक़रीबन हर दिन वाकयुद्ध हो जाता था। एक दिन मीना कुमारी शूटिंग के लिए घर से निकलने लगीं, तो अली बख़्श ने कहा, "आज तुम्हें *अमर* की शूटिंग के लिए जाना होगा। मैंने महबूब साहब को तारीख़ें दे रखी हैं।"

मीना कुमारी ने नज़रें उठाकर पिता की ओर देखा और बोली, "नहीं, मैंने *दायरा* के लिए कमाल साहब को तारीख़ें दी हैं।"

उनका जवाब सुनकर अली बख़्श आगबबूला हो उठे और गुस्से से भरकर उन्होंने कहा, "अगर आज तुम *दायरा* के सेट पर गई, तो शाम को लौटने पर घर के दरवाज़े तुम्हें बंद मिलेंगे।"

मीना कुमारी उनकी धमकी की अनसुनी करके बॉम्बे टॉकीज़ जा पहुँचीं, जहाँ *दायरा* की शूटिंग चल रही थी। दिनभर की शूटिंग की हड़बड़ी के कारण पिता के

साथ हुई नोक-झोंक के बारे में उन्होंने अमरोही से कुछ भी नहीं कहा और हर दिन की तरह उस दिन भी शाम को लौट कर घर पहुँचीं, लेकिन पहुँचने पर उन्हें घर के दरवाज़े सचमुच बंद मिले। वे देर तक दरवाज़ा खटखटाती रहीं, लेकिन अली बख़्श को उन पर दया नहीं आई। अंत में मधु घर का दूसरा दरवाज़ा खोलकर चुपके से बाहर आई और मीना को कपड़ों से भरा बैग थमाकर निःशब्द अंदर चली गई। मधु अपनी बहन और अमरोही के निकाह से वाक़िफ़ थीं।

अपने पिता से कुछ कहे-सुने बिना मीना कुमारी अमरोही के सायन वाले घर जा पहुँचीं। नौकर ने दरवाज़ा खोला और अमरोही के घर पर न होने की सूचना दी। मीना कुमारी हॉल में बैठकर अमरोही का इंतज़ार करने लगी। घंटे-डेढ़ घंटे बाद घर आने पर मीना कुमारी को हाल में बैठी पाकर अमरोही दंग रह गए।

“मंजू, तुम यहाँ कैसे आ गई?” “हाँ, मैं आ गई।” मीना कुमारी ने जवाब दिया। “लेकिन इस तरह अचानक?” “तुम अंदर जाकर देखो तो सही!” मीना कुमारी ने कहा।

कमाल अमरोही मीना कुमारी के बोलने के अंदाज़ से कुछ समझ नहीं सके। वे अपने बेडरूम में गए, तो वहाँ मीना कुमारी का बैग देख कर और भी हैरान हो गए। उन्होंने बाहर आकर पूछा।

“यह बैग!”

“वह बैग मेरा है। मैं हमेशा-हमेशा के लिए अपना घर छोड़कर यहाँ आ गई हूँ।”

“मंजू, इस तरह बिना बताए मेरे यहाँ आना, रहना हम दोनों के लिए हक़ में ठीक नहीं होगा। अभी हमने अपने निकाह की बात ज़ाहिर नहीं की है। तुम्हारे घर छोड़कर यहाँ आने की बात सुनते ही लोग हमें बदनाम कर देंगे।”

“लेकिन अब मैं यहाँ से वापस नहीं जाऊँगी।” कहकर मीना कुमारी ने उस सुबह अपने पिता के साथ हुई अपनी तू-तू, मैं-मैं के बारे में बता दिया।

“मंजू, मैं तुम्हारे प्यार की हत्या नहीं होने दूँगा। कल ही हम अपने निकाह की घोषणा कर देंगे,” अमरोही ने कहा।

अगले दिन *द टाइम्स ऑफ़ इंडिया* में ‘कमाल अमरोही वेड्स मीना कुमारी’ शीर्षक से अमरोही और मीना कुमारी की शादी की ख़बर छप गई। अपना घर छोड़कर मीना कुमारी के अपने पास आ जाने से अमरोही हड़बड़ा गए थे, लेकिन वे अपने प्यार को रुसवा भी नहीं होने देना चाहते थे। इसलिए उन्होंने अपने निकाह की घोषणा कर दी। वे जानते थे कि उनका ऊँचा सैयद घराना एक फ़िल्म अभिनेत्री के साथ उनकी शादी को कुबूल नहीं करेगा।

इसलिए अमरोही ने निकाह से पहले ही मीना कुमारी के सामने यह शर्त रखी थी कि निकाह के बाद वे फ़िल्मों में काम नहीं करेंगी। अमरोही फ़िल्म इंडस्ट्री में आने के बाद भी अपने ख़ानदान के रीति-रिवाजों का कड़ाई से पालन करते थे। वे नहीं चाहते थे कि निकाह के बाद मंजू फ़िल्मों में काम करें।

मीना कुमारी ने उनकी यह शर्त क़ुबूल भी की थी। अमरोही के प्यार में आकंठ डूबी मीना कुमारी को उस समय उनकी यह शर्त बहुत अच्छी लगी थी। तब वे मन ही मन यह सोचकर फूली न समाई थीं कि अमरोही उनके पैसों से नहीं, बल्कि उनसे प्यार करते हैं। इसलिए उन्हें फ़िल्मों में काम करने से मना कर रहे हैं। तब वे स्टार भी नहीं थीं।

लेकिन उनके अचानक अपना घर छोड़कर चले जाने और अमरोही के साथ अपने निकाह की बात जगज़ाहिर कर देने के बाद मीना कुमारी की अधूरी फ़िल्मों का भविष्य अधर में पड़ गया। दोनों ने आपसी सहमति से यह फ़ैसला किया कि अधूरी फ़िल्मों के पूरा होने के बाद मीना कुमारी कोई नई फ़िल्म साइन नहीं करेंगी।

जिस फ़िल्म की वज़ह से मीना कुमारी और अली बख़्श में झगड़ा हुआ था, जिसकी वज़ह से मीना कुमारी को अपना घर छोड़ कर अमरोही के यहाँ आना पड़ा था और अमरोही को अपने निकाह की घोषणा करनी पड़ी थी, उसी फ़िल्म *अमर* के सेट पर लगातार दो-तीन हफ़्ते न पहुँचने के कारण महबूब खान ने मीना कुमारी को बदल दिया और उनकी जगह मधुबाला को साइन कर लिया।

कहने वाले यहाँ तक कहने लगे थे कि कामयाबी ने मीना कुमारी का दिमाग़ ख़राब कर दिया था। महबूब खान ने उनके ख़िलाफ़ इंपा (इंडियन मोशन पिक्चर्स प्रोड्यूसर्स असोसिएशन) में शिकायत भी की। आख़िरकार यह मामला यहीं ख़त्म हो गया।

निकाह की घोषणा के बाद मीना कुमारी और अमरोही का वैवाहिक जीवन शुरू हुआ। अमरोही ने सायन वाला अपना फ़्लैट छोड़ कर बांद्रा पाली हिल की इमारत 'रैंब्रंट' में एक बड़ा-सा फ़्लैट लिया और मीना कुमारी के साथ उसमें रहने लगे।

7

अमरोही और मीना कुमारी के निकाह की बात अमरोही की बीबी अले ज़ेहरा से ज़्यादा दिन तक छिपी न रह सकी, जिन्हें उन्होंने पहले ही अमरोहा भेज दिया था।

उन दिनों दिल्ली से उर्दू की एक प्रसिद्ध मैगज़ीन निकलती थी *शमा*। उसके एक अंक में कमाल अमरोही और मीना कुमारी के निकाह की ख़बर छपी। यह पत्रिका अमरोहा तक जाती थी। एक दिन अले ज़ेहरा के हाथ *शमा* का वह अंक लग गया। यह ख़बर पढ़ कर उन्हें धक्का तो ज़रूर लगा, लेकिन यह बात बच्चों तक न पहुँचे, यह सोचकर उन्होंने यह पत्रिका छिपाकर रख दी।

अमरोही के छोटे बेटे ताजदार को उसके स्कूल से इस बात का पता लग गया। उसके एक अध्यापक ने उसे बुला कर बताया कि "तुम्हारे अब्बा ने मीना कुमारी नाम की हीरोइन से शादी कर ली है।" यह ख़बर सुनते ही ताजदार घर पहुँचा और अपनी अम्मी से कहने लगा, "अम्मी, तुम्हें पता है! अब्बा ने एक हीरोइन से शादी कर ली है। अब वे हमसे बोलेंगे नहीं? हमें प्यार नहीं करेंगे?"

"तुम्हें किसने बताया? यह सब झूठ है।" अले ज़ेहरा ने बेटे को दिलासा दिया।

"मेरे स्कूल के एक मास्टरजी ने मुझे बताया।" ताजदार के मुँह से यह बात सुनते ही अले ज़ेहरा आगबबूला हो उठीं और ताजदार के साथ स्कूल जा पहुँचीं। जिस अध्यापक ने ताजदार को यह ख़बर दी थी, उसे फटकारते हुए उन्होंने कहा, "आप पढ़ाने आते हैं या दूसरों की चुगली करने? आपको दूसरों के घर में ताक-झाँक करने की क्या पड़ी है? आप अपने काम से काम रखिए।" इस तरह उस मास्टरजी को फटकारते हुए अले ज़ेहरा ने ताजदार के मन में यह बात बैठा दी कि उसके मास्टरजी झूठ बोल रहे हैं।

उसके कुछ ही दिनों बाद अमरोहा के अर्जुन थिएटर में मीना कुमारी की फ़िल्म *चाँदनी चौक* लगी। ताजदार के दोस्तों ने उसे बताया कि इस फ़िल्म में तुम्हारी छोटी अम्मी भी हैं। अब तक कमाल अमरोही-मीना कुमारी के निकाह की चर्चा पूरे अमरोहा में फैल चुकी थी। अमरोही का आठ साल का बड़ा बेटा शानदार भी यह

ख़बर सुन कर हैरान था। छोटी रुख़सार तो खैर अभी नासमझ थी।

अम्मी के लाख सफ़ाई देने पर भी कि तुम्हारे अब्बा ने दूसरा निकाह नहीं किया है, ताजदार को यक़ीन नहीं हुआ था। अड़ोस-पड़ोस में वह बार-बार अब्बा के दूसरे निकाह के बारे में बातें सुन रहा था। छोटी अम्मी को देखने की उत्सुकता में एक दिन वह घर वालों को बताए बग़ैर चोरी से अपने दोस्तों के साथ *चाँदनी चौक* देखने चला गया। पर्दे पर मीना कुमारी की ख़ूबसूरती देखकर वह खुश हो गया। उसे अपनी छोटी अम्मी बहुत पसंद आईं।

कमाल अमरोही-मीना कुमारी की निकाह के बाद ली गई तसवीर

उसने सुन रखा था कि सौतेली माएँ बहुत बुरी होती हैं। उसे हमेशा यह खटका लगा रहता है कि कहीं उसकी छोटी अम्मी भी दूसरी सौतेली माँओं जैसी ही न निकले।

घर वालों से सलाह-मशविरा किए बग़ैर दूसरा निकाह कर लेने के कारण अमरोही के बहुत से नाते-रिश्तेदार उनसे नाराज़ थे, लेकिन उनकी प्रसिद्धि पर गर्व भी करते थे। यही कारण था कि किसी ने भी अमरोही के सामने अपनी नाराज़गी ज़ाहिर नहीं की। अमरोही की बदौलत गाँव को प्रसिद्धि जो मिली थी। जिस बड़े भाई रज़ा हैदर का थप्पड़ खाकर बचपन में अमरोही को घर छोड़ना पड़ा था, वे रज़ा हैदर अमरोही के बिना बताए दूसरा निकाह कर लेने पर भी कुछ न कह सके।

कारण था कि वे आर्थिक तौर पर अब अमरोही के आश्रित थे। पुलिस की नौकरी से स्वैच्छिक अवकाश लेकर वे अल्लाह का नाम लेते अपने दिन काट रहे थे। उनकी

मज़हबपरस्ती देखकर कभी-कभार अमरोही मज़ाक़ में कहते, "यह अच्छा ही है कि आप मेरे भी हिस्से की नमाज़ अदा करते हैं।" अमरोही इस बात के लिए अपने बड़े भाई के शुक्रगुज़ार थे कि उनका थप्पड़ खाकर वे इस मुक़ाम तक पहुँचे हैं। यही कारण था कि उन्होंने ताउम्र उनका आर्थिक बोझ उठाया।

उन दिनों आज की तरह धड़ाधड़ फ़िल्में नहीं बनती थीं। एक फ़िल्म बनने में महीनों, कई बार पूरा-पूरा साल लग जाता था। मीना कुमारी के निकाह के समय उनकी जो फ़िल्में अधूरी थीं, उनके पूरी होते-होते तक़रीबन एक साल निकल गया। उनकी शादी की वर्षगाँठ आ गई। निकाह की घोषणा के बाद से उन्होंने नई फ़िल्में साइन नहीं की थीं। मन ही मन अमरोही यह मान बैठे थे कि कुछ ही दिनों में अभिनेत्री के रूप में असंख्य दर्शकों के दिलों पर राज करने वाली मंजू अब सिर्फ़ उनके दिल की रानी होगी। उनकी पत्नी की हैसियत से घर में रहकर घर-गृहस्थी सँभालने लगेंगी, लेकिन होनी को कौन जानता है!

एक दिन निर्माता-निर्देशक बिमल राय *देवदास* का ऑफ़र लेकर मीना कुमारी के पास आए। वे मीना कुमारी से *देवदास* की पारो की भूमिका कराना चाहते थे। अमरोही मान बैठे थे कि मंजू अब नई फ़िल्में नहीं करेगी। लिहाज़ा, उन्होंने मीना कुमारी की तरफ़ से बिमल राय को मना कर दिया।

लेकिन अमरोही का यह इंकार मीना कुमारी को रास नहीं आया। यहीं से उनके वैवाहिक संबंधों में दरार पड़नी शुरू हुई। मीना कुमारी उस फ़िल्म में काम करना चाहती थीं।

"तुमने मुझसे पूछे बग़ैर मना क्यों कर दिया?" मीना कुमारी ने अमरोही से पूछा।

"अपनी अधूरी फ़िल्में पूरी करने के बाद तुम फ़िल्मों में काम नहीं करोगी, हमारे बीच पहले ही फ़ैसला हो चुका था न।"

"तुम्हें पता है कि मैं चार साल की उम्र से ही कैमरे के सामने काम करती आ रही हूँ। मैं उसकी आदी हो चुकी हूँ। फ़िल्में ही मेरी ज़िंदगी हैं। उनके बिना मैं जी नहीं सकती। अगर तुम्हें मेरा फ़िल्मों में काम करना पसंद नहीं है या तुम्हें मुझसे ज़्यादा अपने ख़ानदान की आबरू प्यारी है, तो तुम मुझे तलाक़ दे सकते हो।" मीना कुमारी ने दो-टूक शब्दों में कहा।

कमाल अमरोही को उनकी इस बात से ज़बरदस्त आघात लगा। वे सोच भी नहीं सकते थे कि मंजू अपनी ज़बान से पलट जाएगी। उन्होंने सपने में भी नहीं सोचा था कि मंजू फ़िल्मों में काम की ख़ातिर इतनी आसानी से तलाक़ देने पर राज़ी हो जाएगी। उनके सामने कठिन समस्या आ खड़ी हुई। बीबी-बच्चों को छोड़कर उन्होंने प्यार का महल खड़ा किया था, वह ताश का महल साबित हुआ, जो हवा के एक मामूली-सी झोंके से हिल उठा।

वे अमरोहा के मशहूर पीर सैयद शाह विलायत के वंशज थे, जिनकी मज़ार आज भी प्रसिद्ध है। अमरोही का ख़ानदान कला और साहित्य से गहरा ताल्लुक़ रखने वाला ख़ानदान था। उनके दादा अमीर हसन और अनीस हसन, दोनों ही मोहर्रम के मर्सिये पढ़ते-लिखते थे। जाने-माने शायर रईस अमरोहवी उनके चचेरे भाई थे। उनके दूसरे चचेरे भाई जान अलिया राष्ट्रीय स्तर के शायर थे। इस लिहाज़ से भी उनके ख़ानदान के लिए फ़िल्में बनाना, फ़िल्में लिखना कोई इज़्ज़त का काम नहीं था। इसके बावजूद वे फ़िल्मों में ही अपना बसेरा ढूँढ रहे थे। इस गुनाह के साथ दूसरा गुनाह उन्होंने अभिनेत्री से निकाह करके किया था। अमरोही के ख़ानदान में ब्याहता बीबी को तलाक़ देना, उसे क़िस्मत के सहारे छोड़कर उसकी ज़िंदगी तबाह करना, ख़ुदा की निगाह में बहुत बड़ा गुनाह माना जाता था। अमरोही के एक चचेरे दादा ने तो एक तवायफ़ से निकाह किया था और उसे बीबी का दर्जा देकर सारी ज़िंदगी उस रिश्ते को निभाया था।

फ़िल्मी दुनिया में आकर और एक हीरोइन से शादी करके अमरोही पहले ही बड़ा गुनाह कर चुके थे। उसे तलाक़ देकर वे और भी बड़े गुनाहगार नहीं बनना चाहते थे। उनके साथ रह रहीं मीना कुमारी जान गई थीं कि अमरोही अपनी ख़ानदानी मान-मर्यादा और रीति-रिवाजों को कितनी अहमियत देते हैं। वे जानती थीं कि उन्हें तलाक़ देकर अपने ख़ानदान की इज़्ज़त को बट्टा लगाने के बजाय अमरोही उन्हें फ़िल्मों में काम करने की अनुमति दे देंगे। स्त्री हठ और बाल हठ के आगे हर किसी को झुकना पड़ता है। अमरोही को भी चहेती मंजू की हठ के आगे झुकना पड़ा। मंजू को तलाक़ देकर उसे खोना और अमरोहा में अपने घराने की फ़जीहत कराना उन्हें मंज़ूर नहीं था। काफ़ी सोच-विचार के बाद उन्होंने मीना कुमारी से कहा, "मैं तुम्हें तलाक़ नहीं दे सकता। तुम फ़िल्मों में काम करना चाहती हो तो करो, मैं तुम्हारे आड़े नहीं आऊँगा, लेकिन एक बात का ख़याल रखना कि मेरे ख़ानदान की इज़्ज़त को बट्टा न लगे। इसलिए तुम्हें मेरी कुछ शर्तें माननी होंगी।"

"कैसी शर्तें?" मीना कुमारी ने पूछा।

"पहली शर्त यह कि तुम एक ही शिफ़्ट में काम करोगी। शाम छह बजे के बाद तुम शूटिंग नहीं करोगी। दूसरी यह कि तुम निर्माता-निर्देशक के अलावा किसी को भी अपने मेकअप रूम में नहीं आने दोगी, क्योंकि मेकअप रूम ऐसी जगह होती है, जिसे लेकर तरह-तरह की अफ़वाहें उड़ती हैं। तुम्हारे मेकअप रूम में तुम्हारी फ़िल्मों के निर्माता-निर्देशक भी तुमसे सिर्फ़ तुम्हारे रोल की चर्चा करेंगे। तीसरी शर्त यह है कि तुम किसी की गाड़ी में नहीं बैठोगी और न किसी को अपनी गाड़ी में लिफ़्ट दोगी। अलबत्ता, तुम्हारे साथी कलाकार तुमसे मिलने, बातें करने के लिए हमारे घर आ सकते हैं। मैं इतना तंगज़ेहन भी नहीं कि तुम्हारे दोस्तों के तुमसे मिलने आने का बुरा मानूँ। चौथी शर्त यह होगी कि तुम अच्छी फ़िल्मों में अच्छी भूमिकाएँ ही करोगी।

उसके लिए तुम्हारे कोई भी फ़िल्म साइन करने से पहले मैं उसके कथानक और उसमें तुम्हारी भूमिका देखकर तय करूँगा कि तुम्हें वह फ़िल्म करनी चाहिए या नहीं।"

अमरोही द्वारा ये शर्तें रखने के पीछे एक कारण यह भी था कि मीना कुमारी ने *फ़ुटपाथ* में स्नान का एक दृश्य दिया था, जिसमें उनके पैर घुटनों तक खुले दिखाई पड़ रहे थे। उनके इस दृश्य ने उन दिनों तहलका मचा दिया था। बाद में मीना कुमारी ने यह कहकर प्रकरण पर पर्दा डाल दिया था कि वह दृश्य उन पर नहीं, बल्कि किसी ऐंग्लो इंडियन लड़की पर फ़िल्माया गया था।

अमरोही की इन शर्तों के साथ मीना कुमारी का फ़िल्मी करियर शुरू हुआ। अब अली बख़्श की जगह बाक़र उनके सचिव की भूमिका निभाने लगे। रफ़्ता-रफ़्ता उनकी फ़िल्में कामयाब होती गईं और मीना कुमारी सीढ़ी-दर-सीढ़ी सफलता की बुलंदियाँ चढ़ती गईं। इस सफलता के साथ कुछ निराशाएँ भी जुड़ी थीं। मसलन 15 नवंबर 1953 को गिरगाँव के नाज़ थियेटर में अमरोही की *दायरा* का प्रदर्शन हुआ, जो तीसरे दिन उतार दी गई, लेकिन शम्मी कपूर को यह फ़िल्म इस क़दर पसंद आई कि उन्होंने फ़ोन करके अमरोही को बधाई दी और नर्गिस को फ़ोन करके उनसे आग्रह किया कि वे यह फ़िल्म ज़रूर देखें।

जैसा उनके बीच तय हुआ था कि अमरोही मीना कुमारी की फ़िल्मों के कथानक, उनकी भूमिका वग़ैरह देखने के बाद उन्हें फ़िल्में साइन करने की इजाज़त देते, लेकिन अपना पारिश्रमिक वे ख़ुद तय करतीं। अमरोही की इस दखलअंदाजी ने उनके कितने ही दुश्मन पैदा कर दिए। वे मीना कुमारी के लिए जिन निर्माता-निर्देशक के ऑफ़र ठुकरा देते, वे ख़फ़ा हो जाते और उनके ख़िलाफ़ तरह-तरह की अफ़वाहें फैलाने लगते। ऐसे निर्माता-निर्देशकों को लगता कि अगर अमरोही की जगह मीना कुमारी को फ़ैसला करना होता, तो उनकी फ़िल्में ज़रूर स्वीकार कर ली जातीं। यही कारण था कि बहुत से निर्माता-निर्देशक अमरोही को अपने रास्ते का रोड़ा मानने लग गए थे। शुक्र था कि मीना कुमारी अमरोही की सलाह सुनतीं और उस पर अमल भी करती थीं, लेकिन जब कोई निर्माता-निर्देशक उनसे पूछता कि मीनाजी क्या आप भी हमारी फ़िल्म में काम नहीं करना चाहती थीं? तो वे ख़ामोश हो जातीं। कोई जवाब न देतीं। उनकी इस ख़ामोशी का निर्माता-निर्देशक ग़लत अर्थ लगाते थे और अमरोही को बदनाम करने के लिए प्रचार करते कि वे मीना कुमारी को दबा कर रखते हैं। इस तरह धीरे-धीरे मीना कुमारी की ज़िंदगी का नायक समाज की नज़रों में खलनायक बनता चला गया। अमरोही को इस सच्चाई का अहसास होता, तब तक काफ़ी नुक़सान हो चुका था। 'ट्रेजडी क्वीन' के रूप में मीना कुमारी काफ़ी प्रसिद्ध हुईं। उनकी यह छवि बनाने में अमरोही का बड़ा हाथ था। इसमें दो राय नहीं कि मीना कुमारी बेहतरीन अदाकारा थीं, लेकिन उनकी कला को सँवारने, उसमें निखार लाने में अमरोही की अहम भूमिका थी। एक अच्छी अदाकारा को कैसे बैठना

चाहिए, कैसे बोलना चाहिए, किस ऐंगल से शॉट देने पर वह ज़्यादा सुंदर लगेगी जैसी बातें मीना कुमारी को अमरोही ने ही सिखाई थी। मीना कुमारी के चेहरे पर हर समय झूलती रहने वाली लट, उनका सिर पर दुपट्टा लेने का अंदाज़ जो काफ़ी लोकप्रिय हुआ, वह भी अमरोही का ही सिखाया हुआ था। एक शरीफ़ औरत को आम युवतियों की तरह सिर घुमाकर झटके से पीछे देखने के बजाय गर्दन थोड़ा-सा तिरछा करके आँखों की कोरों से देखना चाहिए जैसी ख़ानदानी अदाएँ भी मीना कुमारी ने अमरोही से ही सीखीं।

यही नहीं, अमरोही की संगत पाकर मीना कुमारी शेर-शायरी भी करने लगी थीं। कहने का आशय यह नहीं कि उनमें प्रतिभा नहीं थी, लेकिन लेखन शैली को पनपने के लिए आवश्यक खाद-पानी अमरोही ने ही मुहैया कराया।

शुरुआती दौर में उनकी शायरी की काँट-छाँट कर उसे तराशने और उस पर मौलिक टिप्पणियाँ करने का काम अमरोही ही करते थे। उर्दू ज़बान में इसे इस्लाह कहा जाता है (बाद में अमरोही से अलग होने पर मीना कुमारी अपनी शेर-शायरी की कमियाँ दूर के लिए जाने-माने शायर और गीतकार कैफ़ी आज़मी की मदद लेने लगी थीं।)

रफ़्ता-रफ़्ता दिन बीतते गए। मीना कुमारी और अमरोही के बीच गाहे-बग़ाहे कड़वाहट के बादल उठते और बरसकर शांत हो जाते। अमरोही *मुग़ल-ए-आज़म* के लेखन में व्यस्त थे और मीना कुमारी अपनी फ़िल्मों में। उनको अपनी व्यस्तताओं के बीच जब कभी फ़ुर्सत मिलती, दोनों रमी या कैरम खेलने बैठ जाते। रमी खेलते हुए जब कभी मीना कुमारी अमरोही को हरा देतीं, तो बच्चों की तरह फुदक कर ताली बजाने लगतीं। दोनों एक साथ बैठकर हिंदी-अँग्रेज़ी फ़िल्में देखते, किताबें पढ़ते। शूटिंग न होने पर अपने हाथों रसोई तैयार करने में मीना कुमारी की कोई रुचि नहीं थी। उन्हें तंबाकू-पान खाने का शौक़ था। हरी मिर्च वे ऐसे चबातीं जैसे कोई इलायची खाता है। मीना कुमारी को फूलों से बड़ा लगाव था। जब कभी उनकी गाड़ी सिग्नल पर रुकती, वे गजरे ख़रीद लेतीं। गुलदान में फूल सजाने का भी उन्हें बड़ा शौक़ था। गुलदान का पानी बदलने, फूलों की टहनियों को काटने-तराशने का काम वे खुद करतीं। सावन कुमार टाक उन्हें याद करते हुए कहते हैं कि जिन दिनों मीना कुमारी कार्टर रोड की ड्रीमलैंड इमारत में रहती थीं, उन दिनों अपने पलंग पर खुशबूदार फूल बिछाकर सोती थीं।

मीना कुमारी को गहनों और चप्पलों का बड़ा शौक़ था। (*पाकीज़ा* में उन्होंने जो गहने पहन रखे हैं, वे सभी असली थे) एक पूरी आलमारी उनकी चप्पलों से भरी रहती थी। अपना शौक़ पूरा करने के लिए वे खुले ख़ज़ाने की तरह पैसे ख़र्च करती थीं। तमाम घरेलू ख़र्च अमरोही ही उठाते थे। अमरोही को एक साथ दो-दो

घर चलाना पड़ता था। उन्हें बीबी-बच्चों के ख़र्च के लिए नियमित रूप से अमरोहा पैसे भेजने पड़ते थे। इसलिए वे मीना कुमारी के शौक़ को पूरा करने पर ज़्यादा पैसे ख़र्च नहीं कर सकते थे।

खैर, मीना कुमारी की बहनें ख़ुर्शीद और मधु और सौतेली बहन शमा के अलावा अली बख़्श भी, जिन्होंने एक वक़्त उन्हें घर से निकाल दिया था, कुछ दिनों बाद अमरोही के घर आने-जाने लगे और अमरोही के साथ उनके संबंध मधुर हो चले।

मीना कुमारी की सौतेली बहन शमा उनके घर आती, तो शालीनता से पेश आती। उसके पति टैक्सी चलाते थे। वह इस बात का ख़्याल रखती कि यह उसके जीजा का घर है। उनकी बड़ी बहन ख़ुर्शीद भी उनके घर आकर तरीक़े से पेश आती, लेकिन मीना कुमारी की छोटी बहन मधु (स्व.महमूद की बीबी) उनके घर पर ख़ासा हक़ जमाती। वैसे महमूद और अमरोही के संबंध भी ठीक-ठाक ही थे।

महमूद अपने करियर के शुरुआती दिनों में अमरोही से काम माँगने आए थे। उनका चेहरा और गठा हुआ कसरती बदन देखकर उस समय अमरोही ने उनसे कहा था, "अगर किसी दिन मेरी फ़िल्म में ट्रक ड्राइवर की कोई भूमिका होगी, तो तुम्हें ज़रूर याद करूँगा।" वही महमूद आगे चल कर उनके साढू और फ़िल्मी दुनिया के मशहूर कॉमेडियन बने। उनकी भूमिकाएँ नायक से भी ज़्यादा महत्त्वपूर्ण होती थीं। 1966 की *प्यार किए जा* के प्रदर्शन के समय की बात है। अमरोही प्रायः रात नौ बजे का फ़िल्म शो देखने जाते थे। *प्यार किए जा* में महमूद का काम देखकर वे इस क़दर प्रभावित हुए कि उन्होंने घर आकर महमूद के यहाँ फ़ोन लगाया। महमूद से उनकी बात न हो सकी। वे उस समय किसी फ़िल्म की शूटिंग करने मद्रास गए हुए थे। अमरोही यह जानकर भी शांत नहीं बैठे और बाक़र से उनका संपर्क नंबर तलाशने को कहा। बाक़र ने काफ़ी खोजबीन के बाद मद्रास के उस होटल का फ़ोन नंबर हासिल किया, जिसमें महमूद रुके थे। महमूद के फ़ोन पर आते ही अमरोही ने उन्हें बधाई देते हुए कहा, "तुम्हारा अभिनय देखकर मुझे काफ़ी प्रसन्नता हुई। कुछ समय पहले जब तुम काम माँगने मेरे ऑफ़िस आए थे, उस समय मैंने तुम्हें ट्रक ड्राइवर का रोल देने की जो बात कही थी, उसे मैं वापस लेता हूँ।" दरअसल, *प्यार किए जा* के प्रदर्शन के समय तक अमरोही और मीना कुमारी के आपसी संबंध काफ़ी ख़राब हो चले थे, लेकिन महमूद की तारीफ़ करते हुए उन्होंने इस बात को कोई तरजीह नहीं दी।

महमूद जाति के मिरासी थे, लिहाज़ा, हमेशा झुककर अमरोही से सलाम करते थे। ईद-बक़रीद-जैसे त्योहारों को छोड़कर, वे अमरोही के यहाँ कम ही आते थे, लेकिन उनकी बीबी मधु अक्सर बहन से मिलने आती रहती थी। उन दिनों

महमूद उतने चर्चित भी नहीं थे। ख़ुर्शीद के पति अल्ताफ़ भी अभिनेता थे। उन्होंने मशहूर निर्माता-निर्देशक केदार शर्मा की फ़िल्म *दादाजी* में काम भी किया था, लेकिन निगेटिव-पॉज़िटिव के जल जाने के कारण उस फ़िल्म का प्रदर्शन नहीं हो सका। उसके बाद उन्होंने शाहिद लतीफ़ निर्देशित नूतन और बलराज साहनी अभिनीत फ़िल्म *सोने की चिड़िया* में काम किया था। *पाकीज़ा* में उन्होंने अशोक कुमार के बड़े भाई की भूमिका की थी, लेकिन बतौर अभिनेता वे कामयाब नहीं हुए। ख़ुर्शीद और अल्ताफ़ का आपस में अक्सर लड़ाई-झगड़ा होता रहता। ख़ुर्शीद कभी सूजा हुआ हाथ तो कभी सूजा चेहरा लिए मीना कुमारी के घर आ धमकती थी। कुछ दिनों बाद अल्ताफ़ ख़ुर्शीद को लेने उनके घर आ जाते थे और अमरोही उनसे बीबी पर हाथ न उठाने की क़सम देकर उन्हें उनके घर भेज देते थे।

मीना कुमारी के निकाह के बाद वालिद अली बख़्श आजीविका कमाने के लिए होम्योपैथी की दवाइयाँ बेचने लगे थे। अपने परिवार वालों की माली परेशानी को देखते हुए मीना कुमारी अपने वालिद और बहनों की आर्थिक मदद करती रहती थीं। अमरोही ने इस बात पर कभी कोई आपत्ति नहीं की। ख़ुर्शीद और उनकी बेटियाँ, शमा और उसके बच्चे, मधु और अली बख़्श अक्सर मीना कुमारी के इर्द-गिर्द मँडराते रहते थे।

धीरे-धीरे अमरोही ने महसूस किया कि ऐश ट्रे, गिलास, गुलदान-जैसी क्रिस्टल की बनी चीज़ें घर से लापता हो रही हैं। उन्होंने यह बात मीना कुमारी की नज़र में भी डाली। मीना कुमारी शूटिंगों और अमरोही लेखन में व्यस्त रहते। उन्हें लगता कि घर की चीज़ें नौकर-चाकर ले जाते होंगे। यही सोच कर दोनों ने इन छोटी-छोटी चोरियों को नज़रअंदाज़ कर दिया।

उसी दौरान एक दिन एक अजीब घटना घटी। मीना कुमारी और अमरोही दोनों की आदत थी कि वे तीसरे-चौथे दिन अपने बटुए की रेज़गारी एक थैले में डाल देते थे, जिसे वे मनी बैंक की तरह इस्तेमाल करते थे। उस थैले का मुँह सीकर उसे मोम से सील कर दिया गया था और उसमें सिक्के डालने के लिए छोटा सा छेद बना दिया गया था। धीरे-धीरे वह थैला इतना भारी हो गया कि एक अकेले आदमी के उठाए न उठता। उसे खाली करने की उन्होंने कभी ज़रूरत नहीं महसूस की थी, लेकिन एक दिन उनका ध्यान गया, तो उन्हें लगा कि थैला काफ़ी हल्का हो गया है। यह मामूली बात नहीं थी। नौकरों से पूछताछ करने पर भी चोर का पता न चल सका। मीना कुमारी के बदन की मालिश करने एक क्रिश्चन औरत आती थी, जिसे अमरोही मम्मी कह कर बुलाते थे। मम्मी हालाँकि घर में मीना कुमारी के कारण आती थी, लेकिन वह अमरोही को सगे बेटे जितना प्यार करती थीं। आगे चल कर यह मम्मी अमरोही और मीना कुमारी के घर-गृहस्थी की कितनी ही प्रिय-अप्रिय घटनाओं की चश्मदीद गवाह बनीं।

मम्मी ने उस 'चोर' को चोरी करते देखा था, लेकिन उनसे उसका नाम लेते न बनता था। वह घर की नौकरानी थीं। किसी की शिकायत करतीं, तो उन्हें चुगलख़ोर समझा जाता, लेकिन उन्हें इस बात को छिपाना उचित न लगा। आख़िरकार डरते-झिझकते उन्होंने अमरोही और मीना कुमारी को उस 'चोर' का नाम बता दिया। मधु का नाम सुनकर दोनों दंग रह गए, लेकिन मम्मी झूठ नहीं बोलती थीं। उनका प्यार और उनकी ईमानदारी असंदिग्ध थी। वैसे चोरी की मधु की आदत काफ़ी पुरानी थी। वह जब महज़ पाँच साल की थी, तब सोने का एक गहना चुराकर उसे बेचने के लिए सड़क पर जा खड़ी हुई थी। तब एक पड़ोसी ने उसे ले जाकर अली बख़्श को सुपुर्द किया था। उस समय की नादान मधु को उस गहने की क़ीमत का अंदाज़ा नहीं था, लेकिन बड़ी होकर भी मधु इस तरह की हरक़त कर सकती है, इसका मीना कुमारी को सपने में भी अंदाज़ा नहीं था। सगी बहन पर चोरी का इल्ज़ाम लगाना, मीना कुमारी के लिए बहुत मुश्किल था। इस मुश्किल से निकलने के लिए अमरोही और मीना कुमारी ने एक तरक़ीब आज़माने का फ़ैसला किया।

मधु की नज़रों में कोई क़ीमती चीज़ आसानी से आ जाए, यह सोचकर दोनों ने जान-बूझकर घर की कुछ क़ीमती चीज़ें इस तरह जहाँ-तहाँ छोड़ दीं कि देखने वाले को लगे कि वे चीज़ें अनजाने में वहाँ रह गई हैं। अपनी आदत से मजबूर मधु ने लापरवाही से पड़ी उन चीज़ों को उठा लिया। उसे इसका तनिक भर भी अंदाज़ा नहीं था कि उस पर निगरानी रखी जा रही है। मधु की हाथ की सफ़ाई को देखकर मीना कुमारी को मम्मी के कहने पर यक़ीन हो गया।

थोड़े दिनों बाद मीना कुमारी-अमरोही के घर की ग़ायब हुई फोटो फ्रेम, शो पीस, फ़्लावर पॉट, ऐश-ट्रे और मीना कुमारी की चाँदी की पायलें जैसी चीज़ें मधु के घर में दिखने लगीं। रंगे हाथों पकड़े जाने पर उससे कुछ कहते न बना। मीना कुमारी ने उसे डाँटते हुए कहा, "तुम्हें मेरे घर में चोरी करते शर्म नहीं आई?"

"मैंने चोरी नहीं की आपा। मुझे तुम्हारे घर की कोई चीज़ पसंद आ गई और मैंने उसे ले लिया, तो यह चोरी थोड़े हुई। मैं तुम्हारी बहन हूँ। इस नाते कमाल भाई के घर पर, उनकी चीज़ों पर मेरा भी तो हक़ बनता है न।" मधु ने सहज भाव से जवाब दिया, जैसे कुछ हुआ ही न हो।

"लेकिन कहकर लेना चाहिए था न।"

"अपने ही घर की चीज़ कोई माँग कर लेता है भला। उन चीज़ों को मैं बाज़ार में बेचने वाली तो थी नहीं।" उसकी इस बात पर मीना कुमारी चुप हो गई। मीना कुमारी के घर से लाई कुछ चीज़ें मधु ने वापस कर दीं। उसके बाद से मधु के आने पर सभी उस पर नज़र रखने लगे।

मधु ने भी फ़िल्मों में अपनी क़िस्मत आज़माने की कोशिश की थी, लेकिन नाकाम रही थीं। *विश्वास, बचपन* और *जंगल क्वीन* जैसी कई फ़िल्मों में काम करने के बावजूद उसे ख़ास सफलता नहीं मिली थी। अभी तक महमूद भी ठीक से फ़िल्मी दुनिया में अपने पाँव जमा नहीं पाए थे। मधु का ईष्र्यालु स्वभाव भी उसके आड़े आता था। उसे लगता था कि बहन की तरह उसके घर भी ऐशोआराम की चीज़ें होनी चाहिए। अपने लोभ वश वह हाथ सफ़ाई करती थी।

मधु के घर क़ीमती चीज़ें देखकर उसके रिश्तेदार उसकी तारीफ़ करते और कहाँ से ख़रीदा, कितने में ख़रीदा-जैसे सवाल करते। उनके इन सवालों के जवाब में वह बगले झाँकने लगती, क्योंकि उसे ख़ुद ही पता नहीं होता था कि वे चीज़ें कितने में और कहाँ मिलती थीं।

1955 का साल चल रहा था। पति की उपेक्षा का शिकार अले ज़ेहरा तीन बच्चों के साथ किसी तरह अपने दिन काट रही थीं। अमरोही वैसे हर साल मोहर्रम में अमरोहा जाते थे, पर दो साल से वे अमरोहा नहीं गए थे। अले ज़ेहरा को अब बच्चों के भविष्य की चिंता होने लगी। अपने मन को तो वे समझा लेती थीं, लेकिन बच्चे कहाँ रहेंगे, उनकी पढ़ाई-लिखाई कैसे होगी?- जैसे सवाल उनके ज़ेहन में हर समय कुलबुलाते रहते थे। वे अपने बच्चों को शौहर के पास बंबई भेजना चाहती थीं, लेकिन उन्हें इस बात का डर लगता था कि पता नहीं, उनकी दूसरी बीबी उन्हें ठीक से रखेगी भी या नहीं।

अले ज़ेहरा ने एक दिन *शमा* में ख़बर पढ़ी। 'कमाल अमरोही बीमार', यह ख़बर पढ़कर वे घबरा गईं। उन्होंने अमरोही की बीमारी के बारे में उनके बड़े भाई रज़ा हैदर को बताया। भाई की बीमारी की ख़बर सुनते ही वे बंबई जाने के लिए तैयार हो गए। उनको बंबई जाने पर राज़ी देखकर अले ज़ेहरा ने उनसे कहा, "आप ताजदार को भी अपने साथ ले जाएँ। वह भी अपने अब्बा से मिल आएगा" रज़ा हैदर ने हामी भर दी।

ताजदार अपनी उम्र से ज़्यादा समझदार था। यही कारण था कि अले ज़ेहरा ने बड़े बेटे शानदार की बजाय, उसे बंबई भेजने का फ़ैसला किया। यात्रा की तैयारी करके वे उसे छोड़ने स्टेशन गईं। घर से स्टेशन का रास्ता बीस मिनट का था। सारे रास्ते वे ताजदार को यही समझाती रहीं कि अपनी सौतेली माँ के साथ अच्छा बर्ताव करना। बेटे को नसीहत देते हुए उन्होंने कहा "देखो ताजदार तुम्हारे अब्बा बीमार हैं। कोई ऐसा काम न करना, जो उन्हें बुरा लगे। वहाँ तुम्हारी छोटी अम्मी हैं। उनके साथ अपनी अम्मी-जैसा ही बर्ताव करना। उनका अपमान न करना। वे तुम्हारे अब्बा की लाड़ली हैं। इसलिए उनके साथ अच्छे से पेश आना, ताकि किसी को तुम पर उंगली उठाने का मौक़ा न मिले, वरना मुझे लगेगा कि तुम्हें जन्म देकर मैंने गुनाह किया है।"

अम्मी की ये बातें सुनकर ताजदार का दिल भर आया। उसने अपनी अम्मी को यक़ीन दिलाया, "अम्मी मैं अच्छी तरह पेश आऊँगा और किसी को भी शिकायत का मौक़ा नहीं दूँगा।"

इस तरह रज़ा हैदर और ताजदार बंबई के लिए रवाना हुए। उन दिनों अमरोहा से बंबई का सफ़र 38 घंटे का होता था। अपनी अम्मी की सूरत और छोटी अम्मी की काल्पनिक मूरत मन में सँजोए ताजदार बंबई पहुँच गया। ताजदार के साथ अमरोही के बांद्रा वाले फ़्लैट पर पहुँच कर जैसे ही हैदर ऱजा ने घंटी बजाई, नौकर ने दरवाज़ा खोलकर अदब से उन्हें सलाम किया। अमरोही घर में ही थे।

ताजदार ने उनके कमरे में प्रवेश किया, तो देखा एक सफ़ेद चादर बिछी पलंग पर अमरोही लेटे हुए थे और उनकी बगल में बैठी सफ़ेद साड़ी में लिपटी एक औरत उनके माथे पर कोलोन वाटर की पट्टी रख रही थी। सफ़ेद साड़ी में लिपटी दो-तीन और औरतें कमरे में आ जा रही थीं। कमाल सौंदर्य के पुजारी थे। न सिर्फ़ उनके जीवन में आई सारी स्त्रियाँ सुंदर थीं, बल्कि वे अपने घर में कुरूप नौकर-नौकरानियाँ भी नहीं रखते थे। उनका मानना था कि घर के पर्दे, पलंग की चादरें, नौकरों के ड्रेसें और नौकरानियों की साड़ियाँ भी साफ़ और सफ़ेद होनी चाहिए।

ताजदार को अपने पिता की इन ख़ूबियों का पता नहीं था। इसलिए असमंजस में उसने झुककर सारी औरतों को सलाम कर लिया। इतने में पलंग पर बैठी औरत उठने लगी और कहने लगी, "मैं तुम्हारी छोटी अम्मी हूँ और ये सब नौकरानियाँ हैं। आओ, मेरे पास आओ।" अमरोहा से बंबई तक की रेलयात्रा में ताजदार के कपड़े गंदे हो गए थे। इसलिए उसे सुंदर और एकदम सफ़ेद कपड़े पहने अपनी छोटी अम्मी के पास जाने में संकोच हो रहा था। बुख़ार से तपते अमरोही ने बेटे के संकोच को भाँप लिया और कहा, "जाओ बेटे, पहले नहा-धोकर अपने कपड़े बदल लो।" छोटी अम्मी के शालीनतापूर्ण स्वागत ने ताजदार का मन मोह लिया। जल्द ही उसके और मीना कुमारी के बीच ख़ूब बनने लगी।

8

के. आसिफ़ से अमरोही की दोस्ती पहले से ही थी। उनके लिखे *पुकार* के संवादों से के. आसिफ़ इस क़दर प्रसन्न हुए थे कि उन्होंने *मुग़ल-ए-आज़म* बनाते समय लेखन की ज़िम्मेदारी अमरोही को ही सौंपी। अमरोही ने यह काम हाथ में लेते समय ही के. आसिफ़ से कहा कि पटकथा में आने वाले संवाद बदले नहीं जाने चाहिए। उनका इस तरह की शर्त रखने का कारण यह था कि इस फ़िल्म के नायक की भूमिका में दिलीप कुमार थे, जिनका उर्दू भाषा पर पूरा अधिकार है। वे संवादों के साथ छेड़छाड़ कर सकते थे। अमरोही की यह शर्त के. आसिफ़ ने मान ली।

कमाल स्टूडियो के पास मोहन स्टूडियो में *मुग़ल-ए-आज़म* की शूटिंग चल रही थी। एक शाम कमाल स्टूडियो से घर जाते हुए अमरोही अनायास *मुग़ल-ए-आज़म* के सेट पर चले गए। शीश महल का सेट लगा था। उन्होंने देखा कि शूटिंग रुकी हुई है और दिलीप कुमार, के. आसिफ़, कैमरामैन माथुर वगैरह सेट से बाहर बैठे थे। अमरोही को आया देखकर सबके चेहरे चमक उठे। आइए-आइए कमाल साहब, अच्छा हुआ कि आप आ गए। अब समस्या सुलझ जाएगी।" सबने उत्साह से भरकर समवेत स्वर में उनकी अगवानी की।

"क्या हुआ। शूटिंग क्यों बंद है?" उन्होंने के. आसिफ़ से पूछा।

"कमाल साहब, क्या आपने आसिफ़ साहब को अपने लिखे संवादों में एक शब्द भी इधर-उधर न करने की क़सम दे रखी है?" दिलीप कुमार ने पूछा।

"क़सम तो नहीं दी है, लेकिन इतना ज़रूर कहा है कि मेरे लिखे संवाद बदले न जाएँ। क्यों, क्या हुआ?"

"इसलिए तो शूटिंग नहीं हो रही है।"

"लेकिन क्यों?" अमरोही ने सवाल किया।

"अनारकली, जब बादशाह अकबर के डर से शाहज़ादे सलीम की मोहब्बत को नकार देती है, तो शाहज़ादा गुस्से से उसे, "ओऽऽऽ, अकबर की नाचीज़ लौंडी", कहकर फटकारता है। मैं यह वाक्य बदलना चाहता हूँ", दिलीप कुमार ने कहा।

"क्यों, इसमें क्या दिक़्क़त है?"

"ओऽऽऽ, नाचीज़ लौंडी…", मुझे यह कथन उचित नहीं लग रहा है। इसे बदलने में क्या हर्ज़ है? अगर यह शब्द नहीं रहेगा, तो क्या फ़र्क़ पड़ जाएगा? लेकिन आसिफ़ साहब कहते हैं कि कमाल साहब के संवाद में कोई रद्दोबदल नहीं करना है।"

"यूसुफ़ साहब, "ओऽऽऽ नाचीज़ लौंडी…" एक गाली है। सलीम शाहज़ादा है। वह गुस्से में भी हम-आप जैसे आम लोगों की तरह-माँ-बहन की गाली नहीं दे सकता, गंदे और अश्लील शब्द मुँह से नहीं निकाल सकता। दूसरे वह अनारकली से प्यार करता है, ऊपर से अनारकली औरत है। वह एक औरत के सामने अपशब्द नहीं बोल सकता। अकबर बादशाह है तो सलीम शाहज़ादा है। अकबर के डर से अनारकली उसकी मोहब्बत से इंकार करती है। इसलिए वह झल्लाहट में उसे "ओऽऽऽ नाचीज़ लौंडी…" कहता है। "ओऽऽऽ" शब्द से वह अनारकली की सामाजिक हैसियत और अपनी नाराज़गी दोनों व्यक्त करता है।" कमाल ने समझाया।

यह सुनकर दिलीप कुमार ने खुशी से भरकर अमरोही को गले लगा लिया। इस घटना के बाद दिलीप कुमार जब भी अमरोही की चर्चा करते, हमेशा यही कहते कि "उर्दू तो अमरोही की ज़बान की लौंडी है।"

मुग़ल-ए-आज़म के सेट पर कभी-कभी अमरोही की भेंट मधुबाला से हो जाती थी। उनसे मिलने पर मधुबाला औपचारिक बातों से आगे नहीं बढ़ पाती थीं, हालाँकि वे अमरोही के सामने अपने पहले प्रेम-प्रसंग की चर्चा नहीं करती थीं, लेकिन उनके सेट पर आते ही वहाँ मौजूद पुरुष मित्रों से घुल-मिलकर बातें करतीं और यह जताने की कोशिश करतीं कि तुमने मुझे ठुकरा दिया तो क्या हुआ, देखो मेरे चाहने वालों की कमी नहीं है।

लेकिन *मुग़ल-ए-आज़म* के बाद मधुबाला से अमरोही की कभी मुलाक़ात नहीं हुई।

बरसों बाद 1968 में अपने निधन से कुछ ही दिनों पहले मधुबाला ने एक बार अमरोही को अपने घर बुलाया। तब तक मधुबाला की किशोर कुमार से शादी हो चुकी थी और आपसी मन-मुटाव की वजह से वे उनसे अलग रहने लगी थीं। *महबूबा* के बनने के दौरान अमरोही ने 'सय्याद' नाम की एक कहानी लिखी थी। बीबी से बेइंतिहा प्यार करने वाले शक्की मिज़ाज पति के जीवन पर आधारित इस फ़िल्म के नायक की भूमिका प्रेमनाथ करने वाले थे और नायिका के किरदार के लिए मधुबाला को चुना गया था। रणजीत स्टूडियो इस कहानी पर फ़िल्म बनाने वाला था, लेकिन किन्हीं कारणवश वह फ़िल्म न बन सकी। मधुबाला को वह कहानी पसंद थी, इसलिए अब वे उस पर फ़िल्म बनाना चाहती थीं और उनकी इच्छा थी कि इसका निर्देशन अमरोही करें। अमरोही के पहुँचने पर वे पर्दे की ओट से उनसे बातें करने लगीं।

उनके पर्दा करने का कारण अमरोही की समझ में नहीं आ रहा था। घंटों बाद जब वे उनके सामने आकर बैठीं, तो अमरोही चकित रह गए। वे इस क़दर कमज़ोर और उदास दिख रही थीं कि उन्हें देखकर अमरोही को आश्चर्य हुआ। हुस्न की मलिका कही जाने वाली मधुबाला की दशा देखकर वे विचलित हो उठे। "मेरे पास ज़्यादा वक़्त नहीं है, लेकिन यह फ़िल्म मुझे बनानी है," मधुबाला ने कहा। इसके कुछ ही दिनों बाद मधुबाला की तबीयत ज़्यादा ख़राब हो गई और उनका निधन हो गया। उनके निधन के साथ *सय्याद* बनाने का उनका सपना भी मर गया।

कमाल अमरोही

खैर, *मुग़ल-ए-आज़म* बनाने वाले के. आसिफ़ और अमरोही के बीच एक बार मनमुटाव भी हुआ था। अमरोही के *अनारकली* बनाने के फ़ैसले से के. आसिफ़ उनसे नाराज़ हो गए। उनकी नाराज़गी का सबब यह था कि दोनों की विषय-वस्तु एक जैसी थी और दोनों के संवाद लेखक अमरोही थे। के. आसिफ़ को इस बात की आशंका सता रही थी कि *अनारकली* के चक्कर में कहीं अमरोही *मुग़ल-ए-आज़म* के साथ अन्याय न कर बैठें। उनसे रहा न गया, तो एक दिन उन्होंने अमरोही के सामने अपने मन की बात कह ही डाली। उनका शंका का समाधान करते हुए अमरोही ने कहा कि *मुग़ल-ए-आज़म* अकबर और सलीम, यानी पिता-पुत्र के संबंधों की कहानी है, जबकि *अनारकली* शहज़ादा सलीम की महबूबा के व्यक्तित्व को रेखांकित करती है। इसलिए दोनों फ़िल्मों का विषय एक होते हुए भी उनके दृष्टिकोण अलग-अलग हैं।

लेकिन बात के. आसिफ़ के गले नहीं उतरी। नतीजतन, दोनों के संबंधों में खटास आती गई। अंततः अमरोही ने बीच में ही *मुग़ल-ए-आज़म* छोड़ दी। के. आसिफ़ और अमरोही दोनों ही अहंकारी थे। उनके अहंकार का टकराव बढ़ता गया और समझौता मुश्किल हो गया।

"आपको क्या लगता है कि आप नहीं लिखेंगे, तो *मुग़ल-ए-आज़म* बनेगी ही नहीं? मैं किसी और से लिखवा लूँगा।" के. आसिफ़ ने अमरोही को धमकी दी। यही नहीं, उन्होंने अमान अता-उल्ला खाँ, वज़ाहत मिर्ज़ा और हसन रिज़वी जैसे लेखकों की टीम बनाकर *मुग़ल-ए-आज़म* के संवाद लिखने की ज़िम्मेदारी उनके हवाले कर दी, लेकिन जल्द ही उन्हें इस बात का अहसास हो गया कि अमरोही के लेखन में जो भाव है, वह किसी में नहीं है। इस बीच, *अनारकली* भी बंद हो गई। अब दोनों मित्रों की अनबन का कारण ख़त्म हो गया था। अमरोही की ही तरह के. आसिफ़ भी अपनी फ़िल्मों के साथ किसी तरह का समझौता नहीं करते थे। उनके पास अमरोही को मनाने के सिवाय कोई विकल्प न था। लिहाज़ा, अपनी ज़िद छोड़कर एक दिन अमान के साथ के. आसिफ़ अमरोही के घर जा पहुँचे। उनके घर पहुँच तो गए, लेकिन समझ नहीं पा रहे थे कि कहें तो क्या कहें और कहाँ से शुरुआत करें। दोनों ही हठी और अभिमानी थे। कुछ पल गुज़र जाने के बाद के. आसिफ़ ने अमान से कहा, "इनसे कहिए इन्हें *मुग़ल-ए-आज़म* के लिए लिखना है।"

फिर क्या था! अमरोही ने भी अमान को मध्यस्थ बनाकर बातचीत का सिलसिला शुरू किया।

"इनसे कहिए कि मैं नहीं लिखूँगा।"

"इनसे कहिए कि आपको लिखना ही होगा, वरना *मुग़ल-ए-आज़म* नहीं बनेगी।"

"इनसे कहिए कि मैं एक सीन लिखने के दस हज़ार रुपये लूँगा।" "इनसे कहिए कि मैंने दस हज़ार रुपये दिए।"

बेचारे अमान उनके बीच बैठे परेशान हो गए।

"इनसे कहिए, इनसे कहिए करते-करते के. आसिफ़ और अमरोही आपस में बातचीत करने लगे और इस तरह अमान को इस अप्रिय स्थिति से निजात मिल गई।"

हालाँकि के. आसिफ़ सुलझे हुए निर्देशक थे, लेकिन वे उतने वाकपटु नहीं थे। उन्हें अपने विचार, अपनी बात कहने, समझाने का उतना सलीक़ा नहीं था।

मुग़ल-ए-आज़म लिखते वक़्त जब वे अमरोही के साथ बैठते और एकाध सीन के संवाद में जोश भरना होता तो वे मुँह से "हुँऽऽऽ हूँ" की हुंकारी भरते। "कमाल ऐसा है कि...हुँऽऽऽ"। अमरोही उनकी मूक भाषा को अच्छी तरह समझते थे। इसलिए उनके कुछ कहे बिना उनके मन की बात समझ जाते और कहते, "हूँ, मैं समझ गया।" और उनकी पसंद का संवाद लिख देते।

अमरोही ने *मुग़ल-ए-आज़म* लिखने में अपनी सारी कल्पना शक्ति लगा दी, लेकिन फ़िल्म का ट्रायल शो देखकर उन्हें बड़ी निराशा हुई। फ़िल्म की श्रेय नामावली में अमान का नाम अमरोही से पहले दिया गया था।

यह देखकर अमरोही के स्वाभिमान को ठेस लगी। उन्होंने के. आसिफ़ से श्रेय नामावली से अपना नाम निकाल देने की माँग की।

"मुझे नाम की ज़रूरत नहीं है आसिफ़, *मुग़ल-ए-आज़म* देखकर ही लोग समझ जाएँगे कि इसके संवाद कमाल अमरोही ने लिखे हैं। तुम इसमें से मेरा नाम निकाल दो।"

लेकिन के. आसिफ़ ने उनकी बात नहीं मानी। उन्होंने न तो श्रेय नामावली से उनका नाम निकाला और न पहले नंबर पर उनका नाम ही दिया। आज भी *मुग़ल-ए-आज़म* की श्रेय नामावली में उनका नाम दूसरी पंक्ति में ही है।

के. आसिफ़ की बीबी और नामचीन नर्तकी सितारा देवी अक्सर अमरोही के घर आती रहती थीं। अमरोही की पत्नी अले ज़ेहरा अपने शौहर के मित्र की बीबी की हैसियत से उनका स्वागत करती थीं। एक बार घनघोर बारिश में सितारा देवी अमरोही के घर पहुँचीं। बारिश में वे पूरी तरह भीग गई थीं। शिष्टाचार के नाते अले ज़ेहरा ने उन्हें अपनी साड़ी देकर उनके कपड़े बदलवाए। शाम को जाते समय सितारा देवी ने उनकी वह साड़ी वापस कर दी, लेकिन अले ज़ेहरा ने साड़ी वापस लेने के बजाय उन्हें उपहार में दे दी। साड़ी उपहार में देने के पीछे उनका अपना एक तर्क था। वह यह कि एक नाचने वाली की पहनी हुई साड़ी मैं फिर से कैसे पहनती!

मुग़ल-ए-आज़म की श्रेय नामावली को लेकर उठे विवाद के बावजूद *लव एंड गॉड* बनाने के समय के. आसिफ़ ने पटकथा लिखने के लिए अमरोही को ही याद किया। अमरोही के साथ उनकी कई दौरे की बैठकें भी हुईं, लेकिन किन्हीं कारणवश बात न बन सकी। बाद में इसकी पटकथा अमान अता-उल्ला खाँ और संवाद वज़ाहत मिर्ज़ा ने लिखी।

एक दिन अमान अता-उल्ला खाँ के. आसिफ़ को पटकथा सुना रहे थे : तो मजनू रोने लगता है और उसकी आँखों से जो अश्क गिरता है, वह मोती बन जाता है और वह मोती लैला के पास चला जाता है। यह दृश्य सुनकर के. आसिफ़ ख़ुशी से भर कर बोले, "वाह अमान, बहुत सुंदर, हम आगे दिखाएँगे कि मजनू की आँखों से गिरने वाले आँसू मोती में तब्दील होते जाते हैं और उन मोतियों की माला बन जाती है।"

अमान को उनकी यह कल्पना जची नहीं। एक कतरा आँसू के मोती बन जाने में जो मिसाल है, वह आँसुओं के मोतियों की माला में नहीं थी, लेकिन के.आसिफ़ थे कि अपनी ही कहे जा रहे थे। अमान के सामने सवाल उठ खड़ा हुआ कि इस

आदमी को कैसे समझाया जाए। अंततः वे अमरोही के पास जा पहुँचे। "कमाल साहब, ज़रा आप आसिफ़ साहब को समझाइए, आँसुओं की माला ज़रा ज़्यादा ही हो रही है।" आख़िरकार कमाल के समझाने पर आसिफ़ ने अपनी ज़िद छोड़ दी। के. आसिफ़ और अमरोही का रिश्ता सारी ज़िंदगी ढाल और तलवार का रिश्ता रहा। दोनों अच्छे दोस्त थे, लेकिन स्वाभिमानी होने के नाते उनके बीच हमेशा नोक-झोंक चलती रहती थी।

कमाल के स्वाभिमानी होने की एक और मिसाल। सिनेमास्कोप में *पाकीज़ा* के शुरू होने के वक़्त की यह घटना है।

आज हम अपनी दुआओं का असर देखेंगे... वाले गीत के बाद क्लाइमैक्स दृश्य में वीणा अशोक कुमार को गुस्से से देखते हुए कहती हैं, "शहाबुद्दीन, देखो तुम्हारा ख़ून रंग लाया है..." इस दृश्य की शूटिंग के समय के. आसिफ़ सेट पर मौजूद थे। शॉट ओके हो गया। इस दृश्य के संवाद और निर्देशन पर रीझ कर के. आसिफ़ ने अमरोही से कहा, "कमाल का शॉट लिया है, ऐसा शॉट दोबारा नहीं होगा।" के. आसिफ़ की ओर मुख़ातिब होकर अमरोही ने कहा, "अच्छा!" और पल भर रुककर अपने सहायकों को ऑर्डर दिया, "वन मोर टेक!"

9

अमरोही मीना कुमारी से बेइंतिहा प्यार करते थे और अपने इश्क़ का एक यादगार उपहार बनाकर उसे मीना कुमारी को भेंट करना चाहते थे, जैसे बादशाह शाहजहाँ ने ताजमहल बनवाकर अपनी बेगम को मोहब्बत की अमर निशानी भेंट की। उसी तरह अमरोही अपनी महबूबा मंजू को एक अमर, अविस्मरणीय फ़िल्म भेंट करना चाहते थे। पिछले ज़माने में समाज में उठने-बैठने, बोलने-चालने की तहज़ीब, अदब-लिहाज़ सीखने के लिए मर्द तवायफ़ों-नर्तकियों के कोठे पर जाते थे। अमरोही भी इसके अपवाद नहीं थे। लाहौर और कलकत्ता में रहते हुए वे भी अदब-तहज़ीब सीखने नर्तकियों के पास जाया करते थे। बंबई आकर फ़िल्मों में काम करते हुए अमरोही की भेंट उस ज़माने की मशहूर नर्तकी नर्गिस की माँ जद्दन बाई से हुई थी। उस ज़माने के कई कलाकार और निर्देशक जद्दन बाई के यहाँ आते-जाते रहते थे। जुल्फ़िकार भट्टो, के.एल. सहगल जैसे लोग भी उनके पास आते-जाते थे। *जेलर, पुकार* और *महल* जैसी फ़िल्मों में अमरोही के लेखन-निर्देशन पर जद्दन बाई मुग्ध थीं। वे उन्हें बेटे की तरह प्यार करती थीं। वे चाहती थीं कि अमरोही उनकी बेटी नर्गिस से निकाह कर लें, लेकिन ख़ानदानी सैयद अमरोही को यह स्वीकार न था।... अमरोही के अले ज़ेहरा से निकाह करने के बाद जद्दन बाई और नर्गिस यह देखने उनके घर आईं कि वह लड़की कैसी है, जिसके लिए अमरोही ने नर्गिस को ठुकरा दिया।

इस तरह की कितनी ही नर्तकियों को देखकर, उनके बारे में सुनकर अमरोही ने तवायफ़ की ज़िंदगी पर आधारित फ़िल्म बनाने का फ़ैसला किया। फ़िल्म का नाम रखा गया *पाकीज़ा*।

फ़िल्म बनाने का निश्चय करने के बाद अमरोही उसके लिए संगीतकार के बारे में सोचने लगे। वे आम फ़िल्मों से हटकर अलग क़िस्म की फ़िल्म थी। अमरोही चाहते थे कि उसकी पटकथा-संवाद की तरह उसका संगीत भी सबसे हटकर और सबसे बेहतरीन हो।

वसंत देसाई, रामचंद्र, हेमंत कुमार वगैरह अमरोही के पसंदीदा संगीतकार थे, लेकिन अमरोही को हेमंत कुमार के संगीत में एक तरह का बंगालीपन दिखाई देता था। इसलिए उन्हें पसंद करते हुए भी यह फ़िल्म नहीं देना चाहते थे। उसके बाद अमरोही सी. रामचंद्र से मिले। दोनों की दो-तीन बैठकें हुईं, लेकिन बात बनी नहीं। उन्हीं दिनों उन्हें सोहराब मोदी की फ़िल्म *मिर्ज़ा ग़ालिब* का संगीत सुनने को मिला, उसके संगीतकार गुलाम मोहम्मद थे, लेकिन गुलाम मोहम्मद ने उनकी शायरी को बेहतरीन संगीत दिया था। *मिर्ज़ा ग़ालिब* का संगीत सुनने के बाद अमरोही ने मीना कुमारी से कहा, "मंजू, यही व्यक्ति *पाकीज़ा* का संगीत दे सकता है। इससे बेहतर कोई संगीत नहीं दे सकता।"

गुलाम मोहम्मद से अमरोही की कोई जान-पहचान नहीं थी। उन्होंने दलवी नाम का अपना एक आदमी *पाकीज़ा* का प्रपोज़ल लेकर गुलाम मोहम्मद के पास भेजा, लेकिन पैसों के मुद्दे पर समझौता न हो पाने के कारण गुलाम मोहम्मद ने यह पेशकश ठुकरा दी। उसके बाद अमरोही ने बाक़र को भेजा, लेकिन बात तब भी नहीं बनी। आख़िर में अमरोही खुद गुलाम मोहम्मद से मिलने गए। वे व्यावसायिक वृत्ति के व्यक्ति नहीं थे, लेकिन *पाकीज़ा* के संगीत की रॉयल्टी माँग रहे थे। अमरोही ने रॉयल्टी देने से इंकार कर दिया और कहा, "आप चाहें तो अभी ज़्यादा पैसे ले लें।" उनकी यह शर्त स्वीकार करने में गुलाम मोहम्मद ने कई दिन लगा दिए। अंततः वे राज़ी हो गए।

उसके बाद गुलाम मोहम्मद और गीतकार मज़रूह सुलतानपुरी के साथ अमरोही ने कई बैठकें कीं। मज़रूह सुलतानपुरी ने *इन्हीं लोगों ने...* और *ठाढ़े रहियो...* ये गाने लिखे और गुलाम मोहम्मद ने इन गीतों की धुनें तैयार कर दीं। खुद अमरोही ने एक गीत लिखा - *मौसम है आशिक़ाना...*। उन दिनों गीत के बोल पहले लिखे जाते थे और उनकी धुनें बाद में तैयार की जाती थीं।

इन्हीं लोगों ने... और *ठाढ़े रहियो...* के मुखड़े गुलाम मोहम्मद ने ही सुझाए थे। *ठाढ़े रहियो...* का मुखड़ा एक लोकगीत से लिया गया है, तो *इन्हीं लोगों ने...* का मुखड़ा 1941 में प्रदर्शित रूप शौरी निर्देशित और रागिनी अभिनीत फ़िल्म *हिम्मत* से लिया गया है। इस फ़िल्म का संगीत पंडित गोविंद राम ने तैयार किया था और गीत के बोल थे *इन्हीं लोगों ने ले लीना दुपट्टा मोरा, मोरी न मानो बजजवा से पूछो...*, इस गाने के बोल और उसकी धुन में थोड़ा-सा फेरबदल करके इसे ज्यों-का-त्यों ले लिया गया।

उन्हीं दिनों *मिर्ज़ा ग़ालिब* के संगीत के लिए गुलाम मोहम्मद को सर्वश्रेष्ठ संगीतकार का राष्ट्रीय पुरस्कार दिया गया। यह पुरस्कार लेने के लिए गुलाम मोहम्मद को दिल्ली जाना था। तय हुआ कि *पाकीज़ा* के तीनों गाने उनके लौटने के बाद रिकॉर्ड किए जाएँगे, लेकिन राष्ट्रीय पुरस्कार लेकर लौटने के बाद गुलाम मोहम्मद

को दिल का दौरा पड़ गया। और उनके डॉक्टर रुस्तम जाल वकील ने उन्हें पूरे छह महीने आराम की सलाह दी। उनके ज़ोर से बोलने और वाद्ययंत्रों की आवाज़ के बीच रहने पर रोक लगा दी। इसी वजह से अब *पाकीज़ा* की रिकॉर्डिंग होना नामुमकिन था। अमरोही ने संगीतकार बदलने के मुक़ाबले छह महीने इंतज़ार करना ही बेहतर समझा। छह महीने का वक़्त बीत जाने के बाद डॉक्टर ने उन्हें कुछ दिन और आराम करने की सलाह दी, लेकिन गुलाम मोहम्मद इसके लिए तैयार नहीं थे। अंत में डॉक्टर रुस्तम जाल वकील ने उनको हिदायत दी कि "आपको किसी तरह की टेंशन नहीं लेनी है, चीख़ना-चिल्लाना नहीं है। आप ये हिदायतें मानने को तैयार हों, तो मैं आपको रिकॉर्डिंग करने की इजाज़त दे सकता हूँ।"

अमरोही अब भी एक-दो महीने इंतज़ार करने को तैयार थे। उन्होंने गुलाम मोहम्मद से कहा भी कि "आप आराम कीजिए। आपके पूरी तरह ठीक हो जाने के बाद ही हम रिकॉर्डिंग करेंगे।"

"नहीं, अब मैं ठीक हूँ। नौशाद और इब्राहिम (गुलाम मोहम्मद के भाई मोहम्मद इब्राहिम) की मदद से मैं रिकॉर्डिंग कर लूँगा।" गुलाम मोहम्मद ने ज़िद की।

नौशाद और गुलाम मोहम्मद संगीतकार झंडे खाँ के साथ काम करते थे। बाद में गुलाम मोहम्मद ने कुछ दिन नौशाद के सहायक की हैसियत से भी काम किया था। नौशाद गुलाम मोहम्मद की संगीत शैली से परिचित थे। उन्होंने उनसे कहा भी कि "आप परेशान न हों। मैं *पाकीज़ा* के गानों की रिकॉर्डिंग करवा देता हूँ।" लेकिन गुलाम मोहम्मद सुनने को राज़ी न थे। आख़िरकार उन्हें व्हील चेयर से दादर टीटी स्थित रंगमहल रिकॉर्डिंग स्टूडियों में लाया गया। सारे वादक पहले से ही मौजूद थे। लता मंगेशकर रिकॉर्डिंग के लिए आईं। "बेटा, अच्छी तरह से गाना, मुझे चिल्लवाना नहीं", गुलाम मोहम्मद ने कहा। वे लता मंगेशकर को हमेशा बेटा ही कहते थे और बेटी की तरह मानते थे।

"उस्ताद अगर आपको चिल्लाना है, तो आप अभी घर चले जाइए। नौशाद और इब्राहिम भाई रिकॉर्डिंग कर लेंगे।" लता मंगेशकर ने नरमाई से कहा।

"ये लोग क्या करेंगे? मैं यही बैठता हूँ," गुलाम मोहम्मद ने कहा। उसके बाद नौशाद, इब्राहिम वगैरह की मौजूदगी में *मौसम है आशिक़ाना...* वाला गीत बिना किसी विघ्न-बाधा के रिकॉर्ड कर लिया गया।

रिकॉर्डिंग वाले दिन ही चार्ली नाम के एक ज्योतिषी ने *पाकीज़ा* के बारे में भविष्यवाणी की। अपने किसी परिचित के साथ वह ज्योतिषी भी रिकॉर्डिंग के वक़्त वहाँ मौजूद था। अमरोही से उसका परिचय कराया गया। थोड़ी देर में उसने अमरोही से कहा, "कमाल साहब, एक बात कहूँ, बुरा तो नहीं मानेंगे? आप यह फ़िल्म न बनाएँ।" यह सुनकर अमरोही चकरा गए। वे सोचने लगे कि वे फ़िल्म के गानों की

रिकॉर्डिंग करा रहे हैं और अब यह आदमी कह रहा है कि यह फ़िल्म न बनाएँ। "मेरी ज्योतिष विद्या कहती है कि यह फ़िल्म पूरी नहीं होगी।" ज्योतिषी ने अपने मना करने का कारण स्पष्ट किया।

लेकिन अमरोही बचपन से ज़िद्दी थे। दूसरे उन्हें ज्योतिष विद्या पर तनिक भर भी विश्वास नहीं था। उन्होंने जानबूझ कर उस ज्योतिषी से पूछा, "अच्छा! अगर यह फ़िल्म बन गई तो?" – "तब भी आपके सामने तरह-तरह की अड़चनें आएँगी!"

"अच्छा तो फिर?"

"इसलिए मैं आपसे कह रहा हूँ कि आप यह फ़िल्म बनाने का ख़याल मन से निकाल दीजिए।"

"और मैं न निकालूँ तो?"

"फ़िल्म बनने के दौरान ही इस फ़िल्म से जुड़े एक-दो व्यक्तियों का निधन हो जाएगा। आपको यह फ़िल्म पूरी करने में काफ़ी कठिनाइयों का सामना करना होगा।"

लेकिन हठी अमरोही ने उसी समय तय कर लिया कि वे यह फ़िल्म ज़रूर बनाएँगे। उन्होंने मन ही मन फ़ैसला किया कि देखें यह फ़िल्म कैसे पूरी नहीं होती। उन्होंने उस ज्योतिषी से सवाल किया, "अगर इस सबके बावजूद फ़िल्म पूरी हो गई तो...?"

"... तो यह फ़िल्म अमर हो जाएगी। जब तक यह फ़िल्मी दुनिया रहेगी, इसे कोई न भूल सकेगा।"

उस वक़्त अमरोही ने उस ज्योतिष की बातों पर ख़ास तवज्जो नहीं दी। दूसरे दिन *इन्हीं लोगों ने...* और तीसरे दिन *ठाढ़े रहियो...* वाला गीत रिकॉर्ड कर लिया गया। *ठाढ़े रहियो...* वाले गाने का भी एक क़िस्सा है। रिकॉर्डिंग के अगले दिन अमरोही गुलाम मोहम्मद के घर गए और उनसे कहा, "गुलाम साहब, 'ठाढ़े' शब्द मुझे जम नहीं रहा है। इसके बदले हम 'ठहरे' कर दें तो कैसा रहेगा?"

"वह तो ठीक है, लेकिन 'ठाढ़े' शब्द में जो नज़ाक़त है 'ठहरे' में वह बात नहीं है। गुलाम मोहम्मद ने अपनी राय देते हुए कहा, पर अमरोही को 'ठाढ़े' शब्द ठीक नहीं लग रहा था। लता को फिर से बुलवाया गया और 'ठाढ़े' की जगह 'ठहरे रहियो' करके यह गाना गवाया गया, लेकिन गुलाम मोहम्मद की बात का मर्म अमरोही की समझ में उसकी रिकॉर्डिंग सुनने के बाद आया। 'ठाढ़े' शब्द में जो वज़न था, 'ठहरे' में नहीं था। इसलिए फ़िल्म में पहले वाला गीत ही रखा गया।

गुलाम मोहम्मद चाहते थे कि *पाकीज़ा* की ठुमरी, जिसके बोल थे, *बंधन बाँधों सब मिल मंगल गाएँ सखियाँ...* बेगम अख़्तर जैसी कोई गायिका गाए, लेकिन उन्हें नाम नहीं सूझ रहा था। बाद में उनके सहायक ने उन्हें शोभा गुर्टू का नाम सुझाया।

शोभा गुर्टू ने इस फ़िल्म के ज़रिए पहली बार फ़िल्म पार्श्व गायन में प्रवेश किया। अमरोही को उनकी आवाज़ बहुत पसंद आई, लेकिन *पाकीज़ा* में यह गाना रखा नहीं गया। फ़िल्म के लिए कुल चौदह गाने रिकॉर्ड किए गए थे। उनमें से अमरोही के लिखे तथा लता मंगेशकर के गाये गीत *तन्हाई सुनाया करती है, कुछ बीते दिनों का अफ़साना, वो पहली नज़र का टकराना, इक दम से वो दिल का थम जाना...* सहित चार अन्य गीत फ़िल्म की लंबाई के मद्देनज़र फ़िल्म में रखे नहीं गए।

पाकीज़ा के कथानक को विकसित करने के लिए अमरोही ने अख़्तर-उल-ईमान (जिन्होंने *धर्मपुत्र, वक़्त* जैसी फ़िल्में लिखी थीं) और मधुसूदन (*मेरा मुन्ना, त्रिकोण का चौथा कोण* जैसी फ़िल्मों के लेखक-निर्देशक) की मदद लेने का फ़ैसला किया। कहानी पर चर्चा करने के लिए तीनों जब इकट्ठा होते, तो उनमें जमकर वाद-विवाद होता। एक दिन किसी सीन को लेकर अमरोही और मधुसूदन के बीच बहस शुरू हो गई। दोनों अपनी-अपनी बात पर अड़े थे। कुछ ही मिनटों में मीना कुमारी का नौकर एक पुर्ज़ा लेकर कमरे में आया। उस पुर्ज़े पर लिखा था, "चाकू-छुरी की ज़रूरत हो तो भिजवाऊँ?" पुर्ज़ा पढ़ कर अमरोही ठहाका लगाकर हँस पड़े। बहस वहीं ख़त्म हो गई। मधुसूदन के मुताबिक़ "छह महीने कथानक पर काम करने के बाद अमरोही ने फ़िल्म शुरू करने का निश्चय किया।"

पाकीज़ा का मुहूर्त 1957 में अमरोही के जन्मदिन, 17 जनवरी को हुआ और उसके बाद शूटिंग शुरू हुई।

सबसे पहले *इन्हीं लोगों ने...* वाला गीत-मीना कुमारी पर फ़िल्माया गया। *पाकीज़ा* की शूटिंग शुरू होते-होते वे सुपर स्टार बन चुकी थीं। उनके पास दूसरे बैनरों की कई फ़िल्में थीं। उन फ़िल्मों को रोक कर *पाकीज़ा* के लिए तारीख़ें लेना अमरोही को अनुचित जान पड़ा। वे दूसरे निर्माताओं की तोहमत भी नहीं लेना चाहते थे कि हमारी तारीख़ें अमरोही ने ले लीं। इसलिए मीना कुमारी की फ़ुर्सत के हिसाब से *पाकीज़ा* की शूटिंग होती।

इसकी कुछ शूटिंग आउटडोर लोकेशनों पर होनी थी। एक शिड्यूल ख़त्म होने पर अमरोही, मीना कुमारी, बाक़र, मीना कुमारी की आया और नौकर यूनिट के दो-तीन लोगों को लेकर दो गाड़ियों में सामान लादकर लोकेशन की तलाश में निकल पड़े। लोकेशन की तलाश में उनकी लंबी सैर को देखकर लोग मज़ाक़ में कहने लगे थे कि इस फ़िल्म का नाम *पाकीज़ा* के बजाय 'हिंदुस्तान की सैर' रखना चाहिए था। कई लोकेशन देखते हुए यह टीम मध्यप्रदेश पहुँची। यात्रा के दौरान एक शाम शिवपुरी के पास एक वीरान जगह अमरोही की दोनों गाड़ियों का पेट्रोल ख़त्म होने को आया था। आस-पास में न तो कहीं कोई घर नज़र आ रहा था और न पेट्रोल पंप ही। गाड़ियाँ ज़्यादा से ज़्यादा दो-तीन मील और चल सकती थीं। उस इलाक़े में चौबीस घंटे में सिर्फ़ एक बस मिलती थी। वह भी सुबह। यूनिट के कुछ लोगों ने कहा कि

'पाकीज़ा' में मीना कुमारी

यह डाकुओं का इलाक़ा है, लेकिन उनके पास गाड़ियों में बैठकर इंतज़ार करने के सिवाय कोई चारा नहीं था। सारी टीम गाड़ियों के शीशे चढ़ाकर उनमें बंद हो गई। इससे माहौल और खौफ़नाक़ हो उठा।

आधी रात गए कुछ लोगों ने गाड़ियों को घेर लिया और अमरोही से कहा, "चलो, तुम्हें इंस्पेक्टर साहब बुला रहे हैं।" मजबूरी में सभी गाड़ी में बैठकर आगे बढ़े। अगवा करने वालों में से एक-दो आदमी अमरोही की गाड़ी में बैठ गए। ..."हम जा कहाँ रहे हैं?" "चुप बैठो।" एक ज़ोरदार आवाज़ ने घुड़की दी।

पाँच मिनट बाद, टूटे-फूटे खंडहरों के पास गाड़ी रुकवाई गई, सबको बाहर आने का हुक्म हुआ। अमरोही ने कहा, "जिसने यहाँ हमें बुलाया है, उसे बुलाइए। हम गाड़ी से नहीं उतरेंगे।" कुछ ही देर में सिल्क का कुर्ता-पायजामा पहने एक आदमी आया।

"तुम लोग कौन हो?" उसने कहा।

"मैं कमाल हूँ। हम शूटिंग के लिए यहाँ आए थे।" अमरोही ने जवाब दिया, "लेकिन रास्ता भटक गए। हमारी गाड़ी का पेट्रोल भी ख़त्म हो गया।"

"शूटिंग के लिए मतलब...?" "हम फ़िल्में बनाते हैं और फ़िल्म की शूटिंग के लिए यहाँ आए हैं।"

"अच्छा, आप लोग वो शूटिंग करते हैं। मुझे लगा कि शूटिंग, मतलब शिकार करते हैं। कौन-कौन सी फ़िल्में बनाई हैं आपने?"

"मेरी फ़िल्म *महल* ख़ूब चली थी।" अमरोही ने जवाब दिया।

"अच्छा तो तुम वह कमाल हो!" उस आदमी ने हँसते हुए कहा, मैंने *महल* चार बार देखी है। जा कहाँ रहे हो तुम लोग?" उस आदमी ने सवाल किया।

"हम *पाकीज़ा* नाम की एक फ़िल्म बना रहे हैं। उसी के लिए लोकेशन ढूँढने निकले हैं।"

"कौन-कौन हैं तुम्हारे साथ!" "मेरी बीबी और मशहूर हीरोइन मीना कुमारी तथा कुछ अन्य लोग।" मीना कुमारी उस समय मेकअप में नहीं थीं। इसलिए पहचानने में नहीं आ रही थीं। मीना कुमारी का नाम सुनते ही वह खुश हो गया और अभिनय की तारीफ़ करने लगा।

उसके बाद अमरोही को तसल्ली देते हुए बोला, "घबराइए मत!" यह कहकर वह उनकी यूनिट के लोगों को एक बड़ी-सी इमारत में ले गया और उनकी बड़ी आवभगत की। नाच-गाने का भी प्रोग्राम रखा, लेकिन सभी अंदर से इस क़दर ख़ौफ़ज़दा थे कि उनसे ठीक से खाना भी नहीं खाया गया। सुबह होते ही उस व्यक्ति ने पेट्रोल का इंतज़ाम कराया और उनके विदा होने से पहले मीना कुमारी के सामने बड़ा-सा चाकू रखकर खड़ा हो गया। वे घबरा गईं।

"इस चाकू से मेरे हाथ पर 'बेस्ट विशेज़' लिखो और अपना साइन करो।" उसने हुक्म दिया।

मीना कुमारी ने काँपते हाथों से उसके हाथ पर 'शुभेच्छा' लिख दिया। वह व्यक्ति, दरअसल मध्यप्रदेश का ख़ूँखार डाकू अमृत लाल था।

"आज तो तुम लोगों को छोड़ देता हूँ, लेकिन अब कभी इधर दिखाई न पड़ना।" उसने चेतावनी दी।

खैर, *पाकीज़ा* की शूटिंग फिर शुरू हुई। शुरुआत में अमरोही नायक की भूमिका खुद करने वाले थे। *हट कर तेरे क़दमों से...* वाली क़व्वाली उनके अलावा अरुण आहूजा (गोविंदा के पिता) और बालम पर फ़िल्माई गई।

एक-दो सीन भी उन पर शूट किए गए, लेकिन जल्द ही अमरोही को लगा कि अभिनय उनके बस की बात नहीं है। उन्होंने अपना इरादा बदल कर अशोक कुमार को नायक की भूमिका के लिए चुना। यह क़व्वाली और *ठाढ़े रहियो...* वाले गीत की शूटिंग फ़िल्मालय में यानी तब के बहार स्टूडियो में हुई, लेकिन पहली शूटिंग शिड्यूल में शूट किया गया *इन्हीं लोगों ने...* वाला गीत देखकर मीना कुमारी ने अमरोही से कहा, "चंदन, तुमने बहुत ही शानदार सेट लगाकर ये गाने फ़िल्माए हैं,

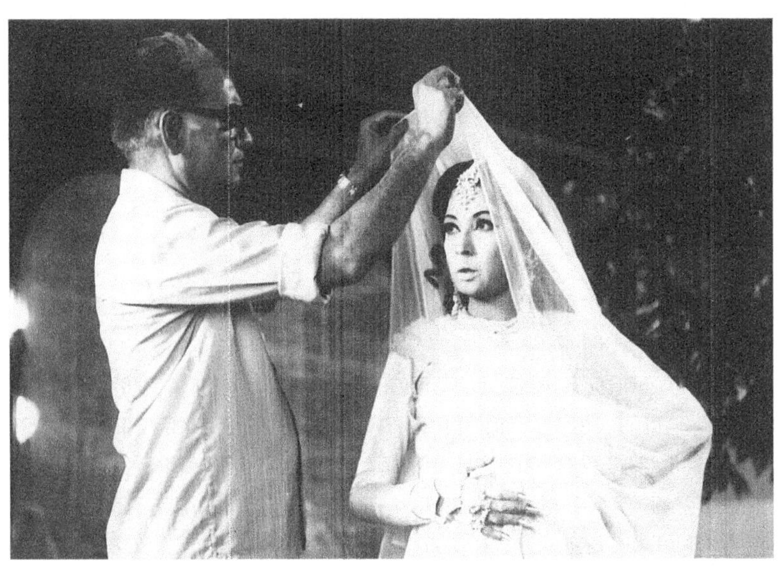

कमाल अमरोही और मीना कुमारी 'पाकीज़ा' के सेट पर

जो अच्छे भी लगते हैं, लेकिन ये गाने ब्लैक-एंड व्हाइट की जगह रंगीन फ़िल्म में ज़्यादा प्रभावशाली दिखेंगे। अगर हम रंगीन फ़िल्म बनाएँ तो?"

उसी दौरान *मुग़ल-ए-आज़म* का *प्यार किया तो डरना क्या...* वाला गीत और उसके कुछ दृश्य रंगीन फ़िल्म पर फ़िल्माए गए थे। अमरोही को मीना कुमारी की बात जम गई और उन्होंने *पाकीज़ा* को रंगीन फ़िल्म बनाने का फ़ैसला कर लिया। तब तक ब्लैक-एंड-व्हाइट फ़िल्म पर जो शूटिंग हुई थी, वह डिब्बे में बंद हो गई। रंगीन फ़िल्म के लिए रंगारंग सेट बनाने का काम शुरू हुआ।

10

मीना कुमारी से निकाह के पहले और बाद में भी कमाल अमरोही मोहर्रम के दिनों में अमरोहा जाते थे। उनके अमरोहा जाने पर मीना कुमारी उन्हें ख़त भेजती थीं। अगर किसी कारणवश अमरोही उनके ख़तों के जवाब न दे पाते थे या तय समय से बंबई न लौटते, तो मीना कुमारी उनके विरह में व्याकुल हो जाती थीं। उनके पत्रों का मज़मून कुछ इस प्रकार होता : "मेरे मालिक, मेरे आक़ा, उस दिन से क़यामत के दिन तक और उसके बाद भी मैं तुम्हारी हूँ। ज़िंदगी का एक-एक लम्हा तुम्हारा है। यक़ीन जानो, मेरी ख़ुदा से यही दुआ है कि अगर मरने के बाद मेरे गुनाह बख़्श दिए जाएँ और उसकी रहमत से मुझे कोई मिले तो वह कमाल हो, चंदन हो बस! इसके अलावा कुछ है ही नहीं। मेरी तलाश उन बाज़ुओं में है। मैं 'तुम', तुम 'मैं' हूँ। चाँद, मुझे अपने पास बुला लो, मुझे तुम्हारे सिवाय कुछ नहीं चाहिए।"

कभी-कभी वे लिखतीं : "मेरे शहज़ादे, अब तो पीर (सोमवार) को आ रहे हो। मुझे मेरी सब मुसीबतों और सब्र का फल मिल जाएगा। जब मैं तुम्हारे सीने से लिपट जाऊँगी, बस तुम्हारे सीने से लिपटकर मेरे सारे दुख और दर्द मुझे छोड़ देंगे और मुझे वही सुकून नसीब होगा, जो (ससून) अस्पताल में तुम्हारे सीने से लगकर मिलता था। जब मैं उसी पलंग पर लेटे-लेटे तुम्हें खींचकर अपने सीने से लिपटा लेती और कहती थी कि मैं इसी वक़्त मर जाऊँ। याद है न तुमको?"

कहा जाता है कि मीना कुमारी अपनी समकालीन दूसरी अभिनेत्रियों के मुक़ाबले, बुद्धिमान, अध्ययनशील और विचारवान थीं, लेकिन 1951 से 1960 के बीच, नौ बरसों के दौरान अमरोही के नाम लिखे मीना कुमारी के तीन-चार सौ पत्र मुझे मिले। उन तमाम पत्रों का मज़मून कमोबश उपर्युक्त पत्रों जैसा ही है। किसी भी पत्र में उनकी शेर-शायरी या उनकी निभाई भूमिकाओं की चर्चा नहीं है। कहा जाता है कि मीना कुमारी पढ़ने की शौक़ीन थीं, लेकिन उनके पत्रों को देखकर पता नहीं चलता। दो रचनाधर्मी कलाकार आपस में बातें करते हुए या ख़तोकिताबत करते हुए अपने-अपने कामों की चर्चा ज़रूर करते हैं। आज मैंने कौन-सा अच्छा शॉट दिया

या अमुक किताब का अमुक किरदार मुझे बहुत अच्छा लगा, इस तरह की चीज़ों का उनके पत्रों में कहीं ज़िक्र नहीं मिलता। उन्होंने अमरोही को महज़ प्यार भरे पत्र लिखे। उनमें एक भी पत्र ऐसा नहीं है, जिससे पता चले कि अमरोही उनका अपमान करते थे। उन्होंने अपने पत्रों में बस "जल्दी आ जाओ, मैं तुम्हारी राह देख रही हूँ" का राग अलापा है। अगर कोई पति अपनी पत्नी को मारता-पीटता, उसे लांछित-अपमानित करता या उसके साथ छल करता है, तो बीबी को उसका दूर जाना अच्छा लगता है। ऐसी पत्नी "उससे जल्दी आ जाओ" का मनुहार नहीं करतीं। कम पढ़ी-लिखी एक आम पत्नी अपने परदेसी पति को जैसे पत्र लिखती है, मीना कुमारी ने अमरोही को वैसे ही भावुक पत्र लिखे हैं।

खैर, मीना कुमारी का फ़िल्मी करियर आगे बढ़ रहा था, अब वे एक फ़िल्म के चार लाख रुपये ले रही थीं। उनका मान-सम्मान दिनों-दिन बढ़ता जा रहा था। अमरोही ने बाक़र को हिदायत दे रखी थी कि दूसरी अभिनेत्रियों से एक रुपया ही सही, लेकिन मीना कुमारी की क़ीमत सबसे ज़्यादा होनी चाहिए। अमरोही की नज़र में मीना कुमारी सबसे ऊपर थीं, लेकिन फिर भी उनकी नज़र में वे उनकी बीबी पहले और हीरोइन बाद में थीं। नतीजतन, मीना कुमारी के मन में यह बात घर कर गई कि बाहर की दुनिया में उन्हें जो मान-सम्मान मिलता है, वह घर में नहीं मिलता।

उनके शूटिंग से लौटने या घर में होने पर अमरोही उनके आगे-पीछे नहीं घूमते थे। ज़्यादातर पढ़ते-लिखते रहते थे। मीना कुमारी के मन में उपेक्षित होने का भाव, भविष्य में जाने-अनजाने में घटी घटनाओं के कारण भी पनपा। नतीजतन, उनके वैवाहिक संबंधों में दरारें पड़नी शुरू हो गईं।

एक शाम शूटिंग ख़त्म करके मीना कुमारी घर लौटीं। हाथ-मुँह धोकर अमरोही के पास आईं और उत्साह से भरकर कहने लगीं "चंदन। जानते हो आज क्या हुआ? मैं मेकअप रूम में थी कि मेरी एक प्रशंसिका आ गई। उस वक़्त मैं अपने बालों में कंघी कर रही थी। बाल सँवारने के बाद मैं कंघी में फँसे अपने टूटे बाल कचरे के डिब्बे में डालने जा रही थी कि उस औरत ने कहा कि मैं अपने बाल फेंकूँ नहीं, उसे दे दूँ। वह उनका ताबीज बनाकर पहनेगी। यह कहते हुए उसने मेरे हाथ से बाल ले लिए।"

मीना कुमारी उम्मीद कर रही थीं कि उनकी बात सुनकर अमरोही खुशी से उछल पड़ेंगे और उनकी तारीफ़ों के पुल बाँध देंगे, लेकिन उलटा हुआ। अमरोही ने कहा, "मंजू यह ग़लत है। तुम इस घटना को इस तरह मत लो। ऐसे में इंसान खुद को सर्वश्रेष्ठ, संत या खुदा मान बैठता है। खुदा ने सिर के झड़े बाल, हाथ में बढ़े हुए नाख़ून काटकर फेंकने के लिए बनाए हैं। कल को कोई तुमसे तुम्हारे नाख़ून माँगेगा, तो क्या तुम उसे नाख़ून दे दोगी?" मीना कुमारी को अमरोही की ये बातें नागवार गुज़रीं। अमरोही चाहते थे कि मंजू घर में एक साधारण गृहिणी और

उनकी बीबी बनकर रहें। दूसरी ओर मीना कुमारी को लगता कि अमरोही की नज़र में उनकी कोई क़ीमत नहीं है।

मीना कुमारी चोटी की अभिनेत्री थीं, लेकिन अमरोही ने उनकी कभी खुशामद नहीं की। उन्होंने मीना कुमारी से कभी इस बात की अपेक्षा नहीं की कि वे अपने निर्माताओं पर अमरोही से अपनी फ़िल्में लिखवाने के लिए दबाव डालें। उन्होंने कभी नहीं चाहा कि मीना कुमारी को कोई अवॉर्ड मिले, तो वे मंच पर खड़ी होकर उस अवार्ड को मिलने का श्रेय उन्हें दें। स्वाभिमानी अमरोही को इस तरह की चापलूसी अच्छी नहीं लगती थी। अपनी प्रशंसा सुनना भी उन्हें नागवार लगता था। *पाकीज़ा* की शूटिंग के दौरान वे एक शॉट ले रहे थे। कैमरामैन के साथ चर्चा के बाद कैमरे का ऐंगल ठीक करके एक रिहर्सल के बाद उन्होंने शॉट लिया और वह शॉट ओके हो गया। सेट पर मौजूद उनके एक दोस्त ने उनकी तारीफ़ करते हुए कहा, "वाह कमाल साहब, आपने क्या शॉट लिया है, ग्रेट!" "कौन बोला?" कहते हुए अमरोही पीछे पलटे। तारीफ़ करने वाले उनके दोस्त को लगा कि अमरोही उसे शाबाशी देने के लिए बुला रहे हैं। उसने आगे आकर कहा, "मैंने।" उसे देखते ही अमरोही ने सहायक को आदेश दिया कि इस आदमी को सेट से बाहर निकाल दो। उस आदमी समेत सेट पर मौजूद तमाम लोग अमरोही के इस बर्ताव पर दंग रह गए। थोड़ी देर बाद किसी ने उनसे इस अप्रत्याशित बर्ताव का कारण पूछा तो उन्होंने कहा, "मेरी तारीफ़ करने वाला वह व्यक्ति एक तो मेरी खुशामद कर रहा था। दूसरे, वह यह जताना चाहता था कि उसे कैमरे के ऐंगल की कितनी समझ है। ऐसे लोगों की सेट पर कोई ज़रूरत नहीं है।" मीना कुमारी की प्रशंसिका के उनका बाल माँगने वाली घटना सुनने के बाद अमरोही ने जो प्रतिक्रिया व्यक्त की, उसके चलते मीना कुमारी के मन में उनको लेकर एक गाँठ पड़ गई। उन्हें लगने लगा कि अमरोही का पुरुष होने का अहंकार उनकी प्रशंसा, उनकी शोहरत बर्दाश्त नहीं कर सकता।

किसी ने मीना कुमारी को बता दिया था कि ताज़ा रोटी के मुक़ाबले बासी रोटी ज़्यादा पौष्टिक होती है। लिहाज़ा, वे बासी रोटी खाती थीं। शूटिंग के वक़्त उनके लिए घर से जो खाना भेजा जाता था, उसमें दूसरी चीज़ों के अलावा बासी रोटी भी होती थी। बासी और ताज़ा का फ़र्क़ आसानी से नज़र आ जाता था। लिहाज़ा, लंच के दौरान मीना कुमारी की आदत से अनजान लोगों को उनका लंच बॉक्स देखकर अफ़सोस होता था। देखने वालों को हैरानी होती कि इतनी बड़ी हीरोइन को खाने के लिए बासी रोटी मिलती हैं।

कमाल अमरोही के घर अक्सर उनके दोस्त या रिश्तेदार आते रहते थे। कभी-कभी नौकरों के कारण या रिश्तेदारों के कारण बासी रोटी नहीं बचती थीं। यह पता चलते ही कि उनके लिए बासी रोटी नहीं हैं, मीना कुमारी मेहमानों के सामने ही चीखने-चिल्लाने लगतीं कि "मेरे लिए बासी रोटी भी नहीं रख सकते।" उनके इस

'भी' के तरह-तरह के अर्थ लगाए जाते। धीरे-धीरे मीना कुमारी की बासी रोटी के साथ अमरोही का रिश्ता जोड़ा जाने लगा। उनकी छवि अपनी कमाऊ बीबी को बासी रोटी खाने पर मजबूर करने वाले शौहर की बनती गई। मीना कुमारी की तीखी ज़बान ने जिस ग़लतफ़हमी को जन्म दिया था, उनकी तथाकथित चुप्पी ने उसे और हवा दी।

अपने प्रति हमदर्दी पैदा करना मीना कुमारी की आदत बन गई थी। उनकी इस आदत ने अमरोही को हीरो से विलेन बना दिया। एक दिन नहाते समय पाँव फिसल जाने से मीना कुमारी के सिर में चोट लग गई। डॉक्टर बुलवा कर फ़ौरन उनकी मरहम-पट्टी कराई गई। उस समय

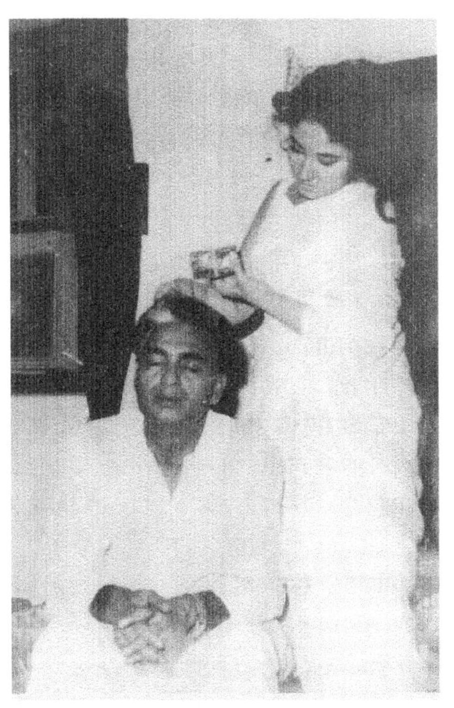

कमाल अमरोही और मीना कुमारी

उन्हें *चिराग कहाँ रोशनी कहाँ* की डबिंग पर जाना था। चोट मामूली थी और डबिंग के लिए वे सिर पर पट्टी लगाकर जा सकती थीं, इसलिए वे डबिंग के लिए स्टूडियो गईं। उनके सिर पर पट्टी देखकर वहाँ लोगों ने पूछा :

"क्या हुआ मीनाजी?"

"कुछ नहीं," मीना कुमारी ने गंभीर स्वर में जवाब दिया।

थोड़ी देर में फिर किसी ने पूछा :

"क्या हुआ मैडम?"

"कुछ नहीं," फिर वही उत्तर।

फिर किसी ने पूछा,

"आप गिर गई थीं क्या?"

"नहीं, नहीं, कुछ नहीं।"

"कुछ चोट लगी?"

"नहीं, कुछ नहीं।"

उनके इस 'नहीं' ने लोगों के मन में तरह-तरह के सवाल खड़े कर दिए। मीना कुमारी ने किसी से नहीं कहा कि वे नहाते वक़्त पैर फिसलने से गिर पड़ी थीं। उनकी चुप्पी और उनकी चोट फ़िल्म जगत में चर्चा का विषय बन गई। ज़्यादातर लोगों ने यही अनुमान लगाया कि मियाँ-बीबी के बीच किसी बात पर झगड़ा हुआ होगा और गुस्से में शौहर ने बीबी पर हाथ उठाया होगा, जिससे उसके सिर में चोट लग गई।

मीना कुमारी के अमरोही से अलग होने के बाद लोगों ने तरह-तरह के आरोप लगाए, लेकिन मीना कुमारी उन आरोपों को लेकर ख़ामोश रहीं। उन्होंने उनका इक़रार नहीं किया, तो उनसे इंकार भी नहीं किया।

अमरोही ने उनकी इस चुप्पी को ख़ास अहमियत नहीं दी, लेकिन मीना कुमारी की ख़ामोशी ने अमरोही को बदनाम करके रख दिया। उन पर लगने वाले आरोपों में एक आरोप यह भी था कि उन्होंने मीना कुमारी की सारी कमाई हड़प ली और उन्हीं पैसों से कमालिस्तान (अब उसे कमाल अमरोही स्टूडियो कहा जाता है) स्टूडियो बनाया। उन पर यहाँ तक आरोप लगे कि वे मीना कुमारी को जेब ख़र्च के पैसे भी नहीं देते थे। नतीजतन, अपने शौक़ को पूरा करने के लिए वे सहायकों और मित्रों की मोहताज रहती थीं।

23 मार्च 1956 के दिन कमाल अमरोही ने महल पिक्चर्स प्रा. लि. की स्थापना की। इसके पहले उन्होंने फ़िल्म *दायरा* कमाल पिक्चर्स के बैनर तले बनाई थी। महल पिक्चर्स प्राइवेट लिमिटेड के निर्देशक मंडल के चेयरमैन अमरोही ही थे। बाक़र और अमरोही के बड़े भाई रज़ा हैदर भी कंपनी के निदेशक मंडल के सदस्य थे। कंपनी के जनरल मैनेजर और अकाउंटेंट थे चाँद बहादुर सक्सेना। उन दिनों कंपनियों के मुक़ाबले व्यक्तिगत कमाई पर कर ज़्यादा लगता था। इसलिए अमरोही ने ऐसी व्यवस्था की थी कि मीना कुमारी कंपनी के कलाकार के रूप में काम करें और अपना मेहनताना भी महल पिक्चर्स प्रा.लि. के खाते में जमा करा दें, लेकिन कमाल के बेटे ताजदार इस तरह के क़रारनामे से इंकार करते हैं।

पर राजश्री प्रोडक्शंस की मीना कुमारी अभिनीत फ़िल्म *आरती* के सह निर्माता राज कुमार बड़जात्या के अनुसार उन्होंने 1962 में मीना कुमारी को महल पिक्चर्स प्रा.लि. के मार्फ़त ही साइन किया था। बतौर उनके उस क़रारनामे में दो-तीन शर्तें और भी थीं। मसलन, *आरती* की इनडोर शूटिंग कमाल स्टूडियो में ही होगी तथा मीना कुमारी बंबई के बाहर शूटिंग करने नहीं जाएँगी। अमरोही की लगाई इस शर्त की वजह से *आरती* की सारी आउटडोर शूटिंग बंबई के मड आइलैंड पर करनी पड़ी थी। तीसरी शर्त यह थी कि मीना कुमारी सिर्फ़ नौ से छह की एक शिफ़्ट में काम करेंगी। अमरोही उन दिनों कमाल स्टूडियो को किराए पर चला रहे थे।

अगर ताजदार अमरोही पर यक़ीन करें, तो सवाल उठता है कि अमरोही ने कमाल स्टूडियो में ही *आरती* की इनडोर शूटिंग की शर्त क्यों रखी! हालाँकि मीना कुमारी दूसरे बैनरों की फ़िल्में करती रहीं, लेकिन उनके किसी निर्माता को अमरोही से कभी कोई शिकायत नहीं रही। कारण कि वे अपनी फ़िल्मों को छोड़कर मीना कुमारी की किसी फ़िल्म के सेट पर कभी नहीं जाते थे।

श्यामराव अरगड़े नाम के एक चार्टर्ड अकाउंटेंट मीना कुमारी का इनकम टैक्स रिटर्न फ़ाइल करते थे और वही महल पिक्चर्स के आय-व्यय का भी हिसाब देखते थे। उनका कहना था कि मीना कुमारी को दूसरे बैनरों की फ़िल्मों से मिला पारिश्रमिक भी महल पिक्चर्स प्रा.लि. के खाते में जमा होता था और उन्हें माहवार एक निश्चित रक़म जेब ख़र्च के लिए मिलती थी। उनकी गाड़ी का पेट्रोल, उनके ड्राइवर और दूसरे कर्मचारियों की तनख़्वाह महल पिक्चर्स प्रा.लि. देता था। उनका कॉस्मेटिक्स ख़र्च बहुत ज़्यादा था। बहुतों का कहना है कि मीना कुमारी को बाहर के निर्माताओं से जो ब्लैकमनी मिलती थी, अमरोही उसे ले लेते थे, जबकि कुछ लोगों का कहना है कि मीना कुमारी को ब्लैकमनी के रूप में, जो नक़द मिलता था, उसे वे अपने पास ही रखती थीं।

मीना कुमारी से कोई मिलने आता, तो अमरोही उन्हें अकेला छोड़ देते थे और उनके पास नहीं बैठते थे। श्याम राव अरगड़े पुराने दिनों की याद करते हुए कहते थे, "एक बार मैं मीना कुमारी से मिलने गया, तो उन्होंने मुझसे कहा, "अब मैं फ़िल्मों से ऊब गई हूँ और फ़िल्में छोड़कर गृहिणी की तरह रहना चाहती हूँ'।"

जाख़ी नाम के एक व्यक्ति ने 1961 से 1967 तक कमाल स्टूडियो के इंचार्ज के रूप में और उसके बाद प्रोडक्शन मैनेजर के रूप में काम किया। उन्होंने अपने संस्मरण सुनाते हुए कहा कि *गहरा दाग़, भाभी की चूड़ियाँ, आरती?* वगैरह फ़िल्मों की शूटिंग कमाल स्टूडियो में ही हुई थी। वह बताते हैं कि दूसरे बैनरों के निर्माता जब भी मीना कुमारी को साइन करते, तब उनके क़रारनामे में कमाल स्टूडियो में फ़िल्म की शूटिंग की शर्त शामिल रहती थी, लेकिन इस शर्त से अमरोही को कोई फ़ायदा नहीं हुआ। उस ज़माने का नियम था कि जब कोई निर्माता किसी स्टूडियो को किराए पर लेता था, तो स्टूडियो को उसके लिए सेट बनवा कर देना होता था। मीना कुमारी की किसी फ़िल्म की एक दिन की भी शूटिंग होती, तो अमरोही को दूसरी फ़िल्मों की दस-बारह दिनों की शूटिंग रद्द करनी पड़ती थी।

जाख़ी के मुताबिक़ कोई भी इंसान अमरोही से काफ़ी कुछ सीख सकता था। दूसरों के साथ आदर और अदब से बातें करना, उनकी सबसे बड़ी विशेषता थी। उनके मुँह से किसी के लिए भी अपशब्द नहीं निकलता था। वे नौकर-चाकरों तक को आप कह कर संबोधित करते थे। जाख़ी कहते हैं, "मैं बरसों से इंडस्ट्री में हूँ।

मैंने घमंड से चूर बहुत-से निर्माताओं को गालियाँ बकते सुना है, लेकिन अमरोही का व्यक्तित्व सबसे अलग था। उन्होंने कभी नौकर और मालिक में फ़र्क़ नहीं समझा। उनकी सबसे बड़ी विशेषता यह थी कि वे हर किसी को उसके नाम से जानते थे।"

महल पिक्चर्स प्रा.लि. का स्टॉफ़ और फ़िल्म जगत के ज़्यादातर लोग मीना कुमारी को दीदी कहते थे, लेकिन जाख़ी उन्हें हमेशा सेठानी कहते रहे। वे कहते हैं कि "मूड अच्छा रहने पर वे अक्सर हँसती रहती थीं, लेकिन मूलतः वे गंभीर प्रकृति की इंसान थीं। लोगों से मिलना-जुलना, हँसना-बोलना उन्हें पसंद नहीं था। शूटिंग के दौरान सेट पर फ़ुर्सत मिलने पर वे प्रायः किताबें पढ़ती रहती थीं। उन दिनों आज की तरह स्टूडियोज में फ़ोन की सुविधा नहीं थी। उन्हें जब भी फ़ोन करना होता तो वे रिसेपशन के बजाय, मेरे कैबिन में आकर फ़ोन करती थीं। उनकी प्राइवेसी भंग न हो, यह सोचकर मैं बाहर जाने लगता था तो वे रोक लेतीं और कहतीं, 'बाहर क्यों जा रहे हो। मैं सेठ को ही फ़ोन कर रही हूँ। मैंने कभी भी उन्हें अमरोही से झगड़ते नहीं देखा। लोग कभी-कभी कहते थे कि आज साहब ग़ुस्से में हैं। लगता है दीदी से झगड़कर आए हैं, लेकिन मैंने कभी स्टूडियो या मेकअप रूम में उन्हें ऊँची आवाज़ में बोलते नहीं सुना। कुछ लोग तो यहाँ तक कहते हैं कि अमरोही मीना कुमारी की फ़िल्मों के सेट पर जाकर वहाँ तमाशा खड़ा कर देते थे, लेकिन इसमें तनिक भर भी सच्चाई नहीं है। कमाल स्टूडियो में मीनाजी की इतनी फ़िल्मों की शूटिंग होती थी, लेकिन अमरोही कभी उनकी किसी फ़िल्म के सेट पर नहीं दिखे।" जाख़ी बताते हैं कि साहब को कपड़े, फ़िल्मों में इस्तेमाल होने वाली कलाकृतियाँ, तरह-तरह के आभूषण, फ़र्नीचर वगैरह जमा करने का बड़ा शौक़ था। वे ज़्यादातर इसी तरह की चीज़ें जुटाने में मशगूल रहते थे।

जाख़ी के ज़ेहन में मीना कुमारी से जुड़ी दो घटनाएँ आज भी ताज़ा हैं। उस ज़माने में उत्तरप्रदेश के मशहूर इत्र-फ़रोश बंबई के स्टूडियोज़ के चक्कर लगाया करते थे। एक बार एक इत्र-फ़रोश मीना जी के पास आया। जाख़ी बताते हैं, "मीनाजी ने उससे इत्र ख़रीदा और मुझे मेकअप रूम में बुलाकर उसके पैसे देने को कहा और हिदायत दी कि यह पैसे तुम अपने नाम से व्यक्तिगत ख़र्च में डाल देना। मीना जी की इस बात पर मुझे हैरत हुई।" उसके बाद एक बार उन्होंने जाख़ी को बुलवा कर उनसे चंदा माँगने आए एक व्यक्ति को दस रुपये दिलाए और उसे भी कंपनी के खाते में जाख़ी के व्यक्तिगत ख़र्च में डालने को कहा। उन्होंने यह बात अमरोही के भतीजे क़मर रज़ा को बता भी दी थी।

इस बाबत, मीना कुमारी की क़मर रज़ा से क्या बात हुई, जाख़ी को इसकी जानकारी नहीं है, लेकिन बतौर जाख़ी क़मर रज़ा ने जाख़ी से कहा, "यह पैसे तुम अपने टैक्सी भाड़े में लगा दो।" जाख़ी कहते हैं, "यह नहीं बता सकता कि मीना जी के पास पैसे थे या नहीं, लेकिन यह सच है कि उन्होंने दो बार मुझसे पैसे दिलाकर

उन पैसों को मेरे निजी ख़र्च में दिखाने को कहा था।" वह बताते हैं कि कमाल अमरोही बड़े ही अनुशासन प्रिय व्यक्ति थे। जाख़ी के अनुसार अमरोही ने महल पिक्चर्स (प्रा.) लिमिटेड की ओर से मीनाजी को एक निश्चित रक़म जेब ख़र्च के लिए देने का जो प्रस्ताव किया था, इत्र और चंदे वाला प्रसंग शायद उसी का नतीजा था।

वह बताते हैं कि मीनाजी के लिए खाना घर से आता था। उनकी बोल-चाल या उनके हाव-भाव से कभी नहीं लगा कि उनके साथ किसी तरह की सख़्ती बरती जाती है। हाँ, इतना ज़रूर था कि वे शाम छह बजे के बाद कभी शूटिंग नहीं करती थीं।

लेखक-निर्देशक मधुसूदन कहते थे कि *पाकीज़ा* के निर्माण के दौरान मीना कुमारी को महल पिक्चर्स (प्रा.) लिमिटेड की ओर से छह सौ रुपये माहवार ऊपरी ख़र्च के लिए मिलते थे, लेकिन शराब पीने की लत के चलते छह सौ रुपये माहवार में उनका ख़र्च चलना मुमकिन नहीं था। लिहाज़ा, वे अपने सहायकों, दोस्तों से उधार माँगने लगी थीं। उन्हीं दिनों की एक घटना है। एक दिन मधुसूदन अमरोही के घर आए। उस वक़्त अमरोही, बाक़र और मीना कुमारी रमी खेल रहे थे। मधुसूदन भी खेल में शामिल हो गए और मीना कुमारी से दस रुपये हार गए। उन्हें लगा कि मीना कुमारी इतनी छोटी-सी रक़म का तक़ाज़ा नहीं करेंगी, लेकिन अगले दिन कमाल स्टूडियो में उन्होंने अपनी आया को भेजकर उनसे दस रुपये मँगवा लिए। मधुसूदन को उनके इस बर्ताव से ठेस तो लगी, लेकिन उन्होंने चुपचाप दस रुपये दे दिए।

अमरोही के बेटों-शानदार और ताजदार, बेटी रुख़सार, बाक़र के बेटे महमूद वगैरह का कहना था कि अमरोही ने मीना कुमारी की कमाई के पैसे कभी अपने लिए ख़र्च नहीं किए। रुख़सार बताती हैं कि अब्बा ने मीना कुमारी के पैसों को कभी हाथ भी नहीं लगाया। घर में छोटी अम्मी की ही पसंद का खाना बनता था। पैसे कमाने वाली छोटी अम्मी अब्बा की ज़्यादतियाँ भला क्यों सहतीं? अपने पैसों से वे अपनी पसंद के हीरे-जवाहरात ख़रीदती थीं। ऐसी चीजें ख़रीदना अब्बा के बूते के बाहर था। उन्हें दो-दो घर जो चलाने थे। छोटी अम्मी अपने पैसों से रिश्तेदारों की मदद करती थीं, लेकिन अब्बा ने कभी उनका हाथ नहीं पकड़ा। वे हर महीने पाँच सौ रुपये घर ख़र्च के लिए अमरोहा भेजते थे और छोटी अम्मी की ज़रूरतों का भी ख़याल रखते थे।

रुख़सार बताती हैं कि 14 फ़रवरी 1957 के दिन अब्बा ने कैप्टन विल्सन नाम के आदमी से दो लाख 75 हज़ार रुपये में कमालिस्तान स्टूडियो ख़रीदा था। बाबा ने विल्सन का कोई काम किया था। इसलिए उसने सस्ते दामों में अपना स्टूडियो उनके हाथों बेच दिया था। इसमें छोटी अम्मी कहीं शामिल नहीं थीं। लोग भले ही कहें कि कमालिस्तान स्टूडियो मीना कुमारी के पैसों से ख़रीदा गया, इसमें कोई दम नहीं है। इस स्टूडियो को उन्होंने *पाकीज़ा* के हिट होने के बाद डेवेलप किया।

अमरोही ने अपने काम के लिए मीना कुमारी के पैसों का कभी इस्तेमाल नहीं किया, इसका एक ज्वलंत उदाहरण पेश करते हुए ताजदार कहते हैं कि एक साल अब्बा को मोहर्रम में अमरोहा जाना था। वे हर साल मोहर्रम में अमरोहा जाकर ग़रीबों को दान देते थे। *पाकीज़ा* के निर्माण के दौरान उनका रोम-रोम क़र्ज़ में डूब गया था। उनके पास लेखन का भी ख़ास काम नहीं था। ऐसे में उन्होंने बाक़र से कहीं से दस हज़ार रुपये उधार लाने को कहा, लेकिन संयोगवश मीना कुमारी ने बाक़र को पैसे देते देख लिया। मीना कुमारी के आ जाने से दोनों चौंक गए। मीना कुमारी की नज़र से यह बात छुपी न रह सकी कि बाक़र ने लिफ़ाफ़े में बंद कोई चीज़ अमरोही की तरफ़ सरकाई है।

दूसरे दिन अमरोही के अमरोहा चले जाने के बाद मीना कुमारी ने बाक़र से पूछा, “बाक़र भाई, कल तुमने चंदन को क्या दिया?”

“कुछ नहीं”

“नहीं, कुछ तो दिया आपने। मैंने अपनी आँखों से देखा। मेरे अचानक आ जाने से आप दोनों चौंक गए थे। बाद में आपने चंदन को एक लिफ़ाफ़ा दिया। क्या था उस लिफ़ाफ़े में?”

अमरोही ने इस बाबत किसी से कुछ न कहने की ताक़ीद की थी। इसलिए बाक़र ने बात को टालने की कोशिश की।

“बाक़र भाई, मैं आपकी बेटी जैसी हूँ। मेरे सिर पर हाथ रखकर बताइए कि सच्चाई क्या है,” मीना कुमारी ने कहा।

बाक़र असमंजस में पड़ गए। उम्र में वे मीना कुमारी के पिता के बराबर थे। मीना कुमारी उन्हें भाई मानती थीं। बहन की झूठी क़सम खाना उन्हें मंज़ूर नहीं था, लिहाज़ा, उन्हें सच्चाई बतानी पड़ी। उन्होंने कहा कि उस लिफ़ाफ़े में रुपये थे।

“कैसे रुपये” “मोहर्रम पर दान के लिए वे पैसे कमाल साहब ने मुझसे ब्याज पर मँगाए थे।”

उनकी बात सुनकर मीना वहाँ से चुपचाप चली गईं। अमरोहा से लौटने के बाद अमरोही को घर का माहौल कुछ तनावपूर्ण लगा। उन्होंने मीना कुमारी से पूछा, “क्या बात है, मंजू!”

“तुम और मैं बँटे हुए हैं?” “क्यों, क्या हुआ?” “तुमने बाक़र भाई से क्या मँगाया था?”

अमरोही चुप रहे।

“क्या मैं हराम के पैसे कमाती हूँ? तुम मुझसे पैसे लेकर नहीं जा सकते थे?” क़र्ज़ लेना था तो मुझसे ले लेते! मेरा अपमान करने की क्या ज़रूरत थी?”

“नहीं मंजू, मैंने तुम्हारा अपमान नहीं किया। निकाह के बाद ही मैंने तुमसे कहा था कि तुम्हारे पैसे सिर्फ़ तुम्हारे हैं।”

अमरोही ने मीना कुमारी को तसल्ली देने की अपनी ओर से पूरी कोशिश की लेकिन वे आहत हुए बिना न रह सकीं।

ऐसे ही एक दूसरा क़िस्सा : नंदलाल-जसवंत लाल के निर्देशन में बन रही रणजीत स्टूडियो की फ़िल्म *अकेली मत जइयो* में मीना कुमारी काम कर रही थीं। उन दिनों स्टूडियो की माली हालत ठीक नहीं थी। फ़िल्म का एक शिड्यूल पूरा होने के बाद रणजीत स्टूडियो के मालिक चंदूलाल शाह का भतीजा मीना कुमारी के मेहनताने के बीस हज़ार रुपये लेकर अमरोही के पास आया। तय रक़म के मुक़ाबले वह रक़म बहुत कम थी। उसने अमरोही को कंपनी की दयनीय आर्थिक स्थिति के बारे में बताया। अमरोही ने उससे कहा, “तुम अभी यह पैसे वापस ले जाओ। मीनाजी को पैसे तब देना, जब कंपनी की हालत ठीक हो जाए।” इससे साबित होता है कि अमरोही पैसों के लालची नहीं थे। वे चाहते तो बड़ी आसानी से शाह के भिजवाए पैसे अपनी जेब में रख लेते।

दोनों के बीच कोई ख़ास झगड़ा भी नहीं होता था, लेकिन गाहे-बग़ाहे कुछ ऐसी घटनाएँ घट जातीं, जो उनके दिलों पर चोट कर जातीं। अलबत्ता, ताजदार के साथ मीना कुमारी के ताल्लुक़ात हमेशा अच्छे रहे। मोहर्रम में एक बार ताजदार भी अमरोही के साथ अमरोहा गया था। उस भेंट में उसने शानदार को कई क़िस्से सुनाए, तो शानदार को भी बंबई आने का दिल करने लगा। अमरोही को भी बच्चों के भविष्य के लिए यही ठीक लगा। इस तरह ताजदार के साथ-साथ शानदार भी बंबई के लिए चल पड़ा। रास्ते भर अमरोही शानदार को मीना कुमारी के बारे में बताते रहे, ताकि वह घर पहुँचकर ख़ुद को अजनबी न महसूस करे। अमरोही बाप-बेटे घर पहुँचे, तो मीना कुमारी आईने के सामने बैठी बाल सँवार रही थीं। शानदार को देखते ही उन्होंने पूछा, “तुम शानदार हो न? चंदन ने तुम्हारे बारे में बताया था। लेकिन तुम यहाँ कैसे आ गए?”

“हाँSSS” शानदार ने अचकचा कर कहा। दरअसल, वह मीना कुमारी के सवालों से घबरा गया था। “अमरोहा में ठीक से पढ़ाई नहीं होती? क्या वहाँ स्कूल नहीं है?”

शानदार को देखते हुए वे सवाल पर सवाल करती गईं।

मीना कुमारी के सवालों से शानदार बौखला गया। उसे लगा कि शायद उसका आना छोटी अम्मी को अच्छा नहीं लगा। इसलिए वे ऐसे पेश आ रही हैं। मीना कुमारी और शानदार के संबंधों में यहीं से गाँठ पड़ गई। शानदार भी ताजदार के साथ बांद्रा के स्कूल में पढ़ने लगा। धीरे-धीरे मीना कुमारी ताजदार के साथ-साथ शानदार के

साथ भी अच्छा सुलूक करने लगीं। समय बीतने के साथ शानदार भी मीना कुमारी के प्रेम के प्रति आश्वस्त होता गया, पर मीना कुमारी थीं मूडी। कभी-कभार स्टूडियो से जल्दी आ जातीं, तो ताजदार और शानदार को आवाज़ देकर बुलातीं, "ताजदार, शानदार चलो कैरम खेलें।"

कभी वे ताजदार, शानदार, बाक़र के बेटे महमूद और अमरोही के साथ मिलकर कैरम से दिल बहलातीं। मिंडी कोट का खेल भी उन्हें बहुत पसंद था। स्टूडियो से वापसी पर उनका मूड उखड़ा होता, तो वे अपने आप में भरी-भरी रहतीं। ऐसे में शानदार उनसे नज़रें चुराता फिरता। मीना कुमारी ने अमरोही के बच्चों के प्रति कभी सौतेला बर्ताव नहीं किया। उन्होंने अपने नौकरों को सख़्त हिदायत दे रखी थीं कि वे शानदार और ताजदार को बादाम-पिस्ते मिलाकर दूध पिलाएँ, लेकिन दिल से वे शानदार के मुक़ाबले ताजदार से ज़्यादा क़रीब थीं।

दोनों बच्चों की पढ़ाई बंबई में अच्छी हो रही थी, पर एक दिन एक ऐसी घटना घटी, जिसने उनके जीवन की दिशा ही बदल दी और उन्हें बंबई से देहरादून के हॉस्टल में पहुँचा दिया। ताजदार को वह वाकया आज भी हू-ब-हू याद है। उस समय शानदार यही कोई ग्यारह-बारह साल का था। अनजाने में उससे बड़ी चूक हो गई। हुआ यह कि वह स्कूल से घर लौटा, तो उसने बड़े उत्साह से अपनी छोटी अम्मी से कहा, "अम्मी, आज स्कूल में मुझसे एक लड़के ने पूछा कि तुम मीना कुमारी के लड़के हो?" शानदार की यह बात सुनकर मीना कुमारी के चेहरे पर खुशी की लहर दौड़ गई। उन्होंने पूछा, "तो तुमने क्या कहा?" शानदार ने गर्व से कहा, "नहीं, मैंने कहा, मैं तो कमाल अमरोही का बेटा हूँ।" शानदार का जवाब मीना कुमारी के दिल में तीर की तरह लगा। उन्होंने नज़र उठाकर अमरोही की ओर देखा। अमरोही उनकी उन नज़रों का सामना न कर सके। इस घटना से उन्होंने अनुमान लगा लिया कि अभी तो यह शुरुआत है। भविष्य में ऐसे कई सवाल उठेंगे, जो उनके वैवाहिक संबंधों में ज़हर घोल देंगे। इसलिए जल्द ही उन्होंने दोनों बेटों को देहरादून के हॉस्टल में भेज दिया।

इस दौरान अले ज़ेहरा अपनी बेटी रुख़सार के साथ अमरोहा में ही रह रही थीं। मोहर्रम के दिनों में जब अमरोही गाँव आते थे, तब भी रुख़सार को पता नहीं चलता था कि यही उसके अब्बा हैं। पहली बार जब रुख़सार ने अमरोही को देखा तो अले ज़ेहरा ने धीरे से उनके काने में कहा, "ये तुम्हारे अब्बा हैं। इनके पास जाओ।" चमकदार सफ़ेद कपड़े पहने लंबे-तगड़े अमरोही को देखकर उनके पास जाने की उसकी हिम्मत ही नहीं पड़ी। बाद में अमरोही ने उसे बुलाकर अपने पास बैठाया और उससे बातें करने लगे। नन्ही रुख़सार अमरोही की बातों से इस क़दर प्रभावित हुई कि जब वे बंबई आने लगे तो वह उनके साथ जाने के लिए मचलने

लगी। उसे इस बात पर आश्चर्य होता कि दूसरे बच्चों की तरह अब्बू उसके साथ क्यों नहीं रहते। अमरोही के लिए यह कठिन वक़्त था। वे न तो अले ज़ेहरा को अपने साथ बंबई ला सकते थे और न खुद अमरोहा में रह सकते थे। पिता के साथ न होने से रुख़सार के मन में असुरक्षा का भाव पनपने लगा था।

वह सात साल की थी, तभी अमरोहा में किसी के घर डाका पड़ गया। उसे यह डर सताने लगा कि किसी मर्द के न होने के कारण हम लोगों के घर भी डाका पड़ सकता है। यह सोच कर रुख़सार कई दिन तक छत पर अपने अब्बू के पुराने कुर्ता-पायजामे सुखाती रही कि डाकुओं को लगे कि इस घर में कोई मर्द रहता है।

खैर, इसी बीच अले ज़ेहरा के पिता जमाल हसन को कैंसर हो गया। इलाज के लिए उन्हें बंबई के टाटा अस्पताल में लाया गया। वे अमरोही के यहाँ ही ठहरे। उन्हें इस बात का मलाल रहता था कि अमरोही ने उसकी बेटी की ज़िंदगी में सौत बैठा दी, लेकिन उनकी बीमारी के दिनों में मीना कुमारी ने उनकी इतनी सेवा की कि घर लौटने पर उन्होंने अले ज़ेहरा से कहा, “तू दिल बुरा मत कर, तेरे ऊपर जो आई है, वह सौत नहीं, तेरी बहन है।”

मीना कुमारी से शादी करने के बाद भी अमरोही अले ज़ेहरा का बराबर ख़याल रखते आए थे। साल में कम से कम एक बार या कोई काम निकल आने पर बीच-बीच में भी वे अमरोहा जाते रहते थे। इसके अलावा वे एक निश्चित रक़म नियमित रूप से उन्हें भेजते थे। अमरोही ने ताउम्र कभी अले ज़ेहरा का अपमान नहीं किया। जिस व्यक्ति ने बच्चों पर कभी हाथ नहीं उठाया, वह अपनी बीबी के प्रति कैसे अनुदार रहा होगा? यही कारण है कि अमरोही के प्रति अले ज़ेहरा का प्यार और आदर हमेशा बना रहा। यही वजह थी कि मीना कुमारी अपने पति की चहेती पत्नी है, यह जानने के बाद उन्होंने मीना कुमारी को सौत के

अले ज़ेहरा और कमाल अमरोही

रूप में स्वीकार किया। मीना कुमारी को अपनी सौत के रूप में उनके स्वीकार करने का कारण भी यही था। उन्होंने कभी भी अपने पति से यह सवाल नहीं किया कि

तुमने मुझसे पूछे बिना दूसरा निकाह क्यों कर लिया? उन्होंने अपने बच्चों को भी अब्बू का आदर करने की सीख दी। मीना कुमारी ने भी जमाल हसन की सेवा करके अले ज़ेहरा का दिल जीत लिया।

पर जब भी अले ज़ेहरा का मन खिन्न होता, तो वे रुख़सार को लेकर दस मिनट की दूरी पर स्थित अपने मायके चली जातीं और दो-चार दिन वहाँ रह कर वापस लौट आती थीं।

लेकिन पति से दूर उदास अले ज़ेहरा के लिए ज़िंदगी बड़ी दुश्वार हो गई थी। एक बार उनको रोता देख रुख़सार ने उनसे कहा, "अब्बा तुम्हें भूल गए हैं, तो तुम भी उन्हें क्यों नहीं भुला देती?" जवाब में रुख़सार के गाल पर तमाचा मारते हुए उन्होंने कहा, "जैसे भी हों, वे तुम्हारे अब्बा हैं। मैं तुम्हें अपने मायके से लेकर नहीं आई। तुम्हारा वजूद उनसे है। तुम्हें उनकी बुराई करने का हक़ नहीं है।"

1963 की बात है। एक दिन अले ज़ेहरा ने *शमा* के एक अंक में मीना कुमारी के ऑपरेशन की ख़बर पढ़ी। उस ख़बर को पढ़ने के बाद वे रुख़सार के साथ बंबई रवाना हो गईं। उन्हें अचानक सामने पाकर अमरोही सकते में आ गए। उन्हें लगा कि इस साल मोहर्रम में अमरोहा न जा सका, इसलिए अले ज़ेहरा यहाँ आ पहुँची हैं। "*पाकीज़ा* की शूटिंग चल रही थी, लेकिन मैं जल्द ही अमरोहा आने वाला था", अमरोही ने कहा।

"मैं आपसे मिलने नहीं, मीना को देखने आई हूँ। *शमा* में मैंने उसके ऑपरेशन की ख़बर पढ़ी।" अपनी सरल और भोले स्वभाव की बीबी का बड़प्पन देखकर अमरोही अभिभूत हो उठे। उन्होंने मीना कुमारी से अले ज़ेहरा का परिचय कराया। दोनों आपस में गले मिलीं। अले ज़ेहरा ने मीना कुमारी के सिर से नज़र उतारते हुए कहा कि "यह रुपये नौकरों में बाँट दो।"

"यह नौकर आपके हैं, आप ही बाँटिए।" मीना कुमारी ने अपनी सौत के निश्छल व्यवहार को देखकर भावुक स्वर में कहा।

"नहीं, नहीं। अब यह नौकर तुम्हारे हैं। अमरोही के साथ इस घर में तुम रहती हो। तुम्हीं यह पैसे बाँटो। जिसे पिया चाहे, वही असली दुल्हन होती है। तुम ही इनकी लाड़ली बीबी हो।" कहते हुए अले ज़ेहरा ने जबरन पैसे मीना कुमारी की मुट्ठी में उड़ेल दिए। अले ज़ेहरा अमरोहा से अपने साथ मीना कुमारी के लिए शरारा सिलकर ले आई थीं। उसे देखकर मीना कुमारी खुशी से झूम उठीं। इतना ही नहीं, मीना कुमारी ने अले ज़ेहरा की कलाई के कंगनों की तारीफ़ की, तो उन्होंने अपने कंगन उतार कर उन्हें पहना दिए। दोनों आपस में सगी बहनों की तरह पेश आ रही थीं। मीना कुमारी हमेशा अले ज़ेहरा के सम्मान का ख़याल रखतीं। अले ज़ेहरा के सरल-स्नेहिल बर्ताव को देखकर मीना कुमारी का मन कचोटने लगा कि उनकी

वजह से इस नेक औरत को दुख पहुँचा है। उसे अपने पति से दूर रहना पड़ रहा है। इसके बावजूद उनके प्रति अले ज़ेहरा के मन में कोई द्वेष नहीं है। उनकी बीमारी की ख़बर पाकर इतनी दूर से उनको देखने चली आई। उनके लिए शरारा ले आई, बिना माँगे अपनी कलाई के कंगन उतारकर उन्हें पहना दिए। ये तमाम बातें सोच कर मीना कुमारी खुद को अपराधी महसूस कर रही थीं।

अले ज़ेहरा दो-तीन दिन मीना कुमारी के साथ रहीं। अमरोही को यह सब अजीब लग रहा था। इसलिए उन्होंने अपनी पत्नी से पूछा, "अमरोहा वापस जाना है न! चलो मैं तुम्हें छोड़ आता हूँ।" पति की दुविधा को ताड़कर अले ज़ेहरा चुपचाप अमरोहा जाने को राज़ी हो गईं, लेकिन छोटी रुख़सार बंबई में ही रहने की ज़िद करने लगी। अंत में अमरोही ने कहा, "मुझे थोड़ा वक़्त दो। अगले साल जब अमरोहा आऊँगा, तो तुम्हें ज़रूर ले आऊँगा।"

अले ज़ेहरा के चले जाने के बाद भी उनकी छाया मीना कुमारी के घर और उनके मन में क़ब्ज़ा जमाए रही। उनका अपराध बोध, उन्हें चैन से जीने नहीं दे रहा था। इस असहज स्थिति से उबरने में उन्हें काफ़ी वक़्त लग गया।

11

*पा*कीज़ा के निर्माण के दौरान की घटना है। एक दिन अमरोही की मुलाक़ात प्रसिद्ध अभिनेता-निर्देशक किशोर साहू से हुई। उन्होंने अमरोही को एक कहानी सुनाई। कहानी उन्हें बहुत अच्छी लगी और उन्होंने फ़िल्म बनाने का फ़ैसला कर लिया। फ़िल्म का नाम रखा गया *दिल अपना और प्रीत पराई*। कहानी किशोर साहू की थी और वे अच्छे निर्देशक भी थे। इसलिए स्वाभाविक था कि वे अमरोही को कहानी देकर किनारा करने वाले नहीं थे। अमरोही ख़ुद *पाकीज़ा* में व्स्त थे। इसलिए फ़िल्म बनाने की ज़िम्मेदारी उन्होंने बिना किसी तकरार के किशोर साहू को सौंप दी।

अमरोही ने कहानी को तराशने में मदद अवश्य की, लेकिन वे हर समय सेट पर मौजूद नहीं रह सकते थे। इसलिए उन्होंने कथानक पर नज़र रखने का काम मधुसूदन को सौंप दिया। हीरोइन घर की ही थी, वह भी चोटी की हीरोइन। फ़िल्म में मीना कुमारी का होना अपने आप में वितरण की पूरी गांरटी थी। उनके नायक के रूप में राजकुमार को साइन किया गया। खलनायिका की भूमिका नादिरा को सौंपी गई। अमरोही ने शंकर-जयकिशन के साथ बैठकर इस फ़िल्म के गीतों की धुनें तैयार कराई।

फ़िल्म की शूटिंग शुरू हो गई। अमरोही हालाँकि किशोर साहू के काम में ज़्यादा दख़ल नहीं देते थे, लेकिन क्लाइमैक्स की शूटिंग को लेकर दोनों के बीच मतभेद हो गया। किशोर साहू फ़िल्म के अंत में राजकुमार-मीना कुमारी का ब्याह दिखाना चाहते थे, जबकि अमरोही चाहते थे कि नादिरा पानी में डूब कर मर जाएँ और राजकुमार मीना कुमारी को बचा लें और यहीं फ़िल्म ख़त्म हो जाए। उनका तर्क था कि दर्शक इतने समझदार होते हैं कि वे आगे के कथाक्रम का अनुमान ख़ुद लगा सकते हैं। बहरहाल, काफ़ी तर्क-वितर्क के बाद हुआ वही, जो अमरोही चाहते थे।

अमरोही के छोटे बेटे ताजदार कहते हैं कि बाद में फ़िल्म के कुछ दृश्यों की शूटिंग दोबारा की गई। वे बताते हैं कि उन दिनों किशोर साहू की ग्रहदशा ख़राब चल रही थी। काफ़ी कोशिशों के बाद उन्हें यह फ़िल्म मिली थी। इसलिए उन्होंने ज़्यादा वाद-विवाद करने की जगह चुप रहने में ही भलाई समझी।

92

'दिल अपना प्रीत पराई' में मीना कुमारी और राजकुमार

यह फ़िल्म हालाँकि बनी थी महल पिक्चर्स (प्रा.) लि. के ही बैनर तले, लेकिन अमरोही ने बतौर निर्माता बाक़र का नाम दिया। अमरोही की फ़िल्म *महल* में उनके साथ काम करने वाले सहयोगी यूसुफ़ नक़वी कहते थे कि मधुसूदन ने अमरोही से कहा था कि फ़िल्म ठीक नहीं बनी है, इसलिए निर्माता के रूप में आप अपना नाम न दें। एक दिन ट्रायल देखकर अमरोही मीना कुमारी और नक़वी के साथ गाड़ी में बैठकर घर लौट रहे थे। अमरोही ने मीना कुमारी से कहा, "मंजू, यह फ़िल्म नहीं चलेगी।" उनकी इस टिप्पणी पर दोनों ने कोई प्रतिक्रिया नहीं ज़ाहिर की।

"यूसुफ़, तुम चुप क्यों हो? फ़िल्म के बारे में तुम्हारी क्या राय है?" अमरोही ने सवाल किया।

"मैं क्या कहूँ?"

"क्यों, तुम्हें फ़िल्म जैसी लगी? वही कहो।"

"साहब, सच कहूँ! यह फ़िल्म सिल्वर जुबली मनाएगी।"

यूसुफ़ की इस टिप्पणी से अमरोही चौंक गए। यूसुफ़ ने मीना कुमारी की प्रतिक्रिया जानने के लिए उनकी ओर देखा, तो उन्होंने मुस्कराते हुए कहा, "यूसुफ़ ठीक कह रहे हैं।"

बात वहीं ख़त्म हो गई। फ़िल्म रिलीज़ हो गई। उसके शुरुआती दो दिनों की अच्छी प्रतिक्रिया देखकर अमरोही ने तमाम बैनरों से बाक़र का नाम हटाकर निर्माता और पटकथा लेखक के रूप में अपना नाम देने का निर्देश दे दिया।

बक़ौल नक़वी, फ़िल्म की पटकथा तो मुख्यतः किशोर साहू ने ही लिखी थी। अमरोही का भी उसमें सहयोग था, यह बात भी नक़वी क़बूल करते थे। फ़िल्म के प्रदर्शन पर किशोर साहू ने पटकथा लेखक के रूप में किसी और का नाम देने से साफ़ इंकार कर दिया। उन्होंने अमरोही को यहाँ तक धमकी दी कि अगर पटकथा लेखक के रूप में किसी दूसरे का नाम दिया गया, तो मुक़दमा कर दूँगा। किशोर साहू के साथ इस फ़िल्म के लिए जो क़रार हुआ था, उसमें एक शर्त यही थी कि पटकथा लेखक के रूप में उनके और अमरोही के सिवाय किसी अन्य का नाम नहीं दिया जाएगा। अमरोही मधुसूदन का नाम सुपरवाइज़र के रूप में देना चाहते थे, लेकिन ग़लती से आर्ट डायरेक्टर के रूप में उनका नाम छप गया।

खैर, बाद में *दिल अपना और प्रीत पराई* ने अपना रंग दिखाया और सचमुच फ़िल्म हिट हो गई।

12

रंगीन *पाकीज़ा* की तैयारियाँ ज़ोरों पर थीं। अमरोही रंग संयोजन के अच्छे जानकार थे। इसलिए वे छोटी से छोटी चीज़ पर ख़ुद ही नज़र रख रहे थे। कला निर्देशक रखने के बावजूद अमरोही सेट का स्केच ख़ुद तैयार करते। उसी के अनुसार सेट लगवाते। वे हर दिन गोरेगाँव स्थित फ़िल्मिस्तान स्टूडियो में बन रहे सेट पर जाते थे। मीना बाज़ार का सेट तैयार होने में तक़रीबन साल-सवा साल लग गए।

आमतौर पर सेटों की दीवारें प्लाईवुड से तैयार की जाती हैं, लेकिन *पाकीज़ा* के सेट की बात निराली थी। पहले प्लाईवुड पर कपड़ा चढ़ाया जाता और फिर उस पर काग़ज़ लगाया जाता और अंत में रंग लगाया जाता था। सेट का मुआयना करते समय अमरोही को अगर किसी दीवार या किसी फ़र्नीचर की कोई कील तिरछी लगी नज़र आती, तो वे कारीगर से उसे ठीक करने को कहते, "उस कील को ठीक कर दो, वह मेरी आँखों में चुभ रही है।"

अमरोही जुनूनी क़िस्म के परफ़ेक्शनिस्ट थे। वे हर चीज़ को साफ़-सुथरी और व्यवस्थित देखना चाहते थे।

सवा साल बाद जब मीना बाज़ार का सेट तैयार हो गया, तो एक दिन अमरोही ग़ुलाम मोहम्मद को लेकर फ़िल्मिस्तान स्टूडियो पहुँचे। मीना बाज़ार का वह सेट सचमुच दिल्ली के मीना बाज़ार को मात दे रहा था। मीना बाज़ार की ही तरह सेट पर पान, तंदूर और इत्रवालों के सचमुच खोमचे बनाए गए थे। पुरानी दिल्ली की तर्ज़ पर ईंट की सड़क तैयार की गई थी। ग़ुलाम मोहम्मद के सेट का जायज़ा लेने के बाद अमरोही ने 'लाइट्स ऑन' कहकर शूटिंग शुरू की। विभिन्न कोठों पर रंग-बिरंगे कपड़े पहने, सजी-धजी लड़कियाँ नृत्य करने लगीं। कोई बैठी मुजरा कर रही थीं, तो कोई खड़े होकर नाच रही थीं। कोई अलाप ले रही थी, तो कहीं कई लड़कियाँ फ़िल्मी धुनों पर नृत्य कर रही थीं। ग़ुलाम मोहम्मद को लगा कि दिल्ली का मीना बाज़ार ही उठकर बंबई आ गया है।

एक झलक पाने के लिए वह दृश्य फ़िल्माया गया। उसके बाद अमरोही ग़ुलाम मोहम्मद और दूसरे मेहमानों को लेकर पान के खोमचे पर पहुँचे। "आप कौन-सा

पान खाएँगे!” हर व्यक्ति से उसकी पसंद पूछकर बनारसी, सादा, कलकत्ता, मसाला, नवरत्न, क़िवाम वगैरह तरह-तरह के पान लगाने का ऑर्डर दिया। सबने पान खा तो लिए। अब पीक थूकने की परेशानी थी। किसी मेहमान ने पीक थूकने के लिए बाहर जाने की इजाज़त माँगी, तो अमरोही ने उसे रोक दिया। “रुकिए पीक थूकने के लिए सेट से बाहर जाने की क्या ज़रूरत है? पान की दुकान के पास अगर पीक के निशान न हों, तो वह पान की दुकान ही काहे की?” भले ही यह सेट है, लेकिन देखने वालों को तो असली ही लगना चाहिए। यह कहते हुए अमरोही ने पान की दुकान के पास ही थूक दिया। उनके बाद सबने वही किया।

पाकीज़ा के अभी कुछ ही रंगीन दृश्यों की शूटिंग हुई थी कि 1959 में गुरुदत्त की *काग़ज़ के फूल* रिलीज़ हो गई, जो थी तो ब्लैक-एंड-व्हाइट, लेकिन सिनेमास्कोप में बनी थी। उसकी देखा-देखी अमरोही के मन में सिनेमास्कोप में फ़िल्म बनाने का बात आई। वे *पाकीज़ा* का वितरण विदेशों में भी करना चाहते थे। उन्हें यह बात बख़ूबी मालूम थी कि विदेशी फ़िल्में तकनीक के लिहाज़ से भारतीय फ़िल्मों से बहुत आगे हैं। इसलिए वे *पाकीज़ा* में किसी तरह की तकनीकी ख़ामी नहीं आने देना चाहते थे, लेकिन उसे सिनेमास्कोप में बनाने का मतलब था नए सिरे से सारी शूटिंग करना।

पाकीज़ा शुरू हुई, तो ब्लैक-एंड-व्हाइट फ़िल्म थी, फिर उसे रंगीन फ़िल्म बनाने का फ़ैसला लिया गया और अब उसे सिनेमास्कोप में बनाने की बात चल रही थी। इन तमाम तब्दीलियों की सलाह देने के पीछे मीना कुमारी की एक मात्र मंशा यह थी कि अमरोही का सारा पैसा धीरे-धीरे ख़त्म हो जाए। मधुसूदन यही कहते थे, लेकिन सच्चाई या तो मीना कुमारी जानती होंगी या ऊपर वाला।

उन दिनों भारत के ज़्यादातर सिनेमाघरों में सिनेमास्कोप में बनी फ़िल्मों के प्रदर्शन की सुविधा उपलब्ध नहीं थी। इसलिए अमरोही ने फ़ैसला किया कि देशभर के पाँच सौ सिनेमाघरों को महल पिक्चर्स (प्रा.) लि. की ओर से प्रोजेक्शन के लिए आवश्यक मैगनीफ़िसेंट लैंस दिए जाएँगे। उस समय उन्होंने सोचा भी नहीं होगा कि उनका यह ड्रीम प्रोजेक्ट लंबे समय के लिए बंद हो जाएगा।

खैर, अब सिनेमास्कोप तकनीक में फिर से फ़िल्म की शूटिंग शुरू हो गई। मीना बाज़ारों में होता यह था कि अलग-अलग कोठों पर तवायफ़ें नृत्य करती थीं और समाज के विभिन्न तबक़ों के मर्द उनके यहाँ हाज़िरी बजाते थे। मीना बाज़ार के सेट पर एक तरफ़ मीना कुमारी का नृत्य शूट करना था, तो दूसरी तरफ़ विभिन्न कोठे वालियों के कोठों का दृश्य फ़िल्माया जाना था। सारी तैयारियाँ पूरी करके अमरोही ने मीना बाज़ार का दृश्य फ़िल्माया, लेकिन उनके रशेज देखने के बाद उन्हें लगा कि मीना कुमारी को छोड़कर बाकी नर्तकियाँ फ़ोकस में नहीं हैं। इस दृश्य को नए सिरे से फ़िल्माया गया, लेकिन नतीजा फिर वही ढाक के तीन पात!

मीना बाज़ार के सेट पर कमाल अमरोही

उन दिनों फ़िल्म निर्माण की तकनीक आज जितनी विकसित नहीं थी। अमरोही जितना परफ़ेक्शन लाना चाहते थे, उन दिनों वह संभव नहीं था, पर उन्होंने हार नहीं मानी और कैमरामैन जोसेफ़ विस्किंग को फ़ोकस तकनीक सीखने के लिए कैमरे के साथ जर्मनी भेज दिया। इस बीच, तीन-चार महीने गुज़र गए। जोसेफ़ के जर्मनी से नई तकनीक सीखकर लौटने के बाद वह दृश्य शूट किया गया। अमरोही ने फ़िल्मिस्तान स्टूडियो के साथ तीन साल का अनुबंध किया था। अनुबंध के समय ही उन्होंने शर्त रखी थी कि वे शूटिंग करें या न करें, स्टूडियो मालिक को सेट का किराया मिलता रहेगा, लेकिन उस सेट पर किसी दूसरी फ़िल्म की शूटिंग नहीं होगी।

गुलाबी महल के सेट पर *चलते-चलते* वाले गाने की शूटिंग चल रही थी। नृत्य निर्देशक थे गौरीशंकर। मीना कुमारी को जहाँ नृत्य करना था, उसके पीछे फ़व्वारे बनाए गए थे। उसकी सेटिंग इस तरह की गई थी कि संगीत की धुन पर उसकी बौछारों को कम-ज़्यादा होना था, लेकिन शूटिंग के दौरान हुआ यह कि कभी संगीत शुरू होते ही फ़व्वारे बंद हो जाते, तो कभी कैमरा चालू होने के पहले ही चलने लगते।

इस आपाधापी को देखकर लोगों ने अमरोही को फ़व्वारे हटाने की सलाह दी, पर अमरोही माने नहीं। दस-बारह दिनों की मशक़्क़त के बाद दोनों का तालमेल बैठा और गीत की शूटिंग शुरू हुई।

अमरोही शुरू से ही सेट पर बैठकर स्क्रिप्ट लिखते थे। वे लाइटिंग और सेट बनाने वाले कारीगरों से कहते, "तुम लोग अपना काम करो। मैं अपना काम कर रहा हूँ।" वे जल्दबाज़ी में कोई काम नहीं करते थे। *पाकीज़ा* का एक संवाद बहुत लोकप्रिय हुआ, "आपके पाँव बहुत सुंदर हैं, इन्हें ज़मीन पर मत रखिए, मैले हो जाएँगे।" हालाँकि यह संवाद उन्होंने मीना कुमारी के लिए लिखा था, लेकिन उन्हें यह संवाद चंदेरी नाम की एक मुजरे वाली के पैरों को देखकर सूझा था। नाचते समय चंदेरी के पाँव बिजली की गति से थिरकते थे।

धीमी रफ़्तार से ही सही, लेकिन *पाकीज़ा* की शूटिंग हो रही थी, पर कुछ कलाकारों की वजह से परेशानी हो ही जाती थी। उनमें से एक थी सोहराब मोदी की बीबी महताब।

सोहराब मोदी ने अमरोही को पहली बार काम दिया था, इसलिए वे उनकी काफ़ी इज़्ज़त करते थे। उनकी पत्नी महताब को अमरोही ने *पाकीज़ा* की एक भूमिका के लिए साइन किया था। फ़िल्म जगत में सोहराब मोदी का काफ़ी सम्मान था। इसलिए लोग उनकी बीबी को मान देते थे। अमरोही को पहनावों और रंगों का अच्छा ज्ञान था। वे अपनी फ़िल्मों के कलाकारों के कपड़ों, अभिनेत्रियों की चूड़ियों, बालों में बाँधने के रंगीन धागों तक पर विशेष ध्यान देते थे। *पाकीज़ा* के ज़्यादातर कलाकारों के कपड़ों–गहनों और चप्पलों तक का चयन उनका होता था।

महताब का एक सीन शाम को देर से फ़िल्माया जाना था। उसमें उनके साथ कुछ जूनियर कलाकार भी थे। अमरोही ने महताब से बाक़ी के कलाकारों के पहनावे से मेल खाती हरे रंग की ओढ़नी ओढ़ने को कहा था। उन्होंने वार्डरोब सँभालने वाले क़ादिर से हरे रंग की ओढ़नी महताब के मेकअप रूम में भिजवाई, पर वह ओढ़नी महताब को पसंद नहीं आई। उन्होंने कहा, "यह ओढ़नी ठीक नहीं है। मेरे लिए दूसरी ओढ़नी ले आइए।"

क़ादिर ने कहा, "लेकिन कमाल साहब ने आपके लिए यही ओढ़नी भेजी है।"

"मुझे यह रंग पसंद नहीं है। मेरे पास दूसरे रंग की ओढ़नी है। शॉट के समय मैं उसे ही ओढ़ लूँगी।"

उनका जवाब सुनकर क़ादिर ने कुछ भी नहीं कहा। वे चुपचाप वहाँ से चले आए।

शूटिंग की तैयारी पूरी हो जाने के बाद महताब को सेट पर बुलाया गया। वे नीले रंग की ओढ़नी ओढ़कर सेट पर आईं। अमरोही की पैनी नज़र से यह बात छिपी न रह सकी। उन्होंने महताब से कहा, "इस दृश्य में आपको हरे रंग की ओढ़नी लेनी है।"

"हाँ, पर वह अच्छी नहीं लगती," महताब ने कहा।

"लेकिन मैंने जो रंग संगीत तैयार किया है, उसके मुताबिक़ हरे रंग की ओढ़नी ही आप पर मैच करेगी और दूसरी लड़कियों के कपड़ों के साथ कंट्रास्ट पैदा करेगी।"

अमरोही के तर्क देने पर उन्होंने हरे रंग की ओढ़नी ले ली, लेकिन जैसे ही कैमरा ऑन हुआ, वे ओढ़नी ठीक करने लगीं। "कट॰॰॰" कहकर अमरोही ने फिर से शॉट लेने को कहा। दूसरी बार भी वही हुआ। इस तरह तीसरे-चौथे रीटेक के बाद महताब अपना संवाद ही भूल गईं।

शूटिंग के वक़्त पाँच किलोवॉट की बड़ी लाइट इस्तेमाल की जाती है। इसे पंजालाइट कहा जाता है। इस लाइट को कलाकारों से कम से कम चार फुट की दूरी पर रखकर शूटिंग की जाती है। ऐसा इसलिए इसकी रोशनी इतनी तेज़ होती है कि आदमी को पसीना आने लगता है। महताब पर दृश्य फ़िल्माते समय एक लाइट एक ऊँची जगह पर लगाई गई थी। यह देखकर कि वे जानबूझ कर रीटेक पर रीटेक दे रही हैं, अमरोही को गुस्सा आ गया। उन्होंने सहायक कैमरामैन शाने हसन को पंजालाइट कैमरे के पास लगाने का हुक्म दिया। उसके बाद फिर से शूटिंग शुरू हुई। पंजालाइट की वजह से महताब का चेहरा गर्मी से लाल हो आया। उन्हें पसीना आने लगा।

लेकिन फिर भी अपनी ज़िद पर अड़ी महताब रीटेक पर रीटेक देती रहीं। दो-तीन घंटे बीत गए, लेकिन शॉट ओके नहीं हुआ।

"अपने पास कितनी मैगज़ीनें हैं?" अमरोही ने फ़िल्म (मैगज़ीन) के रॉ स्टॉक के बारे में पूछा।

"रात दो बजे तक शूटिंग कर सकते हैं हम।" कैमरामैन ने जवाब दिया। रात के एक बज गए, लेकिन शिफ़्ट के ख़त्म होने के आसार नहीं दिख रहे थे।

"सर, घंटेभर में रॉ स्टॉक ख़त्म हो जाएगा।", यूनिट के एक व्यक्ति ने अमरोही से कहा।

"ठीक है। सेट के दरवाज़े बंद कर दो। जब तक शॉट ओके नहीं हो जाता, कोई भी सेट छोड़कर नहीं जाएगा। रॉ स्टॉक ख़त्म हो जाए, तब भी नहीं। सवेरे सात बजे कोई जाकर स्टॉक लाएगा। उसके बाद फिर शूटिंग शुरू होगी।" अमरोही ने गुस्से से भरकर कहा।

महताब ताड़ गईं कि अमरोही अपनी बात को लेकर संजीदा हैं। लिहाज़ा, ज़िद छोड़कर उन्होंने एक-दो और रीटेकों के बाद अमरोही के मन मुताबिक़ शॉट दे दिया। शॉट ओके होने के बाद यूनिट के लोगों ने राहत की साँस ली। पैकअप हो गया। सभी जाने की तैयारी करने लगे। थोड़ी देर बाद महताब भी मेकअप उतार कर घर जाने के लिए निकलीं।

"कल मैं नहीं आऊँगी। आज ही इतनी देर हो गई।" महताब ने कहा।

"कल ही नहीं, अब कभी भी *पाकीज़ा* के सेट पर आपको आने की ज़रूरत नहीं है। मैंने आपको इस फ़िल्म से अलग कर दिया है।"

अमरोही की बात सुनकर महताब ही नहीं, यूनिट के सभी लोग अवाक रह गए। महताब चुपचाप वहाँ से चली गई! अगले दिन सोहराब मोदी ने फ़ोन करके अपना विरोध जताया, लेकिन अमरोही अपनी बात पर क़ायम रहे।

आधी रात तक शूटिंग जारी रखकर, रॉ स्टॉक बर्बाद करके और शॉट ओके होने तक महताब को शूटिंग करने पर मजबूर करके अमरोही ने जता दिया कि वे भी अपने क़िस्म के ज़िद्दी हैं। स्वाभिमान के आगे उन्होंने अपने नुक़सान को कोई तरजीह नहीं दी। बाद में महताब की जगह नादिरा को लिया गया।

इससे पहले नादिरा ने *दिल अपना और प्रीति पराई* में राजकुमार की पत्नी की भूमिका की थी। नादिरा मीना कुमारी की सहेली थीं और उनके पति गीतकार नख़शब अमरोही के मित्र थे।

महताब को *पाकीज़ा* से अलग करने के बाद मीना कुमारी के ही आग्रह पर नादिरा को लिया गया। अमरोही नादिरा को अच्छी अभिनेत्री मानते थे, लेकिन व्यक्ति के रूप में उनकी इज़्ज़त नहीं करते थे। इसकी वजह यह थी कि नादिरा अपनी ख़ूबसूरती पर गुरूर करती थीं। वे चाहती थीं कि उनके सेट पर पहुँचते ही वहाँ मौजूद तमाम लोग उनके क़दमों पर बिछ जाएँ।

नादिरा का बचपन और जवानी भयानक ग़रीबी में बीते। भायखला में रहते हुए, तरह-तरह की प्रिय-अप्रिय स्थितियों से जूझते हुए उनका स्वभाव चिड़चिड़ा हो गया था। नख़शब के साथ निकाह के बाद भी अपने नकारात्मक स्वभाव के चलते वे सांसारिक सुखों से वंचित ही रहीं। पैसों के मामले में वे हद दर्जे की लालची थीं। *पाकीज़ा* के गुलाबी महल के सेट पर उन पर कुछ दृश्य फ़िल्माए गए। महताब की तरह नादिरा ने भी अमरोही को सताने में कोई कसर नहीं छोड़ी। नादिरा इस ख़ुशफ़हमी में थीं कि उनकी काफ़ी शूटिंग होने के बाद अमरोही उनको फ़िल्म से निकाल नहीं सकते थे। महताब को निकालने के कारण पहले ही अमरोही का काफ़ी नुक़सान हो चुका था। इसलिए नादिरा के नखरे बढ़ते ही जा रहे थे, लेकिन उनके नखरों से परेशान अमरोही ने बीच का रास्ता निकाल लिया। उन्होंने फ़िल्म में साहेबजान (मीना कुमारी की मौसी) का एक नया किरदार पैदा कर दिया और इस काम के लिए वीणा का चयन किया।

इस तरह कहानी को एक नया मोड़ देकर उन्होंने नादिरा की भूमिका ख़त्म कर दी। और उन पर फ़िल्माए जाने वाले दृश्य वीणा पर फ़िल्माए। इस वजह से अमरोही भी एक बड़े नुक़सान से बच गए।

पाकीज़ा को सिनेमास्कोप में बनाने का फ़ैसला करने तक अमरोही ने स्क्रिप्ट में काफ़ी फेरबदल कर दिया था। अशोक कुमार की भूमिका बदल कर नवाब के रूप में एक नया चरित्र गढ़ लिया था। इस नए किरदार के लिए अमरोही के दिमाग़ में जो नाम सबसे पहला आया, वह राजेंद्र कुमार का नाम था। उससे पहले उन्होंने नायक की भूमिका के लिए किसी अभिनेता से संपर्क नहीं किया था। राजेंद्र कुमार उस वक़्त के चोटी के अभिनेता थे। ऊपर से मीना कुमारी और राजेंद्र कुमार की जोड़ी पर्दे पर हिट जोड़ी थी, लेकिन राजेंद्र कुमार इस भूमिका को लेकर आशंकित थे, क्योंकि *पाकीज़ा* एक तवायफ़ के जीवन पर आधारित फ़िल्म थी। नारी प्रधान फ़िल्मों में मर्दाना चरित्रों की कोई ख़ास अहमियत नहीं होती। ऊपर से जिस फ़िल्म के शुरू होने के लंबे अरसे बाद तक नायक के किरदार के लिए अभिनेता का चयन तक नहीं हुआ है, उस फ़िल्म में नायक की भूमिका कितनी महत्त्वपूर्ण होगी, यह सोचकर उन्होंने इंकार कर दिया। उसके बाद अमरोही ने सुनील दत्त से पूछा, लेकिन उन्होंने भी मना कर दिया।

यह सब होते-होते 1960-61 का साल ख़त्म होने को आ गया। फ़िल्मों से नवाबी पृष्ठभूमि के चरित्र ग़ायब होने लगे थे। इसलिए बदलते वक़्त की आहट भाँपकर अमरोही ने नायक के रूप में एक फ़ॉरेस्ट अधिकारी का किरदार गढ़ दिया और उस किरदार के उपयुक्त अभिनेता के नाम पर विचार करने लगे। तब तक धर्मेंद्र इक्का-दुक्का फ़िल्मों में छोटी-छोटी भूमिकाओं के साथ फ़िल्मी दुनिया में क़दम रख चुके थे। मोहन कुमार निर्देशित *अनपढ़* उसमें से एक थी। अमरोही के सहायक यूसुफ़ नक़वी ने खुद के निर्देशन में बन रही अपनी फ़िल्म में उन्हें ही लिया था। वे धर्मेंद्र के साथ मीना कुमारी को लेना चाहते थे, ताकि फ़िल्म को वितरक मिलने में आसानी रहे। नायिका की भूमिका मीना कुमारी के उपयुक्त भी थी। धर्मेंद्र भी इस ऑफ़र को लेकर काफ़ी उत्साहित थे।

बाक़र इस फ़िल्म में आधे के भागीदार थे। इसलिए नक़वी आश्वस्त थे कि मीना कुमारी को साइन करने में कोई दिक़्क़त नहीं होगी, लेकिन अमरोही ने उनके इस भरोसे को तोड़ते हुए इंकार कर दिया। मीना कुमारी उस समय की टॉप हीरोइन थीं। नए निर्माता-निर्देशक और नए हीरो के साथ काम करने से उनकी इमेज़ पर प्रतिकूल प्रभाव पड़ने का अंदेशा था। अमरोही के मना करने के बाद नक़वी ने अपनी फ़िल्म की नायिका के रूप में सईदा खान को चुना। चार-पाँच रीलों की शूटिंग के बाद कमाल स्टूडियो में उसका ट्रायल रखा गया। ट्रायल के समय अमरोही और मीना कुमारी समेत फ़िल्म जगत की कई हस्तियाँ उपस्थित थीं। ट्रायल देखकर मीना कुमारी ने धर्मेंद्र के काम की तारीफ़ की। अमरोही ने कोई प्रतिक्रिया नहीं व्यक्त की। अब तक उन्हें इस बात का अहसास हो गया था कि *पाकीज़ा* जैसी नारी प्रधान फ़िल्म में कोई नामी अभिनेता काम नहीं करेगा। लिहाज़ा, नक़वी के धर्मेंद्र का नाम सुझाते

ही वे राज़ी हो गए। मज़बूत क़द-काठी और ख़ूबसूरत चेहरे वाले धर्मेंद्र फ़ॉरेस्ट ऑफ़िसर की भूमिका के लिए पूरी तरह उपयुक्त थे। वे नए अभिनेता थे, इसलिए उनसे तारीख़ें मिलने में भी कोई दिक़्क़त नहीं थी। इस तरह *पाकीज़ा* में धर्मेंद्र हीरो बन गए। उनकी और मीना कुमारी की जोड़ी की यह पहली फ़िल्म थी।

मीना कुमारी के तीन नृत्य और कुछ अन्य दृश्य फ़िल्माते-फ़िल्माते 1962 का साल भी बीतने को आ गया। अमरोही ने अब तक धर्मेंद्र पर दो-चार-दृश्य ही फ़िल्माए थे। दरअसल, वे चाहते थे कि धर्मेंद्र यूनिट के लोगों के साथ अच्छी तरह घुल-मिल जाएँ, तभी उन पर महत्त्वपूर्ण दृश्य फ़िल्माए जाएँ। फ़िल्म की सफलता के लिए नायक-नायिका के बीच तालमेल ज़रूरी होता है। तभी दोनों अच्छा अभिनय कर पाते हैं। यही कारण था कि अमरोही ने धर्मेंद्र के ज़्यादातर दृश्य दूसरे शिड्यूल के लिए छोड़ रखे थे। नायक चूँकि फ़ॉरेस्ट अफ़सर था, इसलिए फ़िल्म के कुछ दृश्यों की शूटिंग जंगलों में भी करनी थी।

पाकीज़ा में मीना कुमारी के नायक की हैसियत से धर्मेंद्र का नाम काफ़ी प्रसिद्ध हो गया था, लेकिन भविष्य में कुछ ऐसी घटनाएँ घटीं, जिनके चलते अमरोही ने उन्हें फ़िल्म से अलग कर दिया।

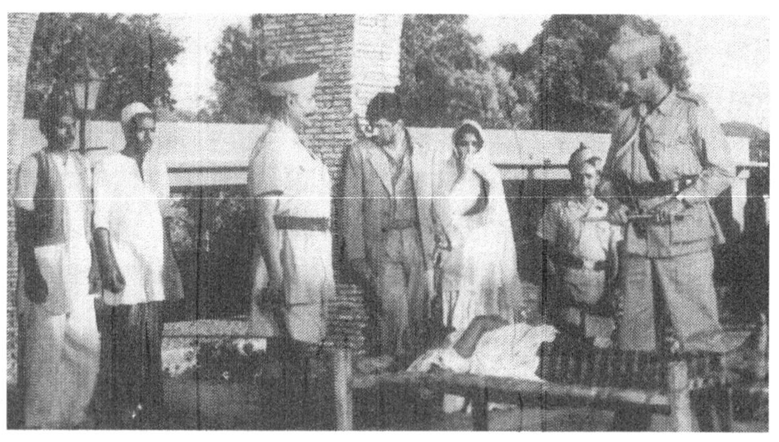

धर्मेंद्र 'पाकीज़ा' के एक दृश्य में

13

लोकप्रियता का नशा आदमी के सिर चढ़कर बोलता है। उसकी सोच बदल देता है। बिरले ही होते हैं, जो लोकप्रियता पाकर भी पाँव ज़मीन पर टिकाए रखते हैं। लोकप्रियता बढ़ने के साथ मीना कुमारी भी बदलती जा रही थीं। वे सीढ़ी-दर-सीढ़ी लोकप्रियता के शिखर की तरफ़ अग्रसर थीं। उनको लगने लगा था कि उनके मुक़ाबले अमरोही कम लोकप्रिय हैं। पर्दे के पीछे रहकर नायक-नायिकाओं का चरित्र गढ़ने वाले लेखक-निर्देशक कितने भी बुद्धिमान क्यों न हों, लेकिन पर्दे पर काम करने वाले कलाकारों को जो लोकप्रियता मिलती है, वह उन्हें नसीब नहीं होती। मीना कुमारी और अमरोही भी इसके अपवाद नहीं थे।

मीना कुमारी की लोकप्रियता बढ़ने के साथ-साथ अमरोही और उनके वैवाहिक संबंधों में दुराव बढ़ता गया। उन्हें सलाह देने वाले रिश्तेदारों-सहेलियों और कुछ निर्माता-निर्देशकों ने उनके बीच की दरार को यह कहकर चौड़ा कर दिया कि इतनी लोकप्रिय मीना कुमारी के लिए अमरोही जैसे व्यक्ति के अधीन रहना मूर्खता है। उनकी बातों में आकर अपने ऊपर अमरोही की लगाई शर्तें मीना कुमारी को ज़्यादती लगने लगी थीं। उन बंदिशों को तोड़ने के लिए वे झूठ का सहारा लेने लगीं। मीना कुमारी *शारदा* में काम कर रही थीं। *शारदा* के नायक राजकपूर के यहाँ रूसी मेहमान आए थे। उनके स्वागत में राजकपूर ने आरके स्टूडियो में एक छोटी-पार्टी रखी थी। उस दिन आरके स्टूडियो में ही *शारदा* की शूटिंग चल रही थी। इसलिए औपचारिकतावश उन्होंने मीना कुमारी को भी उस पार्टी में आमंत्रित किया। शूटिंग ख़त्म होने के बाद पार्टी शुरू होने वाली थी। इसलिए मीना कुमारी को घर लौटने में देरी होना लाज़िमी था। घर लौटने में देरी की सूचना देने के लिए मीना कुमारी ने अमरोही को फ़ोन किया, लेकिन पार्टी की बात न बता कर देर तक शूटिंग चलने का बहाना किया। उसके दो-तीन दिन बाद अमरोही को पार्टी की ख़बर लग गई। मंजू ने उनसे झूठ बोला, यह सोच कर उन्हें गहरा आघात लगा। "तुमने मुझसे झूठ क्यों बोला?" उनके इस सवाल का मीना कुमारी से कोई जवाब देते न बना।

103

कभी स्टूडियो से घर फ़ोन करके वे कहतीं कि आज शूटिंग का आख़िरी दिन है। इसलिए निर्माता-निर्देशक थोड़ी देर रुककर शूटिंग पूरी करके जाने का दबाव डाल रहे हैं। लिहाज़ा, आज उन्हें घर लौटने में देर होगी। अमरोही भी फ़िल्मी दुनिया में काम करते थे, इसलिए उनकी बात समझते थे, लेकिन फिर चार दिन में कहीं-न-कहीं से उन्हें ख़बर मिल जाती कि उस दिन शूटिंग तो समय पर ख़त्म हो गई थी, लेकिन मीना कुमारी अमुक के मेकअप रूम में बैठे गप्पे हाँक रहीं थीं। कभी-कभी शूटिंग समय से ख़त्म हो जाती, लेकिन मीना कुमारी को घर पहुँचने में विलंब हो जाता और देर से आने के वे अनाप-शनाप बहाने बना देतीं। इस सबसे मीना कुमारी के प्रति अमरोही का विश्वास घटने लगा था।

कमाल अमरोही और मीना कुमारी दोनों अहंकारी थे

अमरोही ने मीना कुमारी पर जो शर्तें लगाई थीं, उनमें एक शर्त भी थी कि वे किसी की गाड़ी में नहीं बैठेंगी और न ही किसी को अपनी गाड़ी में लिफ़्ट देंगी।

लेकिन एक दिन मड आइलैंड में फ़िल्म *आरती* की शूटिंग से लौटते हुए वे प्रदीप की गाड़ी में बैठीं और अपने ड्राइवर को पीछे-पीछे आने को कहा। बांद्रा पाली हिल रोड पहुँचने से पहले वे प्रदीप कुमार की गाड़ी से उतर गईं और अपनी गाड़ी में बैठकर घर आईं। इस घटना की उन्होंने अमरोही से चर्चा तक नहीं की, लेकिन दो दिन बाद उनके ड्राइवर ने अमरोही को यह बात बता दी। अपनी मालकिन का

यह बर्ताव उसे खटक रहा था। शाम को मीना कुमारी से बातचीत करते हुए अमरोही ने इसकी चर्चा छेड़ दी, तो मीना कुमारी दंग रह गईं। उन्होंने सवाल किया, "तुम्हें किसने बताया?"

"यह महत्त्वपूर्ण नहीं है। तुम्हें प्रदीप कुमार से बात करनी थी, तो तुम उन्हें घर ले आतीं। मैं इतना तंगज़ेहन नहीं कि तुम्हारे सहकर्मियों का घर आना बर्दाश्त न कर सकूँ, लेकिन बीच रास्ते में उनकी गाड़ी से उतरकर, तुम्हारा अपनी गाड़ी में बैठना उचित नहीं है। जिन लोगों ने यह देखा होगा, उनके मन में तुम्हारे बारे में क्या राय बनेगी?"

अमरोही की यह बात मीना कुमारी को लग गई। "मैंने प्रदीप कुमार की गाड़ी में बैठकर कोई बड़ा गुनाह किया?"

"गुनाह तो नहीं, लेकिन ग़लती ज़रूर की।" अमरोही ने तुर्की-ब-तुर्की जवाब दिया। "अगर तुम उनके साथ घर आतीं, तो मेरा मान बढ़ता।"

एक बार का वाकया है। मीना कुमारी अमरोही के साथ फ़िल्म फेयर पुरस्कार वितरण समारोह में गईं। दोनों पहली क़तार में बैठे थे। मीना कुमारी के बग़ल वाली कुर्सी को छोड़कर उसकी आगे की कुर्सी पर गीता बाली बैठी थीं। मीना कुमारी के पास सीताफल के आकार का सोने का एक बटुआ था। उसमें वे पान-तंबाकू और पैसे रखती थीं। कार्यक्रम देखते-देखते उन्होंने अपना बटुआ बाजू वाली खाली कुर्सी पर रख दिया। समारोह ख़त्म होने पर वे घर जाने के लिए उठीं, लेकिन अपना बटुआ लेना भूल गईं। कुर्सी से उठते हुए अमरोही की नज़र उनके बटुए पर पड़ी। उसी समय गीता बाली ने भी उसे देख लिया। पलभर के लिए अमरोही ने उनकी आँखों में देखा। वे उनकी आँखों के भाव ताड़ गईं और उन्होंने यह कहते हुए बटुआ उठा लिया कि "कमाल साहब, लगता है मीना अपना बटुआ भूल गई। ठीक है मैं उठा लेती हूँ।"

घर आते समय रास्ते में मीना कुमारी को यह प्रसंग याद आ गया। उन्होंने कहा, "अच्छा हुआ कि गीता बाली की नज़र बटुए पर पड़ गई। पता नहीं मैं अपना बटुआ उठाना भूल गई और तुमने बताया भी नहीं कि मैं अपना बटुआ भूल रही हूँ।"

"मैंने पर्स देखा तो था।" अमरोही की एक ख़ूबी थी कि वे झूठ नहीं बोलते थे।

"फिर तुमने उसे उठाया क्यों नहीं?"

"मंजू, हमारे पीछे कई सम्मानित लोग बैठे थे। वे मुझे तुम्हारा बटुआ उठाते देखते, तो यही कहते कि देखो, कमाल अमरोही मीना कुमारी का बटुआ लिए उनके पीछे-पीछे घूम रहा है। मैंने तुम्हारा बटुआ ढोने के लिए तुमसे शादी नहीं की है। मेरी इज्ज़त तुम्हारे पर्स से कहीं ज़्यादा क़ीमती है।"

"लेकिन क्या मेरा पर्स तुम्हारा नहीं है?"

"नहीं, तुम्हारा पर्स सिर्फ़ तुम्हारा है। तुम पर्स ले जाना नहीं भूलीं, तो उसे उठाना कैसे भूल गईं? अपने पर्स की चिंता तुम नहीं करतीं, तो मैं उसकी चिंता क्यों करूँ?" अमरोही ने दो-टूक शब्दों में कहा।

इस घटना से दोनों के अहंकार को ठेस लगी, लेकिन इसके बाद अमरोही की नज़र में गीता बाली की इज़्ज़त बढ़ गई। उन्होंने मेरे मन के भाव पढ़ लिए यह सोच कर उन्हें हमेशा कौतूहल होता रहा।

एक और वाकया - चर्चगेट स्थित इरोस थियेटर में *साहब बीबी और गुलाम* का प्रीमियर शो रखा गया था। शानदार और मीना कुमारी के साथ अमरोही भी इस प्रीमियर में शामिल हुए थे। बंगाल की एक अभिनेत्री को लेकर बांग्ला लेखक बिमल मित्र की इस कहानी पर इसी नाम से बांग्ला में पहले भी एक फ़िल्म बन चुकी थी। हिंदी में छोटी बहू की मीना कुमारी वाली भूमिका बांग्ला में सुमित्रा देवी ने निभाई थी। अमरोही ने वह फ़िल्म देखी थी और उसमें सुमित्रा देवी के सहज अभिनय से वे काफ़ी प्रभावित हुए थे।

प्रीमियर ख़त्म होने के बाद सबने *साहब बीबी और गुलाम* में मीना कुमारी के अभिनय की बड़ी तारीफ़ की। सबकी राय यही थी कि फ़िल्म चले या न चले, लेकिन मीना कुमारी ने इसमें दमदार अभिनय किया है। तारीफ़ों के ये बोल मीना कुमारी के कानों में शहद घोल रहे थे। वे मन ही मन मुदित हो रही थीं। प्रीमियर ख़त्म होने के बाद घर लौटते समय कमाल अमरोही और मीना कुमारी कार की पिछली सीट पर बैठे। शानदार ड्राइवर के साथ अगली सीट पर बैठा था। रास्ते में उनके बीच *साहब बीबी और गुलाम* में मीना कुमारी के अभिनय की चर्चा चल रही थी। चर्चा में मीना कुमारी ने शानदार से पूछा, "शानदार तुम्हें कैसी लगी फ़िल्म?"

"बहुत अच्छी"

"और मेरा काम कैसा लगा?"

"आप तो फ़िल्म की जान हैं।"

अमरोही चुपचाप उनकी बातचीत सुन रहे थे। उन्हें मीना का अभिनय कुछ ख़ास नहीं लगा था। उन्होंने बिना लाग-लपेट के दो-टूक शब्दों में कहा, "तुमने अच्छ अभिनय किया है मंजू, लेकिन उस बांग्ला अभिनेत्री ने कमाल का काम किया है।"

"क्यों, मेरे अभिनय में क्या कमी है?" मीना कुमारी ने आहत भाव से सवाल किया।

"तुमने शराब पीने का जो अभिनय किया है, उसे देखकर लगता है कि तुम पक्की शराबी हो, लेकिन उस बांग्ला अभिनेत्री ने अपने अभिनय से यह दिखाया है कि कैसे कोई घरेलू औरत हालात के दबाव में धीरे-धीरे शराबी बनती चली जाती है।

मैंने तुम्हें भी वैसा ही अभिनय करने की सलाह दी थी, लेकिन फ़िल्म में तुम्हारा काम देखकर लगता है कि तुम पहला घूँट भरते ही पक्की शराबी बन गई हो।" अमरोही की यह बेलाग टिप्पणी सुनकर मीना कुमारी बुरी तरह आहत हो उठीं। तारीफ़ सुनने की आदी मीना कुमारी उनकी यह टिप्पणी सहन न कर सकीं।

इस तरह की एक और घटना ने अनजाने में उनके बीच की दूरियाँ बढ़ाने में अहम भूमिका निभाई। 1961 की बात है। उन दिनों श्री श्रीप्रकाश बंबई के गवर्नर थे। फ़िल्म उद्योग के एक समारोह में गवर्नर से अमरोही का परिचय कराते हुए फ़िल्म निर्देशक महबूब खान ने कहा कि ये मशहूर अभिनेत्री मीना कुमारी हैं और ये हैं इनके पति कमाल अमरोही। महबूब खान का यह कहना था कि अमरोही ने गवर्नर की तरफ़ बढ़ा अपना हाथ पीछे खींच लिया। नतीजतन, गवर्नर का बढ़ा हाथ झूलता रह गया। इस पर ज़्यादा तवज्जो न देते हुए लोग आगे बढ़ गए, लेकिन अमरोही ने आवाज़ देकर महबूब खान को रोक दिया और कहा, "महबूब साहब, रुकिए। उनका तमतमाया चेहरा देखकर मीना कुमारी यह सोच कर डर गईं कि अब क्या होगा।"

"महबूब साहब, आपने मेरा कैसा परिचय दिया – मैं हूँ कमाल अमरोही और यह है मेरी पत्नी और आज की अग्रणी अभिनेत्री मीना कुमारी। आप सरदार अख़्तर के पति के रूप में अपना परिचय देते क्या?" उनके बीच चल रही यह बातचीत आगे बढ़ चले श्री श्रीप्रकाश ने सुन ली और उन्होंने पीछे लौटकर अमरोही की तरफ़ हाथ बढ़ाते हुए कहा, "कमाल साहब, आपको कौन नहीं जानता?" फिर दोनों ने आपस में हाथ मिलाए। महबूब खान चुप रह गए और अमरोही ने बात आगे नहीं बढ़ाई। महबूब खान इस बात को भूले नहीं थे कि इसी अमरोही की *दायरा* के लिए मीना कुमारी ने उनकी फ़िल्म *अमर* को लटका दिया था, यही कारण था कि उन्होंने इस तरह अमरोही का अपमान करने की कोशिश की थी।

इस समारोह से लौटते हुए रास्ते में कमाल अमरोही और मीना कुमारी के बीच चुप्पी छाई रही। आधा रास्ता पार करने के बाद मीना कुमारी ने कहा, "महबूब साहब के परिचय कराने पर तुम्हें इतना बखेड़ा करने की क्या ज़रूरत थी? वे तुमसे उम्र में, मान-सम्मान में बड़े हैं, तुम्हें इतना नाराज़ होने की क्या पड़ी थी?"

"मंजू, तुम शायद भूल रही हो कि जिस दिन अख़बारों, फ़िल्मी पत्रिकाओं में हमारी शादी की ख़बर आई थी, उस समय ख़बर की सुर्खी थी : 'कमाल अमरोही ने मीना कुमारी से शादी रचाई।' मैं निर्माता-निर्देशक और लेखक हूँ। अच्छा-बुरा जैसा भी हूँ। संभवतः तुम्हारे जितना लोकप्रिय न भी होऊँ, लेकिन मुझसे शादी करते समय खूब सोच-विचारकर शादी की थी न । मैं समझता हूँ कि तुम मेरी क़ाबिलियत, मेरी योग्यता से परिचित हो। अगर सचमुच तुम्हारे मन में मेरे प्रति आदर का भाव है, तो तुम्हें समझना चाहिए कि महबूब साहब के साथ मैंने इस तरह बर्ताव क्यों

किया।" मीना कुमारी अमरोही का मनोभाव समझ सकीं या नहीं, यह तो वे ही जान सकती थीं, लेकिन उन्हें यही लगा कि चंदन ने सबके सामने उनका अपमान किया। इस घटना के बाद दोनों के बीच कुछ समय तक एक तरह की मूक दरार पैदा हो गई। उनको पहले की तरह हँसने-बोलने में काफ़ी वक़्त लग गया।

दोनों ने अपने-अपने मित्रों, परिचितों से इस घटना की चर्चा की। मीना कुमारी के मित्रों ने उन्हें सही ठहराया, तो अमरोही के मित्रों-परिचितों ने उनके पक्ष का समर्थन किया।

दोनों ही सहृदय और भावुक इंसान थे, लेकिन थे कान के कच्चे। अमरोही वैचारिक तौर पर परिपक्व थे, लेकिन कोई कुछ कहता, तो उस बात की सच्चाई की पुष्टि किए बिना उस पर यक़ीन कर लेते थे और दोनों ही ग़ज़ब के अहंकारी थे।

दोनों के बीच दरारें बढ़ती ही गईं –
कमाल अमरोही और मीना कुमारी

ताजदार और बाक़र के बेटे महबूब का कहना है कि अमरोही और मीना कुमारी की इस स्वभाविक कमज़ोरी का फ़ायदा उठाकर चरित्र अभिनेत्री अचला सचदेव, मीना कुमारी की बहनों, उनकी हेयर ड्रेसर बर्था तथा अभिनेत्री नादिरा वगैरह ने उनके बीच ग़लतफ़हमियों की दीवार खड़ी करके उनके घर-संसार में आग लगाने में अहम भूमिका निभाई थी। अमरोही के बड़े बेटे ताजदार इस सूची में बाक़र और उनकी बीबी, लेखक अमान अताउल्ला और उनकी पत्नी शमीम के नाम

भी गिनाते हैं। अचला सचदेव मीना कुमारी की ख़ास सहेली थीं और प्रायः उनसे मिलने अमरोही के घर आती-जाती रहती थीं। मीना कुमारी के मन में अपने प्रति सहानुभूति का भाव जगाने में उन्होंने अपनी ओर से भरपूर योगदान किया। वे कमाल अमरोही से ईर्ष्या करती थीं, ऊपर से मीना कुमारी के साथ अपनी दोस्ती का हक़ अदा करने के लिए उन्होंने उनके मन में अमरोही के प्रति ज़हर भरने में कोई

कसर नहीं उठा रखी। बाक़र का बेटा महमूद इस मामले में हामी भरते हैं। ताजदार अमरोही बताते हैं, "मुझे अच्छी तरह याद है बाबा ने एक बार मुझसे पूछा था कि आख़िर अचला सचदेव, मंजू को मेरे ख़िलाफ़ क्यों भड़काती रहती है?" नादिरा भी अमरोही और मीना कुमारी दोनों की दोस्ती का दम भरती थीं और उन्हें एक-दूसरे के ख़िलाफ़ उकसाती रहती थीं।

इस बाबत मुझे अचला सचदेव और नादिरा दोनों का पक्ष जानना ज़रूरी लगा। अचला सचदेव पूना में बस गई थीं। मैंने फ़ोन करके उनसे मिलने की इच्छा व्यक्त की और मिलने का कारण बताया। शुरुआत में वे "कल फ़ोन करो, परसों फ़ोन करो" कहकर टालने की कोशिश करती रहीं और अंत में उन्होंने यह कहकर मिलने से इंकार कर दिया था कि "इस संबंध में मुझे कुछ नहीं कहना है। तुम्हारे जी में जो आए, लिखो।"

नादिरा से संपर्क करने पर उन्होंने पहले तो कहा था कि "तुमने किताब के लिए यह कैसा मनहूस विषय उठाया है?" उसके बाद बीमारी का बहाना बनाकर उन्होंने कहा था कि ठीक हो जाने दो, मैं इस विषय में तुमसे अवश्य बातें करूँगी। यह मत समझना कि बीमारी का बहाना बना कर तुम्हें टाल रही हूँ।" यह कहकर उन्होंने चार-पाँच दिन बाद फ़ोन करने को कहा। दोबारा फ़ोन करने पर वे पूरी चंडी का अवतार बन गई थीं और बोली थीं, "इस बाबत मुझे कुछ भी नहीं कहना है।" मैंने उन्हें उनका वादा याद दिलाया तो उन्होंने कहा था, "ठीक है। मैंने तुमसे बात करने को कहा था, लेकिन अब मेरी इस संबंध में बात करने की इच्छा नहीं है।" यह कहकर उन्होंने फ़ोन काट दिया। यह बात काफ़ी पुरानी है। अब दोनों इस दुनिया में नहीं हैं।

अचला सचदेव और नादिरा के अलावा कई और नाम इस संदर्भ में उभरकर आते हैं। उनमें चाँद बहादुर सक्सेना, मीना कुमारी की बहनें ख़ुर्शीद और मधु, निर्माता-निर्देशक और लेखक-कवि गुलज़ार आदि के नाम शामिल हैं, लेकिन गुलज़ार का नाम लोग खुलकर नहीं लेते।

कमाल अमरोही पर आरोप लगाया जाता है कि वे मीना कुमारी को उलटा लटका कर पट्टे से मारते थे। अमरोही की बेटी रुख़सार कहती हैं, "आज के ज़माने और कल के ज़माने की भी कोई कमाऊ बीबी क्या पति के इस तरह के अमानुषिक बर्ताव को चुपचाप सहन कर सकती है? अगर अब्बा छोटी अम्मी को परेशान करते थे, तो उनके शुभचिंतकों या रिश्तेदारों ने कभी पुलिस में शिकायत क्यों नहीं की? अब्बा तो हमेशा कहा करते थे कि जब तक लोग अमरोही की निंदा न कर लें, तब तक उन्हें सुबह का नाश्ता भी नहीं पचता। यह सच है कि छोटी अम्मी ने अपने मुँह से कभी अब्बा की शिकायत नहीं की, लेकिन उनके ख़िलाफ़ जो कुछ भी छपता था, कभी उसका खंडन भी नहीं किया। उन्हें सच्चाई सबके सामने लानी चाहिए थी,

लेकिन रुपहले पर्दे की 'ट्रेजडी क्वीन' की अपनी छवि को उन्होंने अपनी ज़िंदगी का हिस्सा बना लिया। कुछ तो औरत होने के नाते और कुछ पर्दे पर दमित-शोषित, पीड़ित स्त्री की भूमिका करने के कारण उन्हें लोगों की सहानुभूति मिली और मेरे अब्बा को मिला खलनायक का ख़िताब। अब्बा मीना कुमारी से निकाह करके पछता रहे थे। वे अक्सर कहा करते थे कि किसी निर्देशक को किसी अभिनेत्री से शादी नहीं करनी चाहिए, वरना वह 'मिस्टर हीरोइन' बनकर रह जाएगा।"

रुख़सार का कहना है कि अमरोही के मीना कुमारी को मारने-पीटने की अफ़वाह फैलाने में भारत भूषण के भाई आर. चंद्रा का बड़ा हाथ था। अमरोही जिस इमारत में रहते थे, उसी की पहली मंज़िल पर वे भी रहते थे। भारत भूषण अपने भाई के घर आते-जाते रहते थे। बाद में उनके साथ मीना कुमारी का नाम जुड़ा, लेकिन अमरोही ने तब भी अपनी ओर से उन्हें ज़ाहिर नहीं होने दिया कि उन्हें मीना कुमारी के साथ उनकी 'ख़ास' मित्रता के बारे में सब कुछ मालूम है। दोनों भाइयों ने आरोप लगाया कि अमरोही अपनी बालकनी में मीना कुमारी को मारते-पीटते थे। शायद यह दृश्य उनके सिवाय किसी ने नहीं देखा। रुख़सार कहती हैं कि अब्बा गुस्से में पत्नी पर हाथ उठाने वाले इंसान होते, तो वे हमारी अम्मी को भी मारते-पीटते। अब्बा हमेशा कहा करते थे कि "अगर मैं मंजू को पीटता था, तो आर. चंद्रा बचाने क्यों नहीं आए?"

मीना कुमारी को डायरी लिखने का शौक़ था। वे दिनभर की प्रिय-अप्रिय घटनाओं का सिलसिलेवार ब्योरा लिखा करती थीं। मीना कुमारी ने जब अमरोही का घर छोड़ा, तो उनकी कुछ डायरियाँ अनजाने में अमरोही के घर रह गई थीं। उन डायरियों में अमरोही के बर्ताव या घर पर होने वाली रोज़मर्रा की घटनाओं का ज़िक्र नहीं है। उनमें सेक्स, पुरुषों के प्रति आकर्षण जैसे विषयों पर ढेर सारी ऐसी टिप्पणियाँ दर्ज हैं कि उन्हें पढ़ने में शर्म आती है। एक डायरी में तो महज़ एक शेर लिखा हुआ है :

ख़ामोशी तेरा जवाब नहीं, ख़ामोशी बेज़बाँ नहीं होती, तो उनकी बातों में वक़्त कटता है, जब नज़र दरमियाँ नहीं होती।

इस शेर के नीचे गुलज़ार लिखा हुआ है। मीना कुमारी को जहाँ डायरी लिखने का शौक़ था, वहीं अमरोही का मानना था कि आदमी को डायरी लिखनी ही नहीं चाहिए। जीने के लिए आदमी को अच्छी बातों पर विचार करना चाहिए और बुरी बातों को भुला देना चाहिए। वक़्त बीत जाने के बाद पुरानी बातों को पकड़ कर बैठना समझदारी नहीं होती। व्यक्ति को क्षमाशील होना चाहिए। डायरी लिखने वाला व्यक्ति जीवन की छोटी से छोटी बातें भी नहीं भूलता, इसलिए दूसरों की ग़लतियों को कभी माफ़ नहीं करता। अमरोही के विचार मीना कुमारी के विचारों से बिलकुल अलग

थे। वे अपने बच्चों को नसीहत देते थे कि अगर किसी से कोई ग़लती हो जाती है और वह अपनी ग़लती मान कर माफ़ी माँगता है, तो उसे माफ़ कर देना चाहिए।

अमरोही हालाँकि नियमित रूप से डायरी नहीं लिखते थे, लेकिन अपनी देखी हुई लोकेशनों और अच्छे दृश्यों के बारे में अपनी डायरी में नोट करते जाते थे। क़र्ज़ों की रक़म भी वे दिन-तारीख़ के साथ लिखते थे। इसलिए अगर कोई व्यक्ति उनसे क़र्ज़ माँगने आता तो उसे पुराने क़र्ज़े की याद दिलाकर ही नया क़र्ज़ देते थे।

लेकिन मीना कुमारी के साथ दूरियाँ ज़्यादा बढ़ने लगीं, तो वे एक फ़ाइल में अपने वैवाहिक जीवन की छिटपुट घटनाओं का ब्यौरा लिखने लगे। किसी बात पर कहासुनी हो जाती, तो मीना कुमारी रौद्र रूप धारण कर लेती थीं और ज़ोर-ज़ोर से चिल्लाने लगती थीं। नतीजतन, अमरोही ने उनसे बोलना भी कम कर दिया था। अमरोही के साथ रहते हुए भी प्रदीप कुमार, भारत भूषण, अशोक कुमार, राजकुमार वगैरह के साथ उनकी आशनाई चल रही थी, लेकिन वे झूठ बोलकर अपने इन कथित प्रेम-प्रसंगों पर पर्दा डालती रहती थीं। मेकअप रूम या अन्य दूसरी जगहों पर जहाँ कहीं कभी भी वे अपने प्रेमियों से मिलतीं, ख़ुद को दुनिया की नज़रों से बचाने की भरपूर कोशिश करती थीं। अपनी इस कोशिश में वे अपनी बहनों, सहेलियों और हेयर ड्रेसर की मदद लेती थीं, लेकिन आगे चलकर उनके यही राज़दार उन्हें ब्लैकमेल करने लगे और ब्लैकमेलिंग की शिकार मीना कुमारी आर्थिक रूप से तंग रहने लगीं। ज़बान बंद रखने की क़ीमत समय पर न दे पातीं, तो उनके वे शुभचिंतक उनके प्रेम पत्र या उनके प्रेमियों के नाम अमरोही तक पहुँचा देते थे। ऐसे कई प्रेम पत्र अमरोही की फ़ाइल में महफ़ूज़ थे, लेकिन उन पत्रों पर प्रेमियों के नाम नहीं थे। लिहाज़ा, यक़ीन के साथ नहीं कहा जा सकता था कि वे पत्र उन्होंने किसे लिखे थे। यही नहीं, मीना कुमारी के रिश्तेदार भी उनके ख़िलाफ़ अमरोही के कान भरते रहते थे। अशोक कुमार की गाड़ी से वे दो-तीन बार अपने घर के पास उतरीं। यह बात अमरोही को मीना कुमारी के जीजा ने बताई थी। अभिनय सम्राट कहे जाने वाले एक अभिनेता के साथ एक फ़िल्म स्टूडियो में मीना कुमारी को अंतरंग क्षणों में बाक़र ने अपनी आँखों से देखा था और अमरोही को बुलाकार उन्हें भी दिखाया था। उस समय वे यह कर छुटकारा पा गई थीं कि वे फ़िल्म के एक दृश्य का रिहर्सल कर रही थीं।

कहा जाता है कि एक बार अमरोही ने मीना कुमारी को तलाक़ दे दिया था और उनसे दोबारा निकाह करने के लिए बाक़र के साथ उनका निकाह करा दिया था। इस्लाम धर्म में यह नियम है कि अगर कोई शौहर अपनी बीबी को तलाक़ दे देता है और उसी के साथ दोबारा शादी करना चाहता है, तो उसे पहले अपनी तलाक़शुदा बीबी का दूसरे मर्द के साथ निकाह कराना होता है। निकाह की निश्चित अवधि के बाद उससे तलाक़ दिलाकर ही वह फिर से उस स्त्री से शादी कर सकता है। फ़िल्मों में काम करने के लिए मीना कुमारी ने जब अमरोही से तलाक़ माँगा, तो

उन्होंने अपने ख़ानदान की इज़्ज़त की ख़ातिर उन्हें तलाक़ देने से इंकार कर दिया था और उन्हें फ़िल्मों में काम करने के लिए छूट दे दी थी। कहा जाता है कि एक स्थापित अभिनेता के साथ मीना की आशनाई के दिनों में वे शूटिंग का बहाना बनाकर उसके साथ महाबलेश्वर गईं। किसी से सूचना पाकर अमरोही भी वहाँ पहुँच गए। उन्होंने देखा कि किसी भी फ़िल्म की शूटिंग वहाँ थी ही नहीं। वहाँ पहुँच कर मीना कुमारी का असली रंग देखकर वे गुस्से से आगबबूला हो उठे और गुस्से की झोंक में 'तलाक़, तलाक़, तलाक़' कह कर तलाक़ दे दिया। बाद में मीना कुमारी के माफ़ी माँगने पर उन्हें माफ़ भी कर दिया, लेकिन अब समस्या खड़ी हुई निकाह करने की। मुस्लिम धर्म की निकाह संबंधी औपचारिकताओं को निभाने के लिए उन्होंने बाक़र से मीना कुमारी का निकाह करा दिया। निकाह के बाद बाक़र ने तलाक़ दे दिया और उसके बाद अमरोही ने दोबारा उनसे शादी कर ली। यह कहानी कितनी सच्ची है, इस बाबत यक़ीन से कुछ नहीं कहा जा सकता, लेकिन एक बात ज़रूर है कि मीना कुमारी बाक़र को भाई मानती थीं और भाई के साथ बहन की शादी की बात कुछ जमती नहीं। बाक़र और उनके बेटे महमूद, अमरोही के बेटे ताजदार और शानदार इस कहानी को बेबुनियाद मानते हैं। अमरोही ने अपने फ़्लैट की बैठक में फ़ोन की ऐसी व्यवस्था कर रखी थी कि घर में अगर मेहमान आए हों, तब भी ज़रूरी फ़ोन आने पर बातचीत की जा सके और उससे मेहमानों को कोई तकलीफ़ न हो। मीना कुमारी फ़ोन पर इतनी धीमी आवाज़ में बात करतीं कि बगल वाले व्यक्ति को कुछ भी सुनाई न पड़े। बैठक से लगा हुआ एक बरामदा था। उसके बाद मीना और अमरोही के सोने के कमरा और रसोई सहित अन्य कमरे थे। जहाँ फ़ोन रखा था, वहाँ से बैठक में आने वाले व्यक्ति की परछाई दिखती थी। मीना कुमारी फ़ोन पर बात करते हुए बैठक पर नज़र रखतीं और जैसे ही किसी की परछाई दिखती, झट से फ़ोन रख देती थीं और फ़ोन के पास रखी कोई मैगज़ीन उठाकर उसके पन्ने पलटने लगतीं, ताकि देखने वाला समझे कि वे मैगज़ीन पढ़ रही थीं। बैठक में जहाँ फ़ोन रखा था, उससे लग कर गैलरी थी, जिसमें स्लाइडिंग काँच लगे थे। एक दिन मीना कुमारी उस गैलरी की खिड़की से झाँकते हुए किसी से फ़ोन पर बातें कर रही थीं। बग़ल वाले कमरे की खिड़की से सात-आठ साल का ताजदार भी बाहर झाँक रहा था। उसने हाथ बढ़ाकर दूसरी खिड़की पर खड़ी मीना कुमारा का हाथ लिया और उंगलियों से खेलने लगा। मीना कुमारी बदस्तूर फ़ोन पर बात रहीं। इतने में नीचे से अमरोही की कार की आवाज़ आई। अमरोही की गाड़ी देखते ही उन्होंने ताजदार से अपना हाथ छुड़ाने की कोशिश की। नन्हें ताजदार ने इसे उनका खिलवाड़ समझकर और ज़ोर से उनका हाथ पकड़ लिया, लेकिन मीना कुमारी ने झटके से अपना हाथ छुड़ा लिया और फ़ोन रखकर फ़ौरन अपने कमरे में चली गईं।

उनका यह व्यवहार ताजदार को अत्यंत रहस्यमय लगा था। वह आज भी यही सोचता है कि छोटी अम्मी ने अब्बा को देखते ही घबरा कर फ़ोन क्यों रख दिया? स्वाभाविक है कि नन्हे ताजदार ने अमरोही से इस बात का ज़िक्र नहीं किया। मीना कुमारी के प्रेम-प्रसंगों की चर्चा के साथ ताजदार अमरोही की आशनाइयों के बारे में भी बताते हैं। अमरोही हर दिन शाम को एक निश्चित समय घूमने जाते थे और किसी को बताकर नहीं जाते थे कि कहाँ जा रहे हैं। अमरोही और ताजदार एक दिन कहीं से आ रहे थे। टर्नर रोड के क़रीब पहुँच कर उन्होंने ड्राइवर से कहा, "टर्नर रोड ले चलो।" ड्राइवर शायद उस जगह के बारे में पहले से जानता था। उसने बिना कुछ पूछे, गाड़ी एक इमारत के सामने ले जाकर रोक दी। अमरोही गाड़ी से उतरकर इमारत में जा घुसे। गाड़ी में बैठे ताजदार ने ड्राइवर से पूछा, "यहाँ कौन रहता है?"

"इस इमारत में सिंह नाम के एक इनकम टैक्स अफ़सर रहते हैं। साहब उन्हीं के पास गए हैं।" ड्राइवर ने जवाब दिया।

इस घटना के सात-आठ दिन बाद स्कूल से लौटते समय ताजदार को वह इमारत दिख गई। वह उसमें जा घुसा और फ़्लैट की सूची में सिंह का नाम खोजने लगा। इतने में चौकीदार आ पहुँचा और पूछने लगा, "कौन चाहिए?" ताजदार ने सिंह नाम के व्यक्ति के बारे में पूछा तो उसने कहा कि यहाँ इस नाम का कोई नहीं रहता। उस छोटी-सी उम्र में भी ताजदार ताड़ गया कि माज़रा क्या है। कुछ महीनों बाद ताजदार को पता चला कि उस इमारत में उस ज़माने की एक नामचीन अभिनेत्री रहती थीं और अमरोही उसी के पास जाया करते थे। बहरहाल, उनका वह विवाहेत्तर संबंध ज़्यादा दिन चला नहीं।

इसमें दो राय नहीं कि अमरोही रोमांटिक व्यक्ति थे। फ़िल्मिस्तान स्टूडियो में *बाज़ार-ए-हुस्न* का सेट लगा था, उस फ़िल्म की ज़्यादातर जूनियर आर्टिस्ट लड़कियाँ अमरोही के इर्द-गिर्द मँडराती रहती थीं। इस तरह के दृश्य मीना कुमारी भी कई बार देख चुकी थीं, लेकिन अपने अफ़ेयरों के चलते सीधे-सीधे वे अमरोही से कुछ कह नहीं पाती थीं, फिर भी कभी-कभार उनके बीच इस बात को लेकर कहासुनी हो ही जाती थी।

मीना कुमारी और अमरोही के बीच बढ़ते दुराव का एक कारण और भी था उनका निःसंतान होना। मीना कुमारी के बारे में यह धारणा मिथक बन चुकी है कि निःसंतान होने के कारण वे अंत तक दुखी रहीं। अमरोही पर एक आरोप यह भी लगता रहा था कि मीना कुमारी की हीरोइन की छवि को भुनाकर उससे पैसे कमाने के लिए उन्होंने उन्हें संतान से वंचित रखा, लेकिन असलियत कुछ और ही थी। अमरोही की फ़ाइल में इस बात के उल्लेख मिलते हैं कि मीना कुमारी एक नहीं, दो-दो बार गर्भवती हुई थीं, लेकिन दोनों बार उन्होंने खुद ही गर्भपात करवा लिया था। ताजदार, शानदार, यूसुफ़ नक़्वी इस बात के गवाह थे। 1957 में पहली बार

जब वे गर्भवती हुईं, तो अमरोही बहुत खुश हुए। उसी दौरान वे मोहर्रम मनाने अमरोहा गए थे। वहाँ मज़ार पर जाकर अपनी भावी संतान के लिए दुआ माँगी थी और उसके लिए नाम भी सोच रखा था - जहाँदार।

उन दिनों को याद करते हुए ताजदार कहते हैं, "छोटी अम्मा जब पहली बार प्रेग्नेंट हुईं, तो मुझे अपने पास बुलाकार पूछा, 'अगर तुम्हारा छोटा भाई हो तो तुम उसे प्यार करोगे?' "

"हाँ, ज़रूर करूँगा।" ताजदार ने मासूमियत से कहा।

अपने पेट की ओर इशारा करते हुए उन्होंने कहा, "तुम्हारा छोटा भाई मेरे पेट में है।"

अमरोहा से लौट कर अमरोही ने देखा कि मंजू की तबीयत ख़राब है और वे पहले से कमज़ोर भी हो गई हैं, उन्हें लेकर वे डॉ. रोहिणी के पास गए। मीना कुमारी की जाँच करने के बाद डॉक्टर ने अमरोही को बताया कि बच्चा गिर जाने की वजह से वे कमज़ोर हो गई हैं। अमरोही को गर्भपात की बात सुनकर काफ़ी आघात लगा। वे यह सोचकर परेशान थे कि मंजू ने इसके बारे में उन्हें क्यों नहीं बताया। ऊपर से डॉक्टर ने भी उन्हें दो-चार खरी-खरी सुना दी कि उन्हें पत्नी का ख़याल रखना चाहिए। घर लौट कर मीना कुमारी ने बताया कि वे गिर पड़ी थीं, जिसकी वजह से उनका गर्भपात हो गया।

इस बात से अमरोही को काफ़ी दुख हुआ, लेकिन वे मीना कुमारी पर विश्वास करते थे, इसलिए उन्होंने उनसे ज़्यादा पूछताछ नहीं की। उसके बाद 1959 में वे दोबारा गर्भवती हुईं। एक-दो महीने में ही उन्हें तकलीफ़ होने लगी। एक दिन अमरोही को पता चला कि मीना कुमारी ने खुद ही अपना गर्भपात करा लिया है। यह जानने के बाद दोनों में जमकर कहासुनी हुई। मीना कुमारी का कहना था कि वे दूसरी घरेलू औरतों की तरह बच्चे पैदा करके अपना फ़िगर और करियर नहीं ख़राब करना चाहतीं। "मुझे बच्चा पैदा करने वाली मशीन नहीं बनना है। मुझे खुर्शीद आपा और मधु की तरह बच्चा पैदा करके अपने-आपको तबाह नहीं करना है। मैं अपने करियर से बहुत प्यार करती हूँ।" मीना कुमारी की यह स्पष्ट उक्ति अमरोही के दिल में तीर की तरह लगी। उसी समय उनकी ज़बान में उन्हें पता चला कि मीना कुमारी का पहला गर्भपात भी स्वाभाविक नहीं था, बल्कि दूसरी बार की तरह उस बार भी उन्होंने खुद ही अपना गर्भपात करा लिया था। अमरोही के कानों में उनकी बातें पिघलते लोहे की तरह उतर गई थीं और जीवन में पहली और आख़िरी बार उन्होंने गुस्से में उनके गाल पर एक तमाचा जड़ दिया था।

शानदार अमरोही की राय इस बाबत कुछ और ही थी। उनका कहना था कि मीना कुमारी जैसी प्रेमी स्त्री भला खुद को अपने बच्चों के प्यार से वंचित क्यों

रखतीं? वे बताते थे कि रुख़सार के जन्म के बाद ही अब्बा ने अपना ऑपरेशन करा लिया था, लेकिन शानदार की इस बात से रुख़सार असहमत हैं। उनका कहना है, "मेरी पैदाइश के बाद भी मेरी माँ गर्भवती हुई थीं, अगर अब्बा ने ऑपरेशन कराया था, तो यह कैसे मुमकिन था? इस बाबत बाक़ी सभी एकमत हैं, लेकिन शानदार अलग बात क्यों करते थे, यह तो वे ही बेहतर बता सकते थे।"

इन सब बातों के अलावा मीना कुमारी और कमाल अमरोही के बीच दरार पड़ने की एक और वजह थी – मीना कुमारी की शराबख़ोरी। शूटिंगों की आपाधापी और काम के तनाव के कारण उन्हें रात में नींद नहीं आती थी। दूसरे, उन्हें अक्सर जुकाम की शिकायत रहने लगी थी। इसलिए डॉक्टर ने उन्हें ब्रांडी पीने की सलाह दी। डॉक्टर की सलाह पर ब्रांडी लेते-लेते उन्हें शराब की लत लग गई। बाद में जब डॉक्टर ने उन्हें ब्रांडी बंद करने को कहा, तब तक काफ़ी विलंब हो चुका था। तब तक उनकी आदत बढ़ चुकी थी। धीरे-धीरे ब्रांडी की जगह विस्की ने ले ली। कमाल अमरोही भी कभी-कभार किसी पार्टी में थोड़ी सी पी लिया करते थे। अलबत्ता, उन्हें चाय पीने की आदत थी। हर आधे घंटे पर उन्हें चाय की तलब लगती थी। उनकी इसी आदत की वजह से अधिकतर फ़िल्मी दुनिया के लोग उनके साथ शाम बिताना पसंद नहीं करते थे। अमरोही के पास जाकर चाय से गला तर करना उन्हें सुहाता न था। अमरोही ख़ुद शराब नहीं पीते थे। इसलिए मीना कुमारी उनके सामने शराब नहीं पी सकती थीं, लेकिन उन्होंने इसका भी रास्ता खोज लिया और बाथरूम में डेटॉल की बोतल में विस्की और ब्रांडी रखने लगीं। शराब की तलब लगने पर वे बाथरूम में जाकर विस्की के घूँट भर लेती थीं। एक अरसे तक अमरोही इस बात से अनजान रहे। इसका ख़ुलासा भी मीना कुमारी की मालिश करने वाली मम्मी ने ही किया। हुआ यह था कि एक दिन उनके हाथ में चोट लग गई और जख़्म से ख़ून रिसने लगा। वह जख़्म पर डेटॉल लगाने बाथरूम में गई, तो देखा कि डेटॉल की शीशी में विस्की रखी है। मम्मी को शुरू से ही संदेह था। मालिश करते समय उन्हें शराब की बदबू आती थी। उन्होंने यह बात अमरोही के कान में डाल दी। अमरोही ने मीना कुमारी को शराब न पीने के लिए बहुत समझाया, लेकिन उनके समझाने-बुझाने का भी कोई फ़ायदा न हुआ। उसी दौरान उनके तनावपूर्ण दांपत्य जीवन में गुलज़ार के प्यार ने और पेचीदगियाँ पैदा कर दीं। बिमल राय की फ़िल्म में काम करते हुए मीना कुमारी का परिचय गुलज़ार से हुआ था। वे उनके गीतों और उनकी शायरी पर फ़िदा थीं, कुछ ही दिनों में दोनों एक-दूसरे के काफ़ी क़रीब आ गए। धीरे-धीरे यह बात अमरोही को भी मालूम हो गई।

उन्हीं दिनों अमरोही की पत्नी अले ज़ेहरा को नर्वस ब्रेक डाउन का, यानी दिमाग़ी दौरा पड़ गया। उन्हें सारी-सारी रात नींद नहीं आती थीं। उनकी बीमारी की ख़बर पाकर अमरोही ने शानदार को गाड़ी लेकर उन्हें बंबई लाने के लिए अमरोहा

भेजा और यहाँ लाकर उन्हें अस्पताल में भर्ती कराया गया। अले ज़ेहरा रुख़सार के साथ रहती थीं। इसलिए वे चाहती थीं कि अस्पताल में भी बेटी उनके पास रहे, लेकिन डॉक्टर ने मना कर दिया। तब अले ज़ेहरा ने अमरोही से अनुरोध किया कि आप मीना कुमारी से कहें कि वे रुख़सार का ख़्याल रखें। मीना कुमारी ने उन्हें आश्वासन भी दिया। वे शूटिंग के दौरान भी नौकरों से रुख़सार के बारे में पूछताछ करती रहतीं कि उसने खाना खा लिया या नहीं, वह ठीक-ठाक तो है। अले ज़ेहरा की बीमारी में तीन महीने कैसे बीत गए, कुछ पता ही न चला। इस दौरान अमरोही की व्यस्तता का फ़ायदा उठाकर मीना कुमारी गुलज़ार के साथ अपने प्यार को परवान चढ़ाती रहीं। अब वे अमरोही का घर छोड़ने का मौक़ा ढूँढ रही थीं। वह मौक़ा उन्हें 5 मार्च 1964 को मिल ही गया।

गोरेगाँव के फ़िल्मालय स्टूडियो में 5 मार्च के दिन संगीत निर्देशक सलिल चौधरी निर्देशित फ़िल्म *पिंजरे के पंछी* का मुहूर्त रखा गया था। इस फ़िल्म की पटकथा भी सलिल चौधरी ने ही लिखी थी, लेकिन बांग्ला भाषी होने के नाते हिंदी संवाद लेखन में उन्होंने गुलज़ार की मदद ली थी, लेकिन गुलज़ार के उर्दू में लिखे संवाद सलिल चौधरी पढ़ नहीं सकते थे। लिहाज़ा, उन्होंने पढ़कर सुनाने के लिए ख़्याल नाम के एक व्यक्ति की सेवाएँ लीं। गरज़ यह कि सारा मामला काफ़ी बिखरा-बिखरा था। खैर, हर दिन की तरह मुहूर्त वाले दिन भी बाक़र मीना कुमारी से पहले ही फ़िल्मालय पहुँच गए। वहाँ पहुँच कर उन्होंने मीना कुमारी के हेयर ड्रेसर को आदेश दे दिया कि उनके मेकअप रूम में किसी को आने न दिया जाए। थोड़ी देर बाद मीना कुमारी सेट पर पहुँचीं और मुहूर्त शॉट हो गया। उसी दिन फ़िल्म की शूटिंग भी शुरू होनी थी, इसलिए शॉट की तैयारी के लिए मीना कुमारी अपने मेकअप रूम की तरफ़ बढ़ीं। उनके पीछे-पीछे गुलज़ार भी वहाँ पहुँच गए। यह देखकर बाक़र भी मेकअप रूम में जा घुसे और उन्होंने गुलज़ार को डाँट कर पूछा, "आप यहाँ मेकअप रूप में कैसे आ गए? जाइए यहाँ से, निकल जाइए।" उनकी सख़्त आवाज़ सुनकर गुलज़ार बाहर जाने लगे। इतने में मीना कुमारी ने बाक़र को डाँट दिया, "मैंने इन्हें बुलाया है, ये यहाँ से नहीं जाएँगे। मैं किससे बात करूँ, किससे नहीं, यह बताने वाले आप कौन हैं? मैं छोटी बच्ची नहीं हूँ। मुझे इतनी भी आज़ादी नहीं है।" गुस्से से काँपती मीना कुमारी की आवाज़ इतनी तेज़ थी कि सेट पर काम कर रहे कई लोग वहाँ आ पहुँचे। उनमें बलराज साहनी, महमूद, कैफ़ी आज़मी वगैरह के अलावा और भी कई लोग शामिल थे। बाक़र वैसे भी ऊँची आवाज़ में बोलते थे। मीना कुमारी का गुस्सा देखकर वे बड़बड़ाते हुए मेकअप रूम से बाहर आ गए। उनके पीछे-पीछे रोती-चीख़ती मीना कुमारी भी बाहर आईं, "अभी कमाल साहब को बुलाओ, मुझे इसी वक़्त फ़ैसला करना है।" उस वक़्त स्टूडियोज़ में आज की तरह फ़ोन की सुविधा नहीं होती थी। इसलिए रिसेप्शन से फ़ोन करके बाक़र ने अमरोही को सारी

कैफ़ियत सुना दी। अमरोही ने कहा, "मैं स्टूडियो में नहीं आऊँगा। मंजू से कह दो कि वे घर आ जाए और उन्हें जो कुछ भी कहना है, घर आकर कहे।" अमरोही मीना कुमारी के स्वभाव से परिचित थे। वे जानते थे कि कुछ कहने पर वे लोगों के सामने तमाशा खड़ा कर देंगी। साथ ही वे समाज की नज़रों से भी वाक़िफ़ थे। इसलिए उन्होंने बाक़र को यह संदेश दिया, लेकिन उनका संदेश सुनकर मीना कुमारी गुस्से से बिफर गईं, "मैं चंदन को बुला रही हूँ। इतनी बड़ी बात हो गई और यह आदमी स्टूडियो आने को तैयार नहीं है, इसका मतलब क्या है? जाओ, अमरोही से कह देना कि आज के बाद से उनके घर की सीढ़ियाँ नहीं चढ़ूँगी।"

इसके बाद की कहानी सलिल चौधरी के सहायक और उनके साले जगदीश बनर्जी से सुनने को मिली। इस घटना के कुछ देर बाद गुप्ती लिए बीस-बाइस लोगों ने फ़िल्म का पूरा सेट घेर लिया। उनको देखकर सारी यूनिट घबरा गई। शूटिंग बंद कर दी गई। जगदीश बनर्जी कहते हैं कि शायद वे कमाल अमरोही के भेजे गुंडे थे, क्योंकि बाक़र उनके साथ थे। हो सकता है उन गुंडों को बाक़र या किसी और ने भेजा होगा। गुलज़ार और मीना कुमारी की आशनाई चल रही थी। ऊपर से गुलज़ार को लेकर ही बाक़र और मीना कुमारी के बीच कहासुनी हुई थी, इसलिए यूनिट के लोगों ने अंदाज़ा लगाया कि गुलज़ार की पिटाई करने और मीना कुमारी को वहाँ से ले जाने के लिए अमरोही ने ही उन आदमियों को भेजा होगा, लेकिन वे गुंडे अमरोही ने भेजे थे, यह आरोप मीना कुमारी ने कभी नहीं लगाया। गुंडों की घेराबंदी के चलते कोई सेट से बाहर भी नहीं जा सकता था। मीना कुमारी और गुलज़ार घबरा कर ग्रीन रूम में जा बैठे। महमूद उस फ़िल्म में काम कर रहे थे। वहाँ जो कुछ भी हुआ, उससे उत्तेजित होकर वे भी गुस्से से भरकर मारपीट की भाषा बोलने लगे। "मैं भी अपने आदमी बुलाता हूँ, जो होना है, हो ही जाए।" लेकिन उन्हें शांत करने के बाद सलिल चौधरी ने हिम्मत करके अपने बैरिस्टर मित्र रजनी पटेल से फ़ोन पर बात की। उन दिनों रजनी पटेल का राजनीति में काफ़ी दबदबा था। वे चर्चगेट के बी रोड पर रहते थे। वे फ़ौरन अपनी फ़्रिएट कार से फ़िल्मिस्तान पहुँचे। सलिल चौधरी से सारा मामला सुनने के बाद उन्होंने मीना कुमारी को स्टूडियो से निकाल कर अपनी गाड़ी में बैठाया। उन बाइस आदमियों में से कोई आगे नहीं आया और न ही किसी ने मीना कुमारी या रजनी पटेल को किसी तरह का नुक़सान ही पहुँचाया। फ़िल्मिस्तान स्टूडियो से निकाल कर बैरिस्टर रजनी पटेल मीना कुमारी को महमूद के घर पहुँचा कर अपने घर चले गए।

उन दिनों गुलज़ार इतने मशहूर नहीं थे और प्रसिद्ध लेखक कृष्ण चन्द्र के यहाँ रहते थे, लेकिन इस घटना के बाद घबराकर उन्होंने उनका घर छोड़ दिया और सलिल चौधरी के साथ रहने लगे। सलिल चौधरी उन दिनों पेडर रोड पर रहते थे। तक़रीबन 20-25 दिन गुलज़ार उनके साथ रहे। सलिल दा के घर फ़ोन होने

के बावजूद उनके घर से दूर एक टेलीफ़ोन बूथ पर जाकर गुलज़ार मीना कुमारी से बातें करते थे।

इसी बीच, मीना कुमारी को एक दूसरी फ़िल्म की शूटिंग के लिए मद्रास जाना था, लेकिन जान के डर से वे जाने को तैयार नहीं थीं। उस समय भी रजनी पटेल ने उनकी मदद की और मद्रास के पुलिस आयुक्त से कहकर उन्हें पुलिस प्रोटेक्शन दिलाया। उनके मद्रास से लौटने तक मामला शांत हो गया था। बाद में गुलज़ार ने सलिल चौधरी का घर छोड़ कर जुहू में अपना फ़्लैट ले लिया और खाना बनाने के लिए एक रसोइया भी रख लिया। उस रसोइये की एक ख़ूबी यह भी थी कि गुलज़ार के यहाँ आने से पहले वह किसी राजा-महाराजा के संस्थान में काम करता था, जहाँ उसे हर दिन तक़रीबन चालीस आदमियों का खाना बनाना पड़ता था, लेकिन गुलज़ार के यहाँ सिर्फ़ एक आदमी का खाना बनाना था, इसलिए वह कुछ ही दिनों में ऊब गया और काम छोड़कर

बाक़र, कमाल अमरोही और मीना कुमारी

जाने की बात करने लगा। गुलज़ार उसे जाने नहीं देना चाहते थे, क्योंकि वह बड़ा ही ज़ायकेदार खाना पकाता था। ऐसे में उन्होंने एक बड़ा शानदार उपाय सोच निकाला। उससे तीस आदमियों का खाना बनवाकर उस सेट पर भेजने लगे, जहाँ मीना कुमारी शूटिंग कर रही होतीं। उन दिनों मीना कुमारी महमूद के घर रहती थीं, वहाँ खाना ठीक नहीं बनता था और इसलिए गुलज़ार उनके लिए खाना भिजवाते थे। इस बात को लेकर उन दिनों जगदीश बनर्जी गुलज़ार की ख़ासी खिंचाई करते थे। *पिंजरे के पंछी* के सेट पर हुई घटना के बाद गुलज़ार और मीना कुमारी का प्यार दिनों-दिन परवान चढ़ता गया।

14

सिनेमास्कोप में *पाकीज़ा* के निर्माण के दिनों की बात है। इस फ़िल्म के कथानक पर काम करने के लिए महल पिक्चर्स (प्रा.) लि. में बतौर लेखक-निर्देशक शामिल किए गए मधुसूदन के साथ अमरोही की अच्छी ट्यूनिंग जम गई थी। इसलिए *पाकीज़ा* का लेखन कार्य ख़त्म होने के बाद अमरोही ने उनसे अपनी कंपनी के लिए एक फ़िल्म बनाने की बात कही और फ़िल्म की कहानी लिखने और निर्देशन करने की ज़िम्मेदारी उन्होंने मधुसूदन को सौंप दी। फ़िल्म का नाम रखा गया *क़सम*। इसकी कहानी अमरोही को पसंद थी, उनके मार्गदर्शन से मधुसूदन पटकथा लिख रहे थे। पटकथा पूरी होते-होते मोहर्रम आ गया। अमरोही अमरोहा जाने की तैयारी करने लगे। जाने से पहले उन्होंने अँग्रेज़ी साप्ताहिक *स्क्रीन* में *क़सम* का पूरे एक पेज का विज्ञापन दे दिया। फ़िल्म की नायिका थीं मीना कुमारी। अमरोहा जाते समय अमरोही ने मधुसूदन से कहा, “मंजू ने कहा है कि मेरी अनुपस्थिति में आप उसके साथ पटकथा पर चर्चा कर लें। कहने का आशय है कि कोई रद्दोबदल करने को कहेंगी, तो करना होगा।” अमरोही के वापस आते ही फ़िल्म का मुहूर्त होना था। अमरोही के जाने के बाद मधुसूदन उनके कहे मुताबिक़ मीना कुमारी से मिलने गए। वे बताते थे कि इस मुलाक़ात के दौरान मीना कुमारी उनके साथ बहुत अच्छी तरह पेश आईं। मधुसूदन के पटकथा पढ़ने के बीच मीना कुमारी अपनी साड़ी के आँचल से उनका चश्मा साफ़ कर देतीं। उनके इस आत्मीय बर्ताव से मधुसूदन अभिभूत हो गए। अमरोही के बंबई लौटने के दो-तीन दिन बाद उन्होंने मधुसूदन से कहा, “*क़सम* का कथानक कोई ख़ास नहीं है, इसलिए मैंने इस फ़िल्म पर काम न करने का फ़ैसला किया है।” कहना न होगा कि उनके इस फ़ैसले के पीछे मीना कुमारी का हाथ था।

मधुसूदन से संबंधित एक घटना अमरोही के मज़ाकिया स्वभाव का परिचायक है। बकरा ईद का त्यौहार क़रीब था। मधुसूदन किसी काम से अमरोही के घर गए। बातों-बातों में बकरा ईद की चर्चा निकल आई, तो मधुसूदन ने अमरोही से पूछा, “कमाल साहब, आप लोग रमज़ान के बाद ईद मनाते हैं, वह ठीक है, क्योंकि उसी दिन आप लोगों के रोज़े ख़त्म होते हैं, लेकिन इस दिन का क्या महत्व है?

119

"कुछ नहीं, बस अच्छा-अच्छा खाना-मटन, गोश्त वगैरेह बनता है", अमरोही ने कहा।

"उस दिन आप बकरा काटते हैं क्या?" "हाँ, बकरा भी काटते हैं न?"

"लेकिन बकरा काटना ज़रूरी है क्या?"

"हाँ, कोई बकरा काटता है, कोई रईस होता है तो भेड़ काटता है, और भी धनवान होता है तो ऊँट काटता है," अमरोही ने कहा।

"और अगर उस दिन बकरा, भेड़, ऊँट कुछ भी मिले तो?"

"तो क्या, अगर उस दिन कोई आदमी आ जाए तो उसे भी काट देते हैं, लेकिन उस दिन कुछ न कुछ काटना निश्चित है।" अमरोही ने गंभीर स्वर में कहा।

इस बात पर मधुसूदन चुप रहे। दो-चार मिनट के बाद उन्होंने कहा, "ठीक है, कमाल साहब मुझे छुट्टी दीजिए। मैं चलता हूँ।" यह कहकर मधुसूदन घर जाने के लिए निकल पड़े। उसके बाद दो-चार दिन तक उन्होंने अमरोही के घर की ओर रुख भी नहीं किया। उनके बारे में अमरोही ने अपने सहायकों से पूछताछ की, "तीन-चार दिन हो गए। पता करो कि मधुसूदन क्यों नहीं आ रहे हैं?"

"साहब, उनका फ़ोन आया था। उनकी तबीयत ठीक नहीं है। वे बकरा ईद के बाद आने वाले हैं।" अमरोही मन ही मन मधुसूदन के न आने का कारण समझ गए। उनसे न हँसते बन रहा था और न रोते ही।

खैर, *क़सम* के न बनने का फ़ैसला हो जाने के बाद अमरोही ने अपनी ही एक कहानी पर फ़िल्म बनाने का निश्चय किया। इस फ़िल्म की पटकथा लिखने की ज़िम्मेदारी उन्होंने मधुसूदन और अली सरदार जाफ़री को सौंप दी। संवाद अमरोही ख़ुद लिखने वाले थे। *पाकीज़ा* में व्यस्त होने के कारण निर्देशन का भार मधुसूदन पर डाल दिया। फ़िल्म का नाम रखा गया *शंकर हुसैन*। एक हिंदू दंपत्ति एक मुसलमान लड़के का पालन-पोषण करते हैं। फ़िल्म का कथानक इसी विषय पर आधारित था। फ़िल्म की नायिका के रूप में मीना कुमारी को ही रखा गया। इस फ़िल्म के दो नायक थे। एक भूमिका के लिए संजीव कुमार के नाम पर विचार चल रहा था। उन दिनों संजीव कुमार गुजराती नाटकों में काम कर रहे थे और हिंदी फ़िल्मों में आने के लिए जी-तोड़ मेहनत कर रहे थे। तब वे हरि जरीवाला के नाम से जाने जाते थे। (राजश्री प्रोडक्शन ने उन्हें अपनी एक आगामी फ़िल्म के लिए साइन किया था। *आरती* फ़िल्म की घोषणा के समय संजीव कुमार आस लगाए थे कि राजश्री वाले इसमें उन्हें साइन करेंगे, लेकिन बतौर कलाकार वे नए थे और मीना कुमारी के सामने उनके स्टारडम की बराबरी करने लायक़ अभिनेता की ज़रूरत थी। लिहाज़ा, प्रदीप कुमार को चुना गया।) निर्माताओं के दफ़्तरों के चक्कर लगाते हुए एक दिन वे कमाल अमरोही के यहाँ पहुँचे। *शंकर हुसैन* के लिए अमरोही नए चेहरे की तलाश

में थे, इस तरह उन्होंने संजीव कुमार को अपनी फ़िल्म की मुख्य भूमिका के लिए चुन लिया और गौतम नाम से उनका नामकरण भी कर दिया। शूटिंग शुरू होने से पहले शेष कलाकारों का चयन किया जाना था। कमाल स्टूडियो में फ़िल्म का मुहूर्त हुआ। मुहूर्त शॉट मीना कुमारी पर फ़िल्माया गया। मुहूर्त को याद करते हुए मधुसूदन बताते थे कि उस दिन मीना कुमारी ने ऐसी सूरत बना ली थी, जैसे वे किसी का मातम मना रही हों। यह फ़िल्म भी मुहूर्त के बाद बंद हो गई। मधुसूदन इसमें भी मीना कुमारी का ही हाथ मानते थे। उनका कहना था कि मीना कुमारी ने यह सब जान-बूझकर किया था, क्योंकि *पाकीज़ा* की शूटिंग के दिनों में एक बार बहस छिड़ गई थी कि लेखक-निर्देशक बड़ा होता है या स्टार कलाकार। मीना कुमारी का कहना था कि कलाकार बड़ा होता है, जबकि मधुसूदन का तर्क इससे ठीक विपरीत था। इस बहस को लेकर मीना कुमारी मधुसूदन से खार खाए बैठी थीं। अपनी उस नाराज़गी का इज़हार उन्होंने उनकी फ़िल्म बंद करा कर किया। मधुसूदन कहते थे कि मीना कुमारी घुन्नी क़िस्म की औरत थीं। उनके मन की थाह लगा पाना कठिन था। वे कहते थे कि "शी वाज़ ग्रेट पोलिटिशन दैन..."। *पाकीज़ा* के एक गाने *ठाढ़े रहियो...* की शूटिंग के लिए उन्होंने अमरोही को ग्यारह दिन तक लटकाए रखा था। अमरोही जब-जब इस गाने का सेट तैयार कराते, मीना कुमारी कोई न कोई बहाना बनाकर शूटिंग रद्द करवा देती थीं। उनके अनुसार वे अमरोही को पैसे-पैसे के लिए मोहताज बना देना चाहती थीं।

खैर, *क़सम* और *शंकर हुसैन* बंद होने के बाद मधुसूदन ने अमरोही से किनारा कर लिया। कारण कि अमरोही ने *दिल अपना और प्रीति पराई* में भी बतौर लेखक उनका नाम नहीं दिया था।

इसके सालभर बाद मीना कुमारी अमरोही को छोड़कर चली गईं और *पाकीज़ा* का भविष्य अधर में लटक गया, लेकिन अमरोही ने हथियार नहीं डाले और फिर से *शंकर हुसैन* बनाने का निश्चय किया। *पाकीज़ा* के बंद होने से पहले तत्कालीन प्रधानमंत्री लालबहादुर शास्त्री और गुलज़ारी लाल नंदा आदि राजनीतिक हस्तियाँ *पाकीज़ा* के सेट पर आई थीं। गोरेगाँव के फ़िल्मिस्तान स्टूडियो में इसकी शूटिंग हो रही थी। अमरोही ने राष्ट्रीय एकता पर *शंकर हुसैन* की कहानी लिखी थी और उस पर फ़िल्म बनाने को सोच रहे थे। यही नहीं, वे नेशनल फ़िल्म डेवलपमेंट कॉर्पोरेशन (एनएफ़डीसी) से मदद लेने की कोशिश भी कर रहे थे। उन दिनों फ़िल्म निर्माताओं को एनएफ़डीसी से मदद मिल जाया करती थी। उस समय एसएम तारिक़ एनएफ़डीसी के चेयरमैन थे। उन्हें अपने ओहदे का बड़ा अभिमान था। "ऊपर खुदा और नीचे मैं हूँ", यह उनका तकियाकलाम था। अपनी फ़िल्म के लिए केंद्र सरकार से वित्तीय मदद लेने के लिए अमरोही इंदिरा गाँधी से मिले। 1964 से 1966 के बीच वे केंद्रीय सूचना और प्रसारण मंत्री थीं। *शंकर हुसैन* की कहानी सुनकर उन्होंने अमरोही को

आर्थिक मदद का आश्वासन भी दिया था। वे अमरोही की फ़िल्म *महल* की प्रशंसक थीं। *पाकीज़ा* की शूटिंग को देखकर भी वे प्रसन्न हुई थीं। सरकार से आर्थिक मदद तो अमरोही को नहीं मिल पाई, लेकिन श्रीमती गाँधी से परिचय का फ़ायदा उन्हें दूसरी जगह मिल गया।

कमाल अमरोही ने अपनी कंपनी के आर्थिक मामलात देखने के लिए एक आर्थिक सलाहकार नियुक्त कर रखा था। इनकम टैक्स बचाने के लिए आमदनी से ज़्यादा ख़र्च दिखाया जाता है। अमरोही भी इसके अपवाद नहीं थे, लेकिन उनका आर्थिक सलाहकार इसके लिए लोगों के बीच लंबी-लंबी डींगें हाँका करता था। "कमाल अमरोही की गर्दन मेरे हाथ में है। मैं कभी भी इस आदमी को सड़क पर ला सकता हूँ। मुझे उनकी अर्थव्यवस्था का सारा झोल पता है। वगैरह-वगैरह..." उसने जिन लोगों से ये बातें कही थीं, उनमें से कुछ लोगों ने अमरोही को इस बारे में बता दिया।

बहुतों की ज़बानी इस तरह की बातें सुन-सुनकर अमरोही परेशान हो उठे। एक दिन सुबह-सुबह वे माटुंगा स्थित उस सलाहकार शख़्स के घर जा धमके। सड़क पर गाड़ी खड़ी करके उन्होंने ड्राइवर भेजकर उसे बुलवाया और कहा, "ज़रा मेरे साथ चलो।"

"जाना कहाँ है?"

"इनकम टैक्स ऑफ़िस!"

"क्या वहाँ से बुलावा आया है?"

"नहीं, मुझे कुछ काम है।"

"ठीक है।" कहकर वह गाड़ी में बैठ गया, लेकिन उसकी घबराहट बनी रही। घबराहट में उसने फिर पूछा :

"वहाँ क्या काम है?"

जवाब में अमरोही ने सिर्फ़ इतना ही कहा, "चलो तो सही।"

इनकम टैक्स ऑफ़िस जाकर अमरोही आयकर आयुक्त से मिले और बोले, "मुझे एक स्टेटमेंट देना है। कृपया आप उसे रिकॉर्ड कर लें।"

"कैसा बयान?"

"पहले आप रिकॉर्ड तो कीजिए।"

आयकर आयुक्त अचानक आए इस व्यक्ति की बातें सुनकर आश्चर्यचकित थे। अमरोही ने उस साल के अपने आयकर रिटर्न के काग़ज़ात उनके सामने रख दिए। काग़ज़ात को देखते ही उनका आर्थिक सलाहकार सकपका गया। उसने सोचा कि क्या होगा! "यह मेरे इनकम टैक्स रिटर्न का स्टेटमेंट है। इसमें ख़र्च दिखाए गए हैं, नीचे मेरे दस्तख़त हैं, लेकिन यह सच्चा स्टेटमेंट नहीं है।" यह कहते हुए

अमरोही ने वालंटरी डिस्प्यूट की जानकारी दी। उनको रोकते हुए आयकर आयुक्त ने कहा, "रुकिए साहब, आपको पता है कि आप जो कुछ भी कह रहे हैं, उसका नतीजा क्या होगा? आपने ग़लत रिटर्न फ़ाइल किया है, इसका पता चलते ही आप पर जुर्माना हो सकता है।"

"मुझे फाँसी पर तो नहीं चढ़ा दिया जाएगा?" अगर मैं यह क़ुबूल कर लेता हूँ कि मैंने झूठे ख़र्च दिखाए हैं तो इसके लिए मुझे सज़ा-ए-मौत तो नहीं दी जाएगी न ! मैं उम्रभर जुर्माना भरता रह सकता हूँ।"

"लेकिन यह सब क्यों?"

"सिर्फ़ इसलिए कि मैं आए दिन की खींचतान से बचना चाहता हूँ।"

"ठीक से सोच लीजिए।" आयकर आयुक्त ने उन्हें एक बार फिर चेताया।

"मैं सोच-समझ कर ही बोल रहा हूँ।"

"देखिए आप जो कुछ भी कह रहे हैं, मैं इसे लिख कर रख लेता हूँ, लेकिन आप चाहें कल को अपनी बात से मुकर भी सकते हैं," आयुक्त ने कहा। "नहीं, मैं ऐसा नहीं करूँगा।" कहते हुए उन्होंने उस बयान पर दस्तख़त कर दिए और अपने आर्थिक सलाहकार के साथ बाहर आ गए। गाड़ी में बैठने से पहले उन्होंने उससे कहा, "यह लो, इस महीने की तनख़्वाह। कल से मैं तुम्हें नहीं जानता और न तुम मुझे। तुम्हें क्या लगता है कि मैंने किसी का ख़ून करके उसकी लाश अपने घर में छिपा रखी है? मेरे बारे में तुमने लोगों से जो कुछ भी कहा है, मुझे सब पता है, फिर कभी मेरे घर की ओर देखना भी नहीं।"

इनकम टैक्स ऑफ़िस में अमरोही के दिए गए बयान की चर्चा चारों ओर फैल गई। तत्कालीन प्रधानमंत्री इंदिरा गाँधी तक यह बात पहुँची, तो उन्होंने वित्त मंत्रालय से अमरोही की फ़ाइल मँगाकर रिपोर्ट तैयार कराई। रिपोर्ट देखने के बाद उन्होंने उन पर जुर्माना न करने और उनकी आयकर की रक़म पर ब्याज न लगाने का निर्देश दे दिया।

खैर, सरकार के मदद न मिलने के बाद भी अमरोही *शंकर हुसैन* को फिर से शुरू करने की सोच रहे थे कि इसी बीच एक दिन अचानक मधुसूदन से उनकी भेंट हो गई। उनकी नाराज़गी दूर करने के लिए अमरोही ने एक बार फिर उन्हें *शंकर हुसैन* के निर्देशन की ज़िम्मेदारी सौंप दी। मधुसूदन एक बार फिर अमरोही के मार्गदर्शन में *शंकर हुसैन* की पटकथा लिखने में जुट गए। लेखक राजेंद्र सिंह बेदी को भी उसकी पटकथा लिखने के लिए बुलाया गया, लेकिन सात-आठ दिनों बाद वे दिखाई ही नहीं पड़े। मधुसूदन के मुताबिक़ इसका कारण यह था कि तब तक लेखक की हैसियत से बेदी काफ़ी लोकप्रिय हो चुके थे और अमरोही को डर था कि उनका नाम आते ही लेखन का सारा श्रेय बेदी के हिस्से चला जाएगा। बहरहाल, कारण चाहे

जो भी रहा हो, लेकिन बेदी चले गए। उनके जाने के बाद अमरोही, मधुसूदन और अमान ने मिलकर पटकथा लिखी। संवाद ख़ुद अमरोही ने लिखे। एक दिन बैठक ख़त्म होने के बाद अमान मधुसूदन साथ-साथ घर जाने के लिए निकले। रास्ते में मधुसूदन ने अमान से कहा, "अमान, सब ठीक-ठीक है, यह तो मालूम नहीं, लेकिन लगता है कि अमरोही के दिमाग़ में कुछ और ही चल रहा है।"

अमान ने उनकी बात का समर्थन करते हुए कहा, "इस फ़िल्म की पटकथा काफ़ी अच्छी बन गई है। मुझे भी लग रहा है कि कमाल साहब ख़ुद इस फ़िल्म का निर्देशन करना चाहते हैं।" अमान की बात सुनकर मधुसूदन उसी वक़्त अमरोही के घर गए और उनसे बिना लाग-लपेट के दो-टूक शब्दों में सवाल किया, "क्या आप इस फ़िल्म का निर्देशन ख़ुद करना चाहते हैं?"

"हाँऽऽऽ" अमरोही ने भी उसी तरह बिना किसी भूमिका के अपनी बात कह दी। उनकी स्वीकारोक्ति सुनकर मधुसूदन चुप्पी लगा गए।

अब *शंकर हुसैन* के निर्देशन का भार अमरोही के कंधों पर आ गया। उन्होंने मधुसूदन के लिए, एक और फ़िल्म बनाने की योजना बनाई। मधुसूदन ने उन्हें फिर से एक नई कहानी सुनाई। कहानी पसंद आने के बाद उस पर काम शुरू हुआ। फ़िल्म का नाम तय हुआ *आख़िरी दिन पहली रात।*

'आख़िरी दिन पहली रात' में *नितिन सेठी और कानन कौशल*

अचला सचदेव के पति ज्ञान सचदेव ने उन्हीं दिनों, धर्मेंद्र-मीना कुमारी को लेकर एक फ़िल्म शुरू की थी, जिसका नाम था *आशा के दीप*। उस फ़िल्म में इंदुमति पैंगणकर भी काम कर रही थीं, लेकिन वह फ़िल्म पूरी नहीं हो सकी। ज्ञान सचदेव ने ही अमरोही को मराठी स्टेज कलाकार इंदुमति पैंगणकर का नाम सुझाया। अमरोही ने उनका स्क्रीन टेस्ट लिया और *आख़िरी दिन पहली रात* की नायिका के रूप में उन्हें चुन लिया। अमरोही को उनका नाम पुराना और लंबा लगा। पुराने ज़माने में कानन बाला नाम की भी एक मशहूर हीरोइन थी। उनके अलावा कामिनी कौशल नाम की अभिनेत्री ने भी अच्छा नाम कमाया था। अमरोही ने उन दोनों अभिनेत्रियों के नाम का एक-एक शब्द लेकर इंदुमति पैंगणकर का नाम बदल कानन कौशल रख दिया। नायक की भूमिका के लिए उन्होंने क्रिकेटर सलीम दुर्रानी को चुना और नायिका के पति की भूमिका के लिए नितिन सेठी को लिया।

आख़िरी दिन पहली रात एक मध्यवर्गीय स्त्री की कहानी थी। इस फ़िल्म में प्रेमी अपनी प्रेमिका को गर्भवती जान छोड़ कर जाता है। उसके बाद वह युवती गर्भपात कराकर एक युवक से शादी कर लेती है। शादी की पहली रात को उस युवती का पति कहता है, "मैंने कई लड़कियों से प्यार किया, लेकिन मैं किसी सभ्य और चरित्रवान लड़की से शादी करके अंत तक उसका साथ निभाना चाहता था। तुमसे शादी करके मेरी वह इच्छा पूरी हो गई।" पति की बात सुनकर युवती को यह सोचकर गहरा आघात लगता कि वह तो वैसी लड़की नहीं है। वह पति को सब कुछ सच-सच बता देती है। पत्नी की बातें सुनकर पति उसे धक्के मारकर घर से निकाल देता है। घर से निकाले जाने के बाद समाज उसे हेय नज़रों से देखता है। समाज के कई तथाकथित सभ्य मर्द उसका नाजायज़ फ़ायदा उठाने की कोशिश करते हैं। उन सबसे बचती-बचाती वह अंततः एक दिन ख़ुद को वेश्याओं के अड्डे पर खड़ी पाती है। कोठे का दलाल उससे कहता है कि तुम ख़ुद को इन सबसे बचा नहीं सकतीं। कभी न कभी, कहीं न कहीं तो कोई तुम्हरा शोषण कर ही लेगा। दलाल की बात की सच्चाई को महसूस करके युवती इस धंधे में आने पर राज़ी हो जाती है, लेकिन उस दलाल के सामने शर्त रखती है कि "तुम मेरे पास किसी भी ग्राहक को भेजना, लेकिन उससे कह दो कि मेरे कमरे में अंधेरा ही रहेगा।" दलाल एक युवक को उसके कमरे में भेजता है। युवती उसे अपनी आप बीती सुनाती है। कहानी सुनाने के बाद वह उस युवक को कमरे में रोशनी जलाने की इजाज़त देती है, तो यह देखकर दंग रह जाती है कि उसके पास आया ग्राहक कोई और नहीं, बल्कि उसका वही पुराना प्रेमी है, जो बरसों पहले उसे छोड़कर चला गया था।

इस फ़िल्म का एक शिड्यूल पूरा हो जाने के बाद अमरोही ने कानन कौशल को *शंकर हुसैन* की भी नायिका बनाने की मंशा व्यक्त की, लेकिन मधुसूदन राज़ी नहीं हुए। वे जानते थे कि दो नावों की सवारी करने वालों का क्या हश्र होता है।

'शंकर हुसैन' में फ़िरोज़ खान और संजीव कुमार

उनके इंकार कर देने के बाद अमरोही ने *शंकर हुसैन* के लिए दूसरी नायिका की खोज शुरू कर दी।

"शंकर हुसैन" छोटे बजट की फ़िल्म थी इसलिए अमरोही किसी नवोदित अभिनेत्री को लेकर, यह फ़िल्म बनाने की सोच रहे थे। संजीव कुमार का चयन तो पहले ही हो चुका था, फ़िरोज़ खान को उन्होंने सेकेंड लीड में लिया, जो तब तक कई छोटी-बड़ी फ़िल्मों में काम कर चुके थे। चूँकि यह नायिका प्रधान कहानी थी, इसलिए अमरोही ने कई लड़कियों का स्क्रीन टेस्ट लेने के बाद एक सिंधी लड़की को चुना जिसे आले साहिबा नाम दिया गया।

फ़िरोज़ खान और संजीव कुमार की छोटी बहन की भूमिका उन्होंने विद्या मांजरेकर, यानी अंजना मुमताज़ को दी। अंजना मुमताज़ के नृत्य गुरु नीलम मास्टर *पाकीज़ा* के जूनियर कलाकारों को नृत्य सिखाते थे। अपने गुरु के साथ एक दिन अंजना मुमताज़ शूटिंग देखने *पाकीज़ा* के सेट पर आ गईं और वहाँ का माहौल देखकर हर दिन जाने लगी थीं। दो-तीन दिनों बाद उनकी भेंट मीना कुमारी से हो गई थी। तेरह साल की अंजना मीना कुमारी को बहुत प्यारी बच्ची लगीं। वे उन्हें अपने साथ मेकअप रूम में ले जातीं और उन्हीं के साथ खाना खाती थीं। एक दिन अंजना ने मीना कुमारी से फ़िल्मों में काम करने की इच्छा व्यक्त की। मीना कुमारी ने उन्हें समझाते हुए कहा, "पहले अपनी पढ़ाई पूरी कर लो, फिर इस दुनिया में आना।"

मीना कुमारी ने एक दिन अमरोही से उसका परिचय कराते हुए कहा, "यह भी फ़िल्मों में काम करना चाहती है। किसी दिन हम इसे एक छोटा-सा रोल दे देंगे।" अमरोही ने उनकी बात पर कोई प्रतिक्रिया नहीं व्यक्त की। सेट पर तमाम लोग अंजना के साथ अच्छी तरह पेश आते थे, लेकिन अमरोही उन पर कभी ध्यान ही नहीं देते थे।

मीना कुमारी की सिफ़ारिश का कोई असर न होते देख एक दिन आहत भाव से अंजना सीधे अमरोही के सामने जा खड़ी हुई। "मैं फ़िल्मों में काम करना चाहती हूँ," उन्होंने कहा।

"लेकिन तुम्हारी उम्र ऐसी है कि न तो तुम नायिका बन सकती है और न ही बाल कलाकार।" अमरोही ने वस्तु-स्थिति से अवगत कराया।

बात यहीं ख़त्म हो गई, लेकिन मीना कुमारी से परिचय के बाद अंजना कभी-कभार उनके घर पर भी आने लगी थीं। बाद में अमरोही ने उन्हें महल पिक्चर्स (प्रा.) लि. के कलाकार के रूप में साइन कर लिया था। उसके कुछ ही दिनों बाद मीना कुमारी घर छोड़ कर चली गई थीं और *पाकीज़ा* बंद हो गई। अपना पुराना वादा निभाते हुए अंजना को अमरोही ने *शंकर हुसैन* में बहन की भूमिका दे दी।

खैर, सभी जानते थे कि अमरोही को संगीत का अच्छा ज्ञान था। *दायरा* फ़िल्म फ़्लॉप हो चुकी थी, लेकिन उसका एक भजन *देवता तुम ही मेरा सहारा, मैंने थामा है दामन तुम्हारा* ...आज भी लोकप्रिय है। इस फ़िल्म के संगीतकार के रूप में वादक जमाल सेन को चुना गया था। इससे पहले उन्होंने केदार शर्मा की *शोखियाँ* की थी। *महल* से *रज़िया सुलतान* तक उनकी सारी फ़िल्मों का संगीत खूब लोकप्रिय हुआ। फ़िल्मों में संगीत अच्छा होना चाहिए, यह उनका आग्रह था, लेकिन इसके पीछे व्यावसायिक नज़रिया नहीं था उनका। 1959 में प्रदर्शित फ़िल्म *दिल देके देखो* में उषा खन्ना का संगीत अत्यंत लोकप्रिय हुआ। यही कारण था कि जब *शंकर हुसैन* का निर्देशन मधुसूदन करने वाले थे, उस समय अमरोही ने इसके गीतों को संगीत देने की ज़िम्मेदारी भी उन्हें सौंप दी थी, लेकिन जब निर्देशन का दायित्व उन्होंने अपने हाथ में लिया, तो लोगों ने उन्हें सुझाया कि फ़िल्म का संगीतकार भी नामी होना चाहिए, ताकि फ़िल्म के लिए वितरक आसानी से मिल सकें। लिहाज़ा, अमरोही ने उस ज़माने की प्रसिद्ध संगीतकार जोड़ी लक्ष्मीकांत-प्यारेलाल को साइन कर लिया। नतीजतन, उषा खन्ना अमरोही से नाराज़ हो गई और लोगों ने उनको यह कहते हुए सुना कि देखें लता मंगेशकर उनकी फ़िल्म के लिए कैसे गाती हैं। उषा खन्ना और लता मंगेशकर आपस में गहरी सहेलियाँ थीं। मधुसूदन कहते थे कि उनकी धमकी से घबराकर अमरोही ने *आख़िरी दिन पहल रात* के संगीतकार के रूप में उषा खन्ना को साइन कर लिया, लेकिन उषा खन्ना उनकी इस बात से सहमत नहीं हैं। उनका

कहना है कि *शंकर हुसैन* का संगीत शुरू में वे ही देने वाली थीं, लेकिन बाद में वह फ़िल्म लक्ष्मीकांत-प्यारेलाल को सौंप दी गई। वे कहती हैं कि उन्होंने इसके लिए अमरोही को कोई धमकी नहीं दी थी। उनके मुताबिक़ "उस समय मैं फ़िल्म इंडस्ट्री में नई थी। दूसरे अमरोही की फ़िल्म में लता नहीं गाएँगी, इस तरह की बचकानी धमकी मैं कैसे दे सकती थी। वैसे लता मेरी बात मानती ही क्यों?"

लक्ष्मीकांत-प्यारेलाल उस समय प्रसिद्धि के शिखर पर थे। निर्माता-निर्देशक उनके सीटिंग रूम में क़तार लगाकर बैठे रहते थे, लेकिन अमरोही इसके अपवाद थे। वे किसी संगीतकार के यहाँ लाइन लगाकर बैठने वाले व्यक्ति नहीं थे। इस बात को लक्ष्मीकांत-प्यारेलाल भी बख़ूबी जानते थे। अमरोही ने जब *शंकर हुसैन* के संगीत के लिए उनसे पूछा तो उन दोनों ने कहा, "आपके साथ काम करके हमें भी ख़ुशी होगी, लेकिन आपसे हमारा अनुरोध है कि आपको गीत की धुन सुनने के लिए हमारे सीटिंग रूम में आना होगा, क्योंकि ढोलक-तबला, हारमोनियम वगैरह वाद्ययंत्रों और वादकों के साथ हमें आपके यहाँ आने में दिक़्क़त होगी।" उनकी बात भी वाजिब थी, इसलिए अमरोही ने एतराज़ नहीं किया। अमरोही ने उन्हें कहानी सुनाकर समझा दिया कि गीतों को किस तरह चित्रित करना है। इसके हफ़्ते भर बाद मज़रूह सुल्तानपुरी के लिखे एक गीत की धुन सुनने के लिए लक्ष्मीकांत ने अमरोही को फ़ोन करके बुलाया।

अमरोही जब उनके सीटिंग रूम में पहुँचे, तो लक्ष्मी-प्यारे ग्रुप के कुछ लोग वहाँ पहले से ही मौजूद थे। अमरोही के पहुँचते ही उन लोगों ने लक्ष्मी-प्यारे के संगीत की तारीफ़ करना शुरू कर दिया। "कमाल साहब, क्या गाना बना है, आप तो सुनते ही फड़क जाएँगे। यह गाना तो हिट जाएगा।" अमरोही उनका आशय समझ गए। वे संगीत की तारीफ़ करके उनको प्रभावित करने की कोशिश कर रहे थे, ताकि धुन सुनने के बाद वे उसे रिजेक्ट न कर सकें। धुन सुनकर उन्होंने कहा, "धुन तो सचमुच अच्छी है, लेकिन कुछ और सुनाइए।" अमरोही की बात सुनकर लक्ष्मी-प्यारे मन ही मन चिढ़ गए, लेकिन उन लोगों ने अपनी नाराज़गी ज़ाहिर न करते हुए कहा, "हाँ, हाँ, ज़रूर कोई बात नहीं।" अमरोही का नकारना मज़रूह सुल्तानपुरी को भी ठीक न लगा, लेकिन उन्होंने चुप रहना ही बेहतर समझा। उसके बाद अमरोही ने लक्ष्मी-प्यारे को अपने एक और गीत का धुन बनाने के लिए कहा। उसके अगले हफ़्ते तक नई धुन तैयार करने के वादे के साथ वह मुलाक़ात ख़त्म हो गई।

वादे के मुताबिक़ हफ़्ते भर बाद अमरोही, लक्ष्मी-प्यारे के पास पहुँचे। उनके पहुँचते ही लक्ष्मी-प्यारे ने कहा, "कमाल साहब, आपने जो धुन रिफ़्यूज़ की थी, वह अगले ही दिन बिक गई।"

"हाँ, उसे बिकना ही था, क्योंकि वह मेरी फ़िल्म की धुन नहीं थी। आपने जो धुन बनाई थी, वह किसी और फ़िल्म की धुन हो सकती थी, लेकिन मेरी फ़िल्म

की धुन सिर्फ़ मेरी फ़िल्म की होगी।” अमरोही का जवाब उनके दंभ का मुँह तोड़ जवाब था।

अमरोही को एक नई धुन सुनाई गई, लेकिन उसमें आर्केस्ट्रा का इस्तेमाल कुछ ज़्यादा ही हुआ था। अमरोही ने सुनते ही उसे ख़ारिज कर दिया।

“आप शायद भूल रहे हैं कि मेरी नायिका नींद में चलते हुए यह गीत गाती है। इसमें आर्केस्ट्रा इतना ज़्यादा है कि मेरी नायिका हड़बड़ा कर जाग जाएगी।”

धीरे-धीरे अमरोही और लक्ष्मी-प्यारे दोनों को लग गया कि उनकी संगत जमने वाली नहीं है। अमरोही को शुरू से ही अपनी फ़िल्म का व्यावसायीकरण पसंद नहीं था। नतीजतन, लक्ष्मी-प्यारे को अलविदा कह कर उन्होंने *शंकर हुसैन* के संगीत की ज़िम्मेदारी ख़य्याम को दे दी।

ख़य्याम और उनकी पत्नी जगजीत कौर को मीना कुमारी बरसों से जानती थीं, यानी अपनी पहली फ़िल्म *फ़ुटपाथ* के समय से। उन दिनों अमरोही और मीना कुमारी का प्रेम परवान चढ़ रहा था। मीना कुमारी के पिता अली बख़्श भी संगीतकार थे। इसलिए ख़य्याम तक़रीबन हर रोज़ उनके घर आते थे। दोनों संगीतकारों के बीच होने वाली बहसों में कभी-कभार मीना कुमारी भी शामिल हो जाती थीं। रणजीत स्टूडियो में शूटिंग के दौरान मीना कुमारी को भी समय मिलता, तो ख़य्याम के म्यूज़िक रूम में जा बैठतीं। ख़य्याम उन्हें अपनी नई-नई धुनें सुनाते। अमरोही भी उनके संगीत को पसंद करते थे, लेकिन *पाकीज़ा* के दौरान उन्हें एक साथ काम करने का जो मौक़ा नहीं मिला था, वह अब मिल गया।

खैर, ख़य्याम ने अमरोही के कहे मुताबिक़ सारे गीतों की धुनें तैयार कीं। *अपने आप रातों में चिलमनें सरकती हैं, चौंकते हैं दरवाज़े, सीढ़ियाँ धड़कती हैं...* वाले गीत को लेकर अमरोही विशेष रूप से सतर्क थे, क्योंकि *शंकर हुसैन* की नायिका यही गीत नींद में चलते हुए गाती है। लक्ष्मी-प्यारे के साथ पहले ही वे एक अनुभव ले चुके थे। इसलिए उन्होंने ख़य्याम को इसकी छोटी से छोटी बारीक़ियाँ, इसके वातावरण वगैरह के बारे में बताया। वैसे भी, ख़य्याम के साथ उनके ख़यालात काफ़ी मिलते थे, इसलिए इस फ़िल्म के सारे गीत अच्छे बन गए।

अमरोही परंपरावादी ज़रूर थे, लेकिन अंधविश्वासी नहीं थे। मोहर्रम के दिनों में शूटिंग करने की इस्लाम में मनाही है, पर अमरोही को मोहर्रम के दिनों में भी शूटिंग से परहेज़ नहीं था। इस्लाम धर्म में मर्सिया सिर्फ़ मोहर्रम के दिनों में पढ़ा जाता है। यही कारण है कि मर्सिये के रिकॉर्ड या कैसेट आम जनता तक नहीं पहुँच पाते, लेकिन अमरोही इकलौते ऐसे निर्माता-निर्देशक थे, जिन्होंने अपनी फ़िल्म *शंकर हुसैन* में मर्सिया गवाया। (लेकिन उसे फ़िल्म के ऑडियो कैसेट में शामिल नहीं किया गया।)

फ़िल्म के मुहूर्त का कार्ड छप गया। सारी तैयारियाँ पूरी हो चुकी थीं। मुहूर्त से एक दिन पहले फ़िल्म की नायिका ने अमरोही से कहा कि उनके मंगेतर ने उन्हें फ़िल्मों में काम करने से मना कर दिया है, इसलिए वे उनकी फ़िल्म में काम नहीं कर सकेंगी। उसकी बात सुनकर अमरोही अवाक रह गए। कल मुहूर्त है, अब अंतिम क्षणों में हम दूसरी नायिका कहाँ से लाएँगे? अमरोही को कुछ सूझ नहीं रहा था। काफ़ी सोच-विचार के बाद उन्होंने अंजना मुमताज़ को ही नायिका बनाने का फ़ैसला कर लिया। उसी रात उन्होंने अंजना के घर आदमी भेजकर उसे मुहूर्त शॉट के लिए तैयार कराया। इस तरह अंजना रातों-रात बहन की भूमिका से नायिका की भूमिका में आ गई, लेकिन मधुसूदन और हेमंत देसाई जैसे अमरोही के सहयोगियों का कहना है कि उन्होंने अंजना के सिवाय किसी दूसरी सिंधी लड़की को चुना ही नहीं था।

तयशुदा कार्यक्रम के मुताबिक़ अंजना मुमताज़ और गजानन जागीरदार पर शॉट लिया गया। शॉट कुछ ऐसा था, ईद का दिन है और आसमान में चाँद देखने के बाद अंजना मुमताज़ अपने वालिद गजानन जागीरदार को ईद का मुबारक़बाद देती हैं। फ़िल्म के लिए उसका नाम आले साहिबा रखा गया था। विद्या शंकर माँजरेकर मध्यवर्गीय मराठी परिवार की लड़की थी, जिसके हिंदी उच्चारण में मराठीपन का पुट रहता था। लिहाज़ा, मुहूर्त के बाद अमरोही ने उसे उर्दू सिखाने के लिए मुस्लिम ट्यूटर लगा दिया।

अमरोही खुद भी उसे उर्दू बोलने का अभ्यास कराते। उसे अपनी शेरो-शायरी सुनाते। कौन-सा शब्द कैसे बोलना चाहिए। आदाब करते समय हाथ कितना उठाना चाहिए - जैसी छोटी-छोटी बातें भी उन्होंने अंजना को बताईं। अमरोही की लिखावट बहुत अच्छी थी, अंजना भी उन्हीं की तरह सुंदर अक्षरों में लिखने की कोशिश करतीं। अमरोही ने उसे मेकअप करना भी सिखाया। वे अलग-अलग ढंग से उसके स्केच बनाते। मेकअप मैन को उसके चेहरे की ख़ामियाँ बताते और उन ख़ामियों को दूर करने के उपाय भी बताते। मराठी भाषी होने के बावजूद, उर्दू भाषा पर समान रूप से अधिकार रखने वाली अंजना आज भी इसका श्रेय अमरोही को देती हैं।

कमाल अमरोही एक साथ दो फ़िल्में बना रहे थे - *शंकर हुसैन* और *आख़िरी दिन नई रात*। छोटे क़स्बों-शहरों से हर दिन काम की तलाश में कितने ही नवयुवक बंबई आते रहते थे। ऐसे ही नवयुवकों में से एक, काम की तलाश में भटकता हुआ अमरोही के बांद्रा स्थित घर पर जा पहुँचा। उनके घर पहुँच कर उसने देखा कि सफ़ेद कुर्ता पायजामा पहने सफ़ेद गद्दे पर बिछी सफ़ेद चादर पर सफ़ेद तकिये का सहारा लिए पलंग पर बैठे अमरोही कुछ लिख रहे थे। अमरोही का सुरुचिपूर्ण, सुदर्शन व्यक्तित्व देखकर वह युवक अभिभूत हो गया। उसने अमरोही को अपने आने का कारण बताया। "तुमने पढ़ाई कहाँ तक की है, तुमको किस तरह की फ़िल्में अच्छी लगती हैं" जैसे सवाल करने के बाद अमरोही ने उसे अपने पाँचवें

सहायक के रूप में उसे रख लिया। वह युवक कोई और नहीं, आज के प्रसिद्ध लेखक-गीतकार जावेद अख़्तर थे। उनको उर्दू-अँग्रेज़ी दोनों भाषाएँ आती थीं, इसलिए अमरोही ने उन्हें क्लैप देने के साथ-साथ कंटीन्यूटी लिखने का काम दे दिया। बंबई में रहने का ठिकाना न होने के कारण जावेद अख़्तर कमाल स्टूडियो में ही रहने लगे। जावेद अख़्तर ने अपने जीवन में पहली बार जो स्क्रिप्ट देखी-पढ़ी, वह कमाल अमरोही की ही स्क्रिप्ट थी। कमाल अमरोही अत्यंत कलात्मक शैली में स्क्रिप्ट लिखते थे। स्क्रिप्ट में कोई सीन क्यों लिखा था, उसका आशय क्या है - जैसी टिप्पणियाँ भी स्क्रिप्ट में दर्ज होती थीं। अमरोही का अहसान मानते हुए जावेद अख़्तर कहते हैं, "मैंने अमरोही के स्क्रिप्ट लेखन से पटकथा-संवाद में काफ़ी कुछ सीखा।" उनका कहना है कि अमरोही आम आदमी के जीवन की कहानी लिखते थे। उनके लेखन में भारतीय संस्कृति, आम भारतीय जनमानस की मनोवृत्ति और उसकी सोच प्रक्रिया के स्पष्ट दर्शन होते हैं। अमरोही की विशेषता थी कि वे हमेशा पेंसिल से लिखते थे। लिखने में कोई शब्द ग़लत लिख जाता या ठीक से न लिखा जाता था, लिखावट अच्छी न निकलती, तो उसे मिटाकर उसे ठीक कर देते थे।

खैर, *शंकर हुसैन* की शूटिंग शुरू हुई। संजीव कुमार और फ़िरोज़ खान के मुक़ाबले अंजना मुमताज़ की भूमिका ज़्यादा महत्त्वपूर्ण थी। दूसरे उसे अभिनय का कोई अनुभव भी नहीं था, इसलिए अमरोही उस पर ज़्यादा ध्यान देते थे। उस समय संजीव कुमार *निशान* नाम की एक फ़िल्म में काम कर रहे थे। इसके अलावा गुजराती रंगमंच पर काम करने का भी अनुभव था उनके पास। फ़िरोज़ खान के नाम पर भी एक-दो फ़िल्में दर्ज थीं, लेकिन अंजना *शंकर हुसैन* से ही अपने अभिनय जीवन का श्रीगणेश कर रही थी। अंजना मुमताज़ पर अमरोही का विशेष ध्यान देने का एक कारण यह भी था कि इससे पहले की महल पिक्चर्स के बैनर तले बनी फ़िल्म *दायरा* और अधूरी पड़ी *पाकीज़ा* की नायिका मीना कुमारी जैसी सक्षम अभिनेत्री थी। ऐसे में उनके अभाव में एक बेहतर अभिनेत्री पेश करना अमरोही के लिए बड़ी चुनौती थी। यही कारण था कि वे अंजना पर काफ़ी मेहनत कर रहे थे। वे उसे अपनी फ़िल्म में मीना कुमारी की समकक्ष नायिका के रूप में पेश करना चाहते थे।

लेकिन उनका अंजना मुमताज़ पर ज़्यादा ध्यान देना संजीव कुमार, फ़िरोज़ खान को रत्ती भर नहीं सुहाता था। दोनों नए थे, इसलिए इस बात को लेकर अमरोही से शिकायत भी नहीं कर सकते थे, लेकिन अपनी नाराज़गी उन्होंने अंजना मुमताज़ से बातचीत बंद करके व्यक्त की। अंजना के सेट पर पहुँचते ही उनके बीच कानाफूसी शुरू हो जाती थी।

इस फ़िल्म की शूटिंग भी अमरोही धीमी रफ़्तार से अपनी मनमर्ज़ी से कर रहे थे। पूरा एक दिन लाइटिंग और रिहर्सल में चला जाता और फिर दूसरे दिन दृश्य शूट होता था। इस फ़िल्म में उस ज़माने के प्रसिद्ध निर्देशक-अभिनेता महेश कौल

और संजीव कुमार पर एक दृश्य फ़िल्माया जाना था। नहा कर लौटे अपने बेटे से, महेश कौल पूछते हैं, "नहा चुके? अब आ जाओ।" वैसे देखा जाए, तो यह बिलकुल मामूली-सा दृश्य था, जो पहले ही टेक में ओके हो गया, लेकिन अमरोही ने "नहा चुके? अब आ जाओ" वाला संवाद महेश कौल से तरह-तरह से बुलवाया और जो संवाद अदायगी सुनने में सबसे अच्छी लगी, उसे ही ओके किया। अमरोही की जगह कोई दूसरा निर्देशक होता तो "नहा चुके? अब आ जाओ" - जैसे मामूली संवाद को इतनी तवज्जो न देता और महेश कौल जैसे निर्देशक-अभिनेता द्वारा दिए गए पहले ही टेक को ओके कर देता, लेकिन परफ़ेक्शन चाहने वाले अमरोही ने इस बात को विशेष महत्व दिया कि उसे अलग-अलग शैली में कैसे बोला जा सकता है।

शंकर हुसैन के दो-तीन शिड्यूल आसानी से निपट गए। इन शिड्यूलों में संजीव कुमार, फ़िरोज़ खान और अंजना मुमताज़ के कुछ दृश्य और *अपने आप रातों में चिलमनें सरकती हैं...* वाला गीत फ़िल्माया गया, लेकिन एक दिन अमरोही ने अचानक यह फ़िल्म बंद कर दी। इसके दो कारण बताए जाते हैं। एक तो यह कि अमरोही के कुछ मित्रों ने फ़िल्म की शूटिंग के दौरान उनसे कह दिया कि आप *पाकीज़ा* जैसी भव्य फ़िल्म बना रहे थे। अशोक कुमार, मीना कुमारी, मधुबाला जैसी टॉप कलाकारों के साथ काम किया और अब नए कलाकारों के साथ काम करके आप अपनी बनी-बनाई इमेज क्यों मटियामेट कर रहे हैं। कच्चे कान के अमरोही ने उनके कहे पर यक़ीन कर लिया और *शंकर हुसैन* को बंद करने का फ़ैसला कर लिया। अमरोही के लड़के भी मानते हैं कि वे कान के कच्चे थे।

इस फ़िल्म के बंद होने का दूसरा कारण यह बताया जाता है कि *शंकर हुसैन* की शूटिंग की रफ़्तार काफ़ी धीमी थी। 1968 का साल बीत जाता, फिर भी फ़िल्म न बन पाती। इस बीच, मीना कुमारी और कमाल अमरोही के संबंधों में सुधार होने लगा था। दोनों आपस में मिलने-जुलने लगे थे और अमरोही को *पाकीज़ा* के फिर से शुरू होने के आसार नज़र आने लगे।

पाकीज़ा अमरोही का सपना थी और उनका सारा ध्यान इसी बात पर लगा था कि किसी तरह *पाकीज़ा* फिर से शुरू हो जाए। ऐसे में *शंकर हुसैन* पर ध्यान केंद्रित कर पाना उनके लिए कठिन था। अंजना के साथ तीन साल का लिखित क़रार था। क़रार के मुताबिक़ *शंकर हुसैन* के बनने तक वे किसी और फ़िल्म में काम नहीं कर सकती थीं। उनके साथ हुए क़रार की अवधि पूरी हो चुकी थी और *शंकर हुसैन* के पूरी होने के आसार नज़र नही आ रहे थे। अमरोही ने उन्हें इंतज़ार करने को कह रखा था। अंजना ने कुछ दिन तो इंतज़ार किया, लेकिन अमरोही के अनुबंध की शर्त के चलते वे दूसरा काम हाथ में ले भी नहीं सकती थीं। मोहन सहगल उन्हें *सावन-भादो* की नायिका के रूप में लेने की सोच रहे थे, लेकिन उनके इंकार के चलते वह भूमिका रेखा को मिल गई। *आराधना* में फ़रीदा जलाल ने जो भूमिका

की है, पहले उसके लिए भी अंजना मुमताज़ के नाम पर विचार किया गया था। निर्माता-निर्देशक बी.आर चोपड़ा, एम.वी. कंपनी और मनोज कुमार की फ़िल्मों के ऑफ़र भी अंजना ने *शंकर हुसैन* के लिए छोड़ दिए, लेकिन *शंकर हुसैन* का कोई भविष्य नज़र नहीं आ रहा था। अब तक में अंजना अठारह की हो गई थी और नायिका की दृष्टि से यह सबसे उपयुक्त उम्र थी, उसकी उन्हें चिंता सता रही थी कि कुछ दिन और इंकार करती रही, तो फिर फ़िल्मों के ऑफ़र आने बंद हो जाएँगे। उसी दौरान महमूद और उनके कोई रिश्तेदार *दो फूल* का ऑफ़र लेकर उसके पास आए। अब *शंकर हुसैन* का इंतज़ार करना मूर्खता है। इस फ़िल्म के इंतज़ार में बैठी रहीं, तो तुम्हारा करियर शुरू होने से पहले ही ख़त्म हो जाएगा, महमूद ने उन्हें सलाह दी। वे उस समय के चोटी के अभिनेता बन चुके थे। फ़िल्मों में उनकी भूमिका नायक से भी ज्यादा महत्त्वपूर्ण होती थी। अंजना को उनकी बात जम गई और उन्होंने *दो फूल* का ऑफ़र स्वीकार कर लिया। महमूद ने ही उन्हें अंजना नाम दिया। अमरोही के साथ क़रार तुड़वा कर अंजना को अपनी फ़िल्म के लिए अनुबंधित करके अमरोही को नुकसान पहुँचाने की गरज से महमूद ने उन्हें *दो फूल* में लिया था। अंजना ने *दो फूल* साइन कर ली है, यह पता चलने पर अमराही काफ़ी नाराज़ हुए और यह कहते हुए उन्हें अपने क़रार से मुक्त कर दिया कि "अब अगर मैंने *शंकर हुसैन* बनाई, तो भी तुम उसमें नहीं रहोगी।"

शंकर हुसैन के साथ जो कुछ भी हुआ, वैसा ही हश्र *आख़िरी दिन पहली रात* का भी हुआ। उसकी पटकथा और निर्देशन के संबंध में अमरोही ने मधुसूदन को जो निर्देश दे रखे थे, वे उन निर्देशों का पालन नहीं कर रहे थे। नतीजतन, पचास रीलें बनने के बाद उनके बीच झगड़ा हो गया और फ़िल्म डिब्बे में बंद हो गई।

दोनों फ़िल्मों के बंद हो जाने के बाद जावेद अख़्तर के लिए अमरोही का सहायक बने रहने का औचित्य नहीं रह गया था। उस स्थिति में वे कमाल स्टूडियो में रह भी नहीं सकते थे, लेकिन अमरोही ने उन्हें वहाँ रहने की अनुमति दे दी। दोनों फ़िल्मों के बंद होने के बावजूद, तक़रीबन दो साल वे बिना किराये-भाड़े के वहाँ रहे। मज़ाक़ के स्वर में जावेद अख़्तर कहते हैं, "महल पिक्चर्स (प्रा.) लि. के साथ मेरा संबंध नौकरी से कहीं ज़्यादा मुफ़्त के किरायेदार का है।"

लेकिन बरसों बाद 1975 में अमरोही के मन में एक बार फिर *शंकर हुसैन* बनाने की बात आई। इसकी वजह यह थी कि *शंकर हुसैन* की कहानी उन्हें ख़ास प्रिय थी। एक दिन उन्होंने अशोक टॉकीज़ के मैनेजर हरि सिंधानी से अपने मन की बात कहते हुए कहा, "लगता है कि *शंकर हुसैन* बनानी ही पड़ेगी।"

"बिलकुल बनाइए।" हरि सिंधानी ने उनकी हौसला अफ़जाई करने के अंदाज़ में कहा।

"लेकिन अब मैं उसका निर्देशन नहीं करूँगा।"

शंकर हुसैन एक बार बंद पड़ चुकी थी, इसलिए अमरोही दोबारा उसका निर्देशन नहीं करना चाहते थे। दूसरे, *पाकीज़ा* के बाद वे कोई अन्य फ़िल्म बनाने की सोच रहे थे। उन दिनों बांग्ला निर्देशक सत्येन बोस का नाम चर्चा में था। इसके अलावा अमरोही का मानना था कि बांग्ला निर्देशकों में रचनात्मकता और तरलता होती है, इसलिए कोई बांग्ला निर्देशक ही उनकी कहानी के साथ न्याय कर सकता है, लेकिन सत्येन बोस ने मुस्लिम संस्कृति पर आधारित इस कथानक पर फ़िल्म बनाने में कोई रुचि नहीं दिखाई। इस फ़िल्म का निर्देशन कौन कर सकता है, इस सवाल पर विचार करते हुए उन्हें अपने सहायक यूसुफ़ नक़वी का ख़याल आया।

अब चलते-चलते नक़वी पर चर्चा कर ली जाए। नक़वी से अमरोही का परिचय *महल* के दौरान हुआ था। बॉम्बे टॉकीज़ के स्टूडियो में अमरोही *महल* की पटकथा पर काम कर रहे थे कि एक दिन बाक़र एक युवक को उनके पास ले आए। बाक़र उस युवक के बारे में अमरोही से कुछ कहना चाहते थे कि किसी काम से अशोक कुमार ने उन्हें बुलवा लिया और अमरोही उठकर कमरे से बाहर चले गए। उनकी अनुपस्थिति में बाक़र ने उस युवक को अमरोही की लिखी पटकथा की नक़ल उतारने को कह दिया। कुछ देर बाद अपने कमरे में लौट कर अमरोही ने अपनी स्क्रिप्ट की साफ़-सुथरी कॉपी देखकर बाक़र से पूछा, "यह नक़ल किसने उतारी?"

"इस युवक ने।" बाक़र ने उस युवक की तरफ़ इशारा करते कहा। "यह कौन है?"

"इसका नाम है यूसुफ़ नक़वी। यह फ़िल्मों में आने की कोशिश कर रहा है। मेरे गाँव का है," बाक़र ने बताया।

"तुम्हारी लिखावट तो बहुत अच्छी है, लेकिन तुम्हारी रुचि अभिनय में है या निर्देशन में?"

सच पूछिए तो यूसुफ़ नक़वी को अभिनय का शौक था, लेकिन न जाने कैसे उनके मुँह से निकल गया निर्देशन में। "तुम मेरे साथ काम कर सकते हो? फिलहाल बॉम्बे टॉकीज़ की स्थिति ठीक नहीं है। उन लोगों ने मेरी मदद के लिए अपने स्टॉफ़ से आदमी दे रखा है। इसलिए काम करने का अवसर मिल भी जाए, तो तुम्हें पैसे नहीं मिलेंगे। तुम्हारी तनख़्वाह की बात मैं गांगुली साहब (उन दिनों अशोक कुमार को सभी गांगुली साहब कहते थे। आगे चलकर उनका नाम दादा मुनि पड़ गया) से बाद में कर लूँगा, लेकिन फिलहाल तुम्हें पैसे नहीं मिलेंगे।"

इसके बावजूद यूसुफ़ नक़वी कमाल अमरोही के साथ काम करने पर राज़ी हो गए, क्योंकि *जेलर और पुकार* के चलते अमरोही का काफ़ी नाम हो गया था।

दायरा और पाकीज़ा के दौरान भी यूसुफ़ नक़वी ने उनके सहायक के रूप में काम किया। नक़वी की स्वतंत्र फ़िल्म *तारों की छाँव में* किन्ही कारणवश बंद पड़ गई थी।

पाकीज़ा में अमरोही के सहायक के रूप से निर्देशक की हैसियत से काम करते हुए भी वे कई फ़िल्मों का स्वतंत्र रूप से निर्देशन कर रहे थे। यही कारण था कि वे *पाकीज़ा* में अपना नाम असोसिएट डायरेक्टर के रूप में देना चाहते थे, लेकिन एक दिन *पाकीज़ा* के फाइनैंसर धीरूभाई शाह के साथ काम करने वाले कुलदीप नाम के एक व्यक्ति ने उन्हें बताया कि आपका और हेमंत देसाई (अमरोही के एक और सहायक) का नाम *पाकीज़ा* की श्रेय नामावली में चीफ़ असिस्टेंट के रूप में गया है। यह जानकर नक़वी काफ़ी नाराज़ हुए और उन्होंने अमरोही के पास इस आशय का संदेश भेजवा दिया कि *पाकीज़ा* की श्रेय नामावली से उनका नाम निकाल दिया जाए, इस बाबत नक़वी से कुछ कहे बगैर अमरोही ने श्रेय नामावली से उनका नाम निकाल दिया। इसलिए नक़वी अमरोही से नाराज़ थे। अब उसी नक़वी से अमरोही अपनी फ़िल्म का निर्देशन कराने की सोच रहे थे।

यूसुफ़ को कहानी के बारे में पता है। उसने उनके साथ काम किया है, वह उनकी विचारधारा और उनकी कार्य शैली से परिचित है। इसलिए वह कहानी के साथ न्याय कर सकता है, अमरोही का ऐसा मानना था। लिहाज़ा, उन्होंने *शंकर हुसैन* के निर्देशन की ज़िम्मेदारी नक़वी के कंधों पर डाल दी।

"देखो यूसुफ़, मैंने तुमसे वादा किया था कि मैं तुम्हें फ़िल्म निर्देशन का मौक़ा दूँगा। तुम दूसरों की फ़िल्में बना ही रहे हो। चलो, यह फ़िल्म शुरू करो।"

यह बात 1975 की है। तब तक संजीव कुमार और फ़िरोज़ खान की गिनती नामी अभिनेताओं में होने लगी थी। वे उस समय कई फ़िल्मों में व्यस्त भी थे। अंजना के *दो फूल* में काम कर चुकने के बाद उन्हें इस फ़िल्म में लेने का सवाल ही नहीं रह गया था। इसलिए नए कलाकारों का चयन लाज़िमी था। कंवलजीत उन दिनों फ़िल्मों में स्ट्रगल कर रहे थे और ताजदार अमरोही के दोस्त थे, लिहाज़ा, ताजदार ने उनका नाम सुझाया। किसी ने नई अभिनेत्री मधुचंद्रा का नाम सुझाया। इस तरह नए कलाकार लेकर यूसुफ़ नक़वी ने फ़िल्म शुरू की। कम बजट की फ़िल्म होने के नाते, उन्होंने वलसाड और भिवंडी के आस-पास की कुछ जगहों पर उसकी आउटडोर शूटिंग की और कुछ शूटिंग बंबई में की गई।

पर इस फ़िल्म के बनने के दौरान अचानक मधुसूदन ने राइटर्स असोसिएशन में अमरोही के ख़िलाफ़ शिकायत कर दी। अपनी शिकायत में उन्होंने अमरोही के साथ अपनी मुलाक़ात के समय से तमाम घटनाओं का ब्यौरा देते हुए उन पर आरोप लगाया था कि *पाकीज़ा* और *शंकर हुसैन* के लेखन में उनका योगदान था, लेकिन अमरोही ने उन्हें नाम और पैसे कुछ भी नहीं दिए। *शंकर हुसैन* के लिए अमरोही

के साथ हुए क़रारनामे की प्रति भी उन्होंने असोसिएशन में पेश की थी। राइटर्स असोसिएशन ने फ़ैसला लिया कि अमरोही मधुसूदन को पचास हज़ार रुपये और फ़िल्म ट्राफ़ी दें। मधुसूदन बताते थे कि अमरोही ने बिना ना-नुकर किए उन्हें पचास हज़ार रुपये दे दिए, मगर ट्राफ़ी देने पर राज़ी नहीं हुए। उनका मानना था कि ट्राफ़ी देने से बदनामी होगी। अंततः काफ़ी जोड़-तोड़ के बाद मधुसूदन ने पैसे पाकर संतोष कर लिया। इतनी देर से अमरोही के ख़िलाफ़ शिकायत करने का कारण बताते हुए मधुसूदन कहते थे, "*शंकर हुसैन* पर मैंने जो मेहनत की, वो मेरी सारी मेहनत बेकार गई। अमरोही ने मुझे उसका मेहनताना नहीं दिया था। उन्हें लग रहा था कि अमरोही, यूसुफ़ नक़वी से साथ भी छल करेंगे, *शंकर हुसैन* में निर्देशक के रूप में अपना ही नाम देंगे। यही सोचकर उन्होंने केस किया था।"

खैर, अंततः फ़िल्म पूरी हो गई। नटराज स्टूडियो में उसका ट्रायल रखा गया। कमाल अमरोही इस फ़िल्म के निर्माता और उनके बेटे ताजदार और हरि सिंघवी का सह-निर्माता के रूप में नाम दिया गया था।

अमरोही के कई रिश्तेदार और दोस्त ट्रायल देखने गए। ट्रायल ख़त्म होने पर ताजदार से उसके किसी मित्र ने कहा, "फ़िल्म ख़ूब चलेगी। तू बोरी सिलवा कर रख ले (यानी ख़ूब पैसा कमाएगी। कम बजट की फ़िल्म भी चल जाती है, तो काफ़ी मुनाफ़ा कमाती है)।" ट्रायल शो देखने आए लोगों ने फ़िल्म की काफ़ी तारीफ़ की, लेकिन अमरोही ने किसी तरह की कोई प्रतिक्रिया व्यक्त नहीं की। उसके अगले दिन उन्होंने यूसुफ़ नक़वी को बुलवा कर कहा, "यूसुफ़, *कहीं एक मासूम नाज़ुक-सी लड़की...* वाले गाने को तुम फिर से छूट करो।"

"लेकिन क्यों?"

"तुमने इस गीत को जिस तरह फ़िल्माया है, वह अच्छा दिखता नहीं। वह

'शंकर हुसैन' में सुहैल और मधुचंद्रा

तकिया, वह उबलता हुआ दूध देखकर, ऐसा लगता है कि यह नौशाद की तर्ज पर फ़िल्माया गया गाना है।"

फ़िल्म में ईद के समारोह में नायिका को मिलने के बाद नायक उसके रूप की तारीफ़ करते हुए एक गाना गाता है *कहीं एक मासूम नाज़ुक-सी लड़की, बहुत ख़ूबसूरत मगर साँवली-सी...* इन शब्दों के साथ मेल खाते दृश्य का फ़िल्मांकन किया था। मसलन, दूध उबालते हुए नायिका विचारों में खो जाती है और दूध उफ़न कर बह जाता है, वगैरह...।

"लेकिन अलग ढंग से क्या शूट करेंगे? गाने के बोल ऐसे ही हैं।" यूसुफ़ नक़वी ने कहा।

"देखो, फ़िल्म में नायक कहता है, *कहीं एक मासूम नाज़ुक-सी लड़की...,* वह लड़की नायिका न होकर कोई और भी तो हो सकती है।" यह सुनकर नक़वी एकदम चुप हो गए। "मैं ऐसा करता हूँ कि इस गाने का सेट तैयार कराता हूँ और तुम उसको फ़िल्माओ। फ़िल्मांकन के दौरान मैं भी सेट पर रहूँगा," अमरोही ने कहा। नक़वी ने उनके साथ ज़्यादा बहस नहीं की, फिर से सेट लगाया गया। नायक जहाज़ में बैठकर यह गीत गाता है, इस दृश्य के साथ यह गीत फ़िल्माया गया। उसके बाद इस फ़िल्म के वितरकों, धीरू भाई शाह, चावला वगैरह के लिए फिर एक ट्रायल शो रखा गया। उस ट्रायल के समय सिंघवी भी मौजूद थे, लेकिन नए तरीक़े से फ़िल्माया गया गीत किसी को अच्छा नहीं लगा। धीरू भाई ने स्पष्ट शब्दों में कहा, "इस गाने के बोल इसके दृश्य के साथ मेल नहीं खाते। कमाल साहब से कहो कि पहले वाला गाना ही फ़िल्म में रखें।" हरि सिंघवी ने धीरू भाई का यह संदेश अमरोही को दिया। उन्हें क्या पता? लेकिन ठीक है तुम्हें जो उचित लगे करो!" अमरोही ने कहा। आख़िरकार सर्वसम्मति से पहले वाला गाना ही फ़िल्म में रखने का फ़ैसला लिया गया, लेकिन हरि सिंघवी और यूसुफ़ नक़वी जब गाने का पुराना प्रिंट खोजने लगे तो निगेटिव-पॉज़िटव कुछ भी नहीं मिला। दोनों यह सोचकर परेशान थे कि प्रिंट गए कहाँ? बाद में पता चला कि वे प्रिंट किसी ने फेंक दिए। बाद में फ़िल्म के मधुचंद्रा के दृश्यों को इकट्ठा करके उन्हें गाने के साथ रखा गया।

अंततः बंबई के रॉक्सी सिनेमाघर में मैटिनी शो में *शंकर हुसैन* लगाई गई। वहाँ वह पंद्रह हफ़्ते चली, लेकिन उन्हीं दिनों शशि कपूर की *मुक्ति* चार शो के लिए मिल रही थी, इसलिए रॉक्सी वालों ने *शंकर हुसैन* को मैटिनी शो से उतार दिया।

इस फ़िल्म के दिल्ली और यूपी के वितरक थे ए.के. मिश्रा, जिन्होंने आगे चलकर अमरोही फ़िल्म *रज़िया सुलतान* का निर्माण किया। दिल्ली में तो *शंकर हुसैन* प्रदर्शित भी हुई, लेकिन लखनऊ, इलाहाबाद, कानपुर, बनारस वगैरह उत्तर भारत के शहरों में इसका प्रदर्शन नहीं हो सका, क्योंकि उन्हीं दिनों लखनऊ में सुन्नी-शिया

विवाद पर दंगा हो गया। लिहाज़ा, एक वरिष्ठ सरकारी अधिकारी ने उत्तर भारत में फ़िल्म के प्रदर्शन की अनुमति देने के बदले आठ हज़ार रुपये की रिश्वत माँगी, लेकिन ए.के. मिश्रा पैसे देने को तैयार नहीं थे। नतीजतन, उस अफ़सर ने यह कहकर उत्तर भारत में *शंकर हुसैन* के प्रदर्शन पर रोक लगा दी कि फ़िल्म में कुछ दृश्य विवादास्पद हैं, इसलिए दोनों संप्रदायों के बीच दंगा और भड़क सकता है। बाद में सांप्रदायिक दंगा शांत हो गया, लेकिन उत्तर भारत में *शंकर हुसैन* प्रदर्शित नहीं हो सकी। इस तरह यह फ़िल्म कब आई और कब चली गई, किसी को पता नहीं चला। अलबत्ता, इस फ़िल्म का लता मंगेशकर का गाया यह गाना आज भी लोकप्रिय है, जिसके बोल थे : *आप यूँ फ़ासलों से...*।

15

अमरोही का घर छोड़ने के बाद मीना कुमारी अपनी बहन मधु के यानी महमूद के घर रहने लगी थीं। उन दिनों महमूद अंधेरी के अंबर ऑस्कर थियेटर के पीछे (जहाँ आज शॉपर्स स्टॉप है) पैराडाइज़ बिल्डिंग में रहते थे। फ़िल्मिस्तान में हुई घटना की रात अमरोही मीना कुमारी को समझा-बुझाकर घर ले जाने के लिए महमूद के घर गए, लेकिन उनके आने की ख़बर पाकर भी मीना कुमारी ने अपने कमरे का दरवाज़ा बंद कर लिया। अमरोही काफ़ी देर तक दरवाज़े पर दस्तक देकर उनसे किवाड़ खोलने की मिन्नतें करते रहे। "मंजू, अपने घर चलो। तुम्हारा जिसके साथ झगड़ा हुआ, उसे तुम अपना भाई मानती हो और भाई से झगड़े की वजह से कोई औरत अपने पति का घर नहीं छोड़ती। मैं तुम्हें तुम्हारे घर ले जाने आया हूँ, अगर तुम्हें लगता है कि तुम बाक़र का मुँह नहीं देखना चाहती, तो कल से वह तुम्हारे घर की सीढ़ियाँ नहीं चढ़ेगा।" लेकिन मीना कुमारी टस से मस नहीं हुईं। इस पर अमरोही को भी गुस्सा आ गया। "मैं सैयद हूँ मंजू, आज तो तुमसे घर वापस चलने की विनती कर रहा हूँ, लेकिन एक बात कह देता हूँ कि मैं बार-बार विनती करने नहीं आऊँगा। मेरा बार-बार तुम्हारे दर पर आना ठीक नहीं। मैं भी कुछ हूँ। आज तुम वापस घर नहीं गईं, तो कल के अख़बारों में तुम्हारे घर छोड़कर चले जाने की ख़बर छप जाएगी और उसके बाद मैं फिर कभी तुम्हें लेने नहीं आऊँगा। अलबत्ता, मेरे घर के दरवाज़े तुम्हारे लिए हमेशा खुले रहेंगे। तुम्हारा जब भी मन करे, तुम अपने घर वापस आ सकती हो।" अमरोही जब मीना कुमारी को लेने उनके घर गए थे, उस समय महमूद घर पर ही थे, लेकिन उन्होंने या मधु ने उनके बीच सुलह-सफ़ाई कराने की कोई कोशिश नहीं की, आख़िरकार दुखी मन से अमरोही घर लौट आए थे।

उसके अगले दिन उन्होंने कुछ गिने-चुने पत्रकारों को बुलाकर अपने घर पर पत्रकार सम्मेलन आयोजित किया। उस समय रुख़सार घर पर ही थी। कोई बात उसके कानों तक न जाए, इसके लिए अमरोही ने उसे नौकरानी के साथ भीतर वाले कमरे में भेज दिया। उस पत्रकार सम्मेलन में उन्होंने मीना कुमारी के घर छोड़ कर

139

चले जाने की ख़बर दी, लेकिन मीना कुमारी या उनके घर छोड़ने के बारे में विस्तार से न बताते हुए सिर्फ़ इतना ही कहा कि "मैं उसके विरोध में बहुत कुछ कह सकता हूँ, लेकिन वे औरत हैं और औरत की इज़्ज़त काँच की तरह होती है। मैं उनके बारे में कुछ कहूँ, तो उनकी गरिमा चली जाएगी। मैं मर्द हूँ, किसी भी तरह का आरोप सहन कर सकता हूँ।" मीना कुमारी ने बाक़र से झगड़ा होने की वजह से अमरोही का घर छोड़ा, इसके बावजूद अमरोही ने कभी बाक़र को दोष नहीं दिया और न उनके प्रति किसी तरह का क्षोभ ही व्यक्त किया।

पिंजरे के पंछी के सेट पर जो कुछ भी हुआ, इतना आकस्मिक था कि मीना कुमारी सिर्फ़ अपना पर्स और शूटिंग के लिए आए एक-दो जोड़ी कपड़ों के साथ ही मधु के घर चली गईं, लेकिन बाद में उन्होंने नौकर भेजकर अमरोही के यहाँ से अपने कपड़े, गहने, चाँदी की थालियाँ वगैरह चीज़ें मँगा लीं। अमरोही ने उन चीज़ों को देने में किसी तरह की ना-नुकुर नहीं की। उनकी माँग पर उन्होंने उनकी फ़िल्मों के क़रारनामे भी उनके हवाले कर दिए, यही नहीं, महल पिक्चर्स के खाते में जमा उनके तीन लाख रुपये भी उन्हें लौटा दिए। उन्होंने कार्टर रोड स्थित कोज़ी होम्स नामक अपनी अचल संपत्ति में भी उन्हें हिस्सेदार बनाया था, वह क़रारनामा भी दे दिया। उन दिनों महमूद की फ़िल्मों का कारोबार उनके भाई उस्मान अली देखते थे और मीना कुमारी चूँकि महमूद के साथ ही रह रही थीं, इसलिए उस्मान अली सचिव की हैसियत से उनकी फ़िल्मों का भी काम सँभालने लगे।

अमरोही का घर छोड़ने के बाद यह जानने के लिए कि उनके घर छोड़ने से अमरोही पर क्या गुज़री, वे कैसे हैं, मीना कुमारी कमाल स्टूडियो में फ़ोन करके जाख़ी से बातचीत करती रहती थीं। वे यह जानना चाहती थीं कि उनके घर छोड़ने पर अमरोही की क्या प्रतिक्रिया रही, लेकिन जाख़ी ने अमरोही की कोई बात मीना कुमारी को बताना उचित नहीं समझा।

इतनी सारी बातें हो गईं, लेकिन अस्पताल में भर्ती अले ज़ेहरा को इस बाबत कानों-कान ख़बर नहीं मिली थीं। अस्पताल से घर आने के बाद उन्हें सारी बात पता चली, लेकिन उस वक़्त उन्होंने इस बाबत कुछ भी नहीं कहा। संभवतः उस समय उनकी मनःस्थिति भी कुछ कहने लायक़ नहीं थी। अलबत्ता, उन्हें लग रहा था कि अब उनका पति उनसे बंबई में ही रहने को कहेगा, लेकिन एक दिन अमरोही ने रुख़सार को बुलाकर उससे कहा, "तुम अमरोहा वापस चली जाओ। अभी एक साल तुम वहीं रह कर पढ़ाई करो।"

"क्यों? अब तो छोटी अम्मी भी जा चुकी हैं। आप अकेले हो गए हैं। हम यहीं रहते हैं ना?" बारह वर्ष की रुख़सार ने कहा।

"नहीं, अगर तुम लोग यहीं रह गए, तो लोगों को यह कहने का मौक़ा मिलेगा कि मंजू तुम्हीं लोगों की वजह से घर छोड़कर चली गई और यह निराधार आरोप

मुझसे सहा नहीं जाएगा। मैं तुम्हारी माँ की बहुत इज़्ज़त करता हूँ, तुम्हें भी बहुत प्यार करता हूँ, अगले साल मैं तुम्हें फिर ले आऊँगा।" उसके कुछ ही दिनों बाद वे उन दोनों को अमरोहा पहुँचा आए।

अब अमरोही के तकलीफ़ के दिनों की शुरुआत हो चुकी थी। *पाकीज़ा* पर अब तक लगभग 45 लाख रुपये ख़र्च हो चुके थे। कुछ लोगों का कहना था कि *पाकीज़ा* में अमरोही ने मीना कुमारी के पैसे लगाए थे, लेकिन यह भी झूठ नहीं है कि अमरोही ने इस फ़िल्म के लिए बहुत सारा क़र्ज़ ले रखा था। क़र्ज़ के बढ़ते बोझ के लिए न सही, लेकिन *पाकीज़ा* उनका सपना थी और उस सपने को वे साकार देखना चाहते थे। यही कारण था कि अपने स्वाभिमान को परे रखकर एक दिन स्वाभिमानी अमरोही ने मीना कुमारी को एक पत्र लिखा, "मंजू, हम दोनों के झगड़े में *पाकीज़ा* बंद पड़ी है। यह एक बेहतरीन फ़िल्म है और तुम इसकी नायिका हो, मैं चाहता हूँ कि तुम व्यक्तिगत मतभेदों को किनारे रखकर यह फ़िल्म पूरी करो। मंजू, मैं एक क़लम लेकर बंबई आया था। मेरा कुछ भी नहीं है। जो कुछ भी है, सब तुम्हारा है, तुम चाहोगी तो मैं अपने बच्चों के साथ कहीं भी चला जाऊँगा। मैं कहीं भी जाऊँ, अपनी क़लम के दम पर कमा-खा सकता हूँ।"

लेकिन इस पत्र का मीना कुमारी पर कोई असर नहीं पड़ा।

क़र्ज़ के बोझ तले दबे अमरोही की स्थिति काफ़ी नाज़ुक हो चली थी। भाड़े पर चलाने के लिए दिए कमाल स्टूडियो और अशोक स्टूडियो से कोई ख़ास आमदनी नहीं थी। ऐसे में कमाल स्टूडियो और दूसरी संपत्तियों की नीलामी की नौबत आ गई थी। मीना कुमारी के घर छोड़कर चले जाने से फ़िल्म अधूरी पड़ी है, यह कहकर वे क़र्ज़ की अदायगी से जान नहीं छुड़ा सकते थे। नतीजतन, चाहते हुए भी वे अपने वादे के मुताबिक़ उस साल, यानी 1965 में, रुख़सार को बंबई नहीं ला सके। ऐसे में उन्होंने रुख़सार को समझाने के लिए पत्र भेजा—"तुम मेरी बहुत ही लाड़ली बेटी हो। मैं काफ़ी परेशान हूँ, अगले साल मैं तुम्हें निश्चित रूप से बंबई ले आऊँगा। यह साल तुम किसी भी तरह अमरोहा में रहकर गुज़ार लो।"

अपने वादे के मुताबिक़ 1966 में वे रुख़सार और अले ज़ेहरा को बंबई ले आए। उसके बाद अमरोही एक बार फिर अले ज़ेहरा और बच्चों के साथ रहने लगे। अमरोही और बच्चों के साथ होते हुए अले ज़ेहरा बहुत खुश थीं।

अपने लेखन और अपनी फ़िल्मों के बारे में अमरोही अले ज़ेहरा के साथ कोई चर्चा नहीं करते थे, अलबत्ता, घरेलू मामलों में वे उनसे चर्चा अवश्य करते थे। अले ज़ेहरा कर्मठ गृहिणी थीं। बाक़र बरसों से अमरोही के साथ काम कर रहे थे, इसलिए एक तरह से उनके परिवार के सदस्य बन गए थे। अमरोही उन्हें बड़े भाई की तरह मानते थे। लिहाज़ा, वे भी उनकी इज़्ज़त करती थीं। 'बाक़र भाई – बाक़र

भाई' उनका तकिया क़लाम-सा हो गया था। एक दिन घर में बाक़र की चर्चा चल रही थी। अले ज़ेहरा के मुँह से उनके लिए चार-पाँच बार 'बाक़र भाई, बाक़र भाई' का संबोधन सुनकर अमरोही ने कहा

"क्या, तुम हर वक़्त 'बाक़र भाई, बाक़र भाई' की रट लगाए रहती हो?" "तो क्या हुआ? आप भी तो उन्हें बाक़र भाई कहते हैं।"

"मैं कहता हूँ तो इसलिए कि वे मुझसे उम्र में बड़े हैं, लेकिन हम सैयद हैं। तुम उन्हें कुछ ज़्यादा ही भाव देती हो।"

"आप कहना क्या चाहते हैं? बाक़र भाई भी तो सैयद ही हैं न?" "वे बाक़र साहब नहीं, बाक़र कसाब (कसाई) हैं।"

अमरोही की यह बात अले ज़ेहरा को अजीब लगी, लेकिन उन्हें उन पर पूरा भरोसा था।

अगली सुबह रोज़ की तरह बाक़र जब अमरोही के घर पहुँचे, उस समय अमरोही नहा रहे थे। बाक़र को देखते ही अले ज़ेहरा ने सिर पर पल्लू लेकर उनसे पर्दा कर लिया। भाभी जी क्या चल रहा है?" कहते हुए बाक़र रसोई में घुसते चले गए।

"देखिए, आप पहले बाहर बैठिए" अले ज़ेहरा की तीखी आवाज़ बाक़र को अजीब लगी।

"कमाल साहब कहाँ हैं?"

"वे नहा रहे हैं"

"उन्होंने नाश्ता कर लिया?"

"नहीं, लेकिन अब आप बाहर वाले कमरे में बैठिए।" बाक़र ने महसूस किया कि आज अले ज़ेहरा के बोलने का अंदाज़ बदला-बदला सा है। वे असहज हो उठे।

"क्या हुआ भाभी जी, आज आप मेरे साथ इस तरह रुखाई से क्यों पेश आ रही हैं?"

"कुछ भी तो नहीं" अले ज़ेहरा ने कहा।

"आपसे किसी ने मेरे बारे में कुछ कहा तो नहीं, मुझसे कहीं गुस्ताख़ी तो नहीं हो गई?"

"कुछ भी नहीं।"

"नहीं भाभी, वजह तो आपको बतानी ही होगी।"

"आप जात के कसाई हैं, यह बात मुझे मालूम नहीं थी" अले ज़ेहरा ने कहा।

उनकी बात सुनकर बाक़र दंग रह गए। गुस्सैल बाक़र आपे से बाहर हो गए। क्या बात कही है आपने भाभीजी? मेरे पिताजी सैयद थे। मेरी माँ सैयद थीं। मेरा

तमाम ख़ानदान सैयद है। (सैयद जाति मुसलमानों की ऊँची जाति मानी जाती है)
आपसे यह बात किसने कही? मैं उस आदमी की ज़बान खींच लूँगा।"

"मैंने किसी के मुँह से सुना।"

"किसने कहा?"

"बच्चों के अब्बा (यानी अमरोही) ने," अले ज़ेहरा ने कहा।

इतने में नहाकर अमरोही गुसलख़ाने से बाहर आ गए, "क्यूँ बाक़र भाई"
इतना ग़ुस्सा क्यों हो रहे हो?

"कमाल साहब, मैं बाक़र कसाब हूँ? आपने भाभीजी से क्या कहा? आपने मेरे
साथ ऐसा मज़ाक़ क्यों किया?" अमरोही हँसने लगे, आख़िरकार उन्होंने बाक़र को
समझा-बुझाकर शांत कराया। अमरोही के पास उस समय ख़ास काम नहीं था। *शंकर
हुसैन* और *आख़िरी दिन पहली रात* दोनों ही फ़िल्में अधूरी पड़ी थीं। ऐसे में बाक़र
मजबूरीवश अमरोही के यहाँ से काम छोड़कर फ़िरोज़ खान के यहाँ काम करने लगे,
लेकिन अमरोही के साथ उनकी दोस्ती अपनी जगह बरक़रार रही।

खैर, जिस गुलज़ार के लिए *पिंजरे के पंछी* के सेट पर मीना कुमारी ने इतना
हंगामा मचाया था, उसी गुलज़ार के साथ उनके संबंध जल्द ही टूट गए। अमरोही
का घर छोड़ने के कुछ ही दिनों बाद ओ. पी. रल्हन ने *फूल और पत्थर* नामक
फ़िल्म की शूटिंग शुरू की और मीना कुमारी का धर्मेंद्र के साथ अफ़ेयर शुरू हुआ
और उन्होंने गुलज़ार को दूध की मक्खी की तरह अपने जीवन से निकाल फेंका।
जिस गुलज़ार को एक ज़माने में वे अपना मानती थीं, उसी गुलज़ार से अब उन्हें
पिंजरे के पंछी के सेट पर बातचीत करना भी गवारा न था। वे मेकअप रूम में आ
जाते, तो वे चिढ़ जाती थीं, जो भी मन में आता, बोलती रहती थीं, उन्हें गुलज़ार
का चेहरा देखना भी गवारा न था। गुलज़ार के चलते उनका मूड हर समय ख़राब
रहता। इससे शूटिंग पर बुरा प्रभाव पड़ सकता है, यह सोचकर सलिल चौधरी कई
बार गुलज़ार को सेट पर आने से मना कर देते। अपने गीतों और फ़िल्मों को लेकर
प्रसिद्धि पाने के बावजूद गुलज़ार मीना कुमारी के साथ अपने प्रेम-प्रसंग और उनकी
डायरियों को लेकर लगातार चर्चा में रहे। उन पर आरोप लगता है कि उनके पास
रह गई डायरियों में मीना कुमारी की जो शेर-शायरी थी, उनका इस्तेमाल गुलज़ार
ने अपने गीतों में किया, लेकिन इस बाबत गुलज़ार आज तक चुप हैं। इस किताब
के लिए मैंने उनका पक्ष जानने के लिए उनसे मिलने की काफ़ी कोशिश की, लेकिन
व्यस्तता का बहाना बनाकर गुलज़ार मिलने से कतराते रहे।

कमाल अमरोही का घर छोड़ने पर मीना कुमारी को लगा था कि वे अमरोही के
बंधनों से मुक्त हो गई हैं और अपनी ज़िंदगी अपने ढंग से जी सकती हैं। उन्हें लगता
था कि वे चोटी की अभिनेत्री हैं, इसलिए सारी फ़िल्मी दुनिया, उनके सगे-संबंधी,

उनके मित्र उनके पैर पड़ेंगे, लेकिन उनका यह भ्रम सबसे पहले महमूद और मधु ने ही तोड़ा। मधु और महमूद उनके मित्रों-सहेलियों के फ़ोन आने पर उन्हें फ़ोन तक नहीं देते थे। धीरे-धीरे उन्हें लगने लगा कि कोई उनसे मिलने-जुलने आता है, तो उनको उससे मिलने नहीं दिया जाता। उन दिनों बैरिस्टर रजनी पटेल के सहायक किशोर शर्मा ने उनका आर्थिक पक्ष सँभालना शुरू किया था। वे इस सिलसिले में प्रायः उनसे मिलने महमूद के घर आते रहते थे। उसी दौरान मधु के साथ उनका प्रेम प्रसंग शुरू हुआ और मधु ने महमूद से तलाक़ लेकर किशोर शर्मा से शादी करने का फ़ैसला कर लिया। इन परिस्थितियों में मीना कुमारी के लिए महमूद के घर रहना संभव नहीं था। नतीजतन, पाँच महीने के बाद वे जुहू स्थित ‘जानकी कुटीर’ में घर लेकर वहीं रहने लगीं। उनके उस घर में उनकी सौतेली बहन शमा और उसका परिवार, मधु, किशोर शर्मा और कुछ दूसरे नाते-रिश्तेदारों समेत 25-30 लोग रहते थे। ‘जानकी कुटीर’ में आने के बाद मीना कुमारी ने उस्मान की जगह किशोर शर्मा को ही अपना सचिव बना लिया। इसकी एक वजह यह थी कि मीना कुमारी के सचिव की हैसियत से काम करते हुए उस्मान ने उनके स्टारडम का लाभ उठाने की नीयत से *चंदन का पलना* नाम की एक फ़िल्म शुरू की थी। मीना कुमारी की शूटिंगों की तारीख़ें तय करने का काम भी वे ही देखते थे, इसलिए अपनी फ़िल्म की शूटिंग के लिए उनकी तारीख़ें ले लेना, उनके लिए कोई कठिन काम नहीं था। मीना कुमारी उनकी यह चालाकी ताड़ गई थीं। उस्मान मीना कुमारी की मृत्यु के बाद भी उनको भुनाकर पैसे कमाने की फ़िराक़ में रहते थे। उस्मान ने मीना कुमारी के साथ ग्यारह महीने काम किया था, इसलिए उनसे कुछ जानकारियाँ मिल सकती हैं, यह सोचकर मैं इस किताब के लिए उस्मान से मिलने गई। मैंने फ़ोन करके अपने मिलने का उद्देश्य उन्हें पहले ही बता दिया था। मैं उनके फ़्लैट पर पहुँच कर बैठक में बैठी ही थी कि उनकी पत्नी और 30-32 साल का उनका बेटा आकर बैठ गया। औपचारिक बातचीत के बाद मैं असली मुद्दे पर आई। मैं उनसे कोई सवाल करती, इससे पहले ही वे बोलने लगे, “मेरे पास मीना आपा के बारे में ऐसी-ऐसी जानकारियाँ हैं, जो किसी को पता नहीं हैं। मीना को अमरोही कैसे बाथरूम में बंद करते थे। *पाकीज़ा* में काम करने के लिए उन्हें कैसे मजबूर किया गया, उनको अमरोही का चेहरा देखना भी पसंद न था। यही कारण था कि उन्हें *पाकीज़ा* की शूटिंग से कोफ़्त होती थी। ऐन शॉट देने से पहले वे मेकअप रूम से बाहर आती थीं। मैं तुम्हें ऐसी ही ढेर सारी जानकारी दूँगा। ऐसी-ऐसी बातें जो मैंने आज तक अपनी बीबी को भी नहीं बताईं, लेकिन तुम्हें यह सब बताने के बदले मुझे क्या मिलेगा?” उस्मान का आशय मैं ताड़ गई, लेकिन अनजान बनते हुए मैंने पूछा –

“क्या मिलेगा, मतलब?”

"मैं तुम्हें इतनी सारी जानकारियाँ दूँगा, तो बदले में तुम मुझे कितने पैसे दोगी?"

उस्मान अपना दाँव चूक गए। मुझे सनसनीखेज नहीं, सच्ची जानकारियों की दरकार थी। उनकी बिकाऊ जानकारियों की सच्चाई संदिग्ध थी। अगर उनके कहे मुताबिक़ उनके पास मीना कुमारी की अनकही जानकारियाँ थीं, तो उन्होंने अमरोही के जीते जी कोई किताब लिखकर या एक-दो दैनिक-मासिक पत्रों में छपवाकर अमरोही की असलियत बेनक़ाब क्यों नहीं की? उस्मान मीना कुमारी को बड़ी बहन मानते थे, तो उनके बारे में सच्चाई बताने के बदले मुझसे पैसे क्यों माँग रहे थे? इससे क्या यही आशय नहीं निकलता कि आज मीना कुमारी उनके लिए कमाई का ज़रिया बन गई थीं?

अब इस बिंदु पर मीना कुमारी के करियर का जायज़ा लेना महत्त्वपूर्ण है। कारण कि अमरोही से अलग होने के बाद आठ बरसों में मीना कुमारी की निजी और व्यावसायिक ज़िंदगी में जो कुछ भी घटा, उसी के चलते मीना कुमारी फिर से अमरोही के क़रीब आईं।

अमरोही का घर छोड़ने के बाद उनका हाल पूछने वाला कोई नहीं रहा। उनका आपस में तलाक़ हुआ नहीं था, लेकिन धर्मेंद्र के साथ खुलेआम अफ़ेयर चल रहा था। फ़िल्म निर्माताओं पर वे अपनी फ़िल्मों में धर्मेंद्र को लेने का आग्रह करने लगी थीं।

फ़िल्मी पार्टियों, प्रीमियर शोज़ में वे धर्मेंद्र के हाथ में हाथ डाले पहुँचती थीं। कहा जाता है कि जिन दिनों धर्मेंद्र के साथ मीना कुमारी का रोमांस चल रहा था। उन्हीं दिनों धर्मेंद्र की पत्नी प्रकाश ने एक बार मीना कुमारी को जोरदार थप्पड़ मारा था। उन दिनों धर्मेंद्र असली जीवन में और पर्दे पर उनके हीरो बन गए थे, लेकिन दर्शकों ने *फूल और पत्थर* को छोड़कर पर्दे पर किसी भी फ़िल्म में उनकी जोड़ी को ख़ास पसंद नहीं किया। *काजल* के लिए 1965 में मीना कुमारी को सर्वश्रेष्ठ अभिनेत्री का फ़िल्मफेयर पुरस्कार मिला, लेकिन इस फ़िल्म में धर्मेंद्र के मुक़ाबले राजकुमार की भूमिका ज़्यादा महत्त्वपूर्ण थी। *फूल और पत्थर* की कामयाबी में मीना कुमारी की जोड़ी के मुक़ाबले फ़िल्म के बेहतर निर्देशन, संगीत और विकसित फोटोग्राफ़ी का ज़्यादा हाथ था। दूसरे इस फ़िल्म में धर्मेंद्र उनके नायक ज़रूर थे, लेकिन मीना कुमारी को इसमें विवाहिता के रूप में दिखाया गया था।

1966 से 1967 के बीच उनके पास चार फ़िल्में थीं – *बहू बेग़म, मझली दीदी, नूरजहाँ और अभिलाषा*, लेकिन इनमें से किसी भी फ़िल्म से उन्हें कोई ख़ास फ़ायदा नहीं हुआ, लेकिन 1966 ख़त्म होने तक धर्मेंद्र स्टार बन गए। मीना कुमारी के साथ उनका प्रेम चल रहा था, फिर भी वे उनके लिए अपनी बीबी-बच्चों को छोड़ने के लिए राज़ी नहीं थे। उससे पहले अमरोही को छोड़कर उनके जीवन में जितने भी

मर्द आए, सभी उन्हें अपने जीवन की एक घटना भर मानते आए थे। कइयों की नज़र में मीना कुमारी *निम्फ़ोमैनीऐक* (प्यासी औरत) थीं। महमूद, बाक़र, रुख़सार अमरोही ने भी दबी ज़बान से इस बात को स्वीकार किया, लेकिन ताजदार अमरोही ने नो कमेंट्स कहकर इस बात को टाल दिया। मीना कुमारी के कई पुरुषों के साथ संबंध बने, लेकिन उनमें से कोई भी प्यार ज़्यादा दिन चला नहीं। वे लगातार नए मित्र, नए प्रेमी तलाशती रहीं। मीना कुमारी के इक़बाल बंगले के गैरज में रहने वाले नूर मोहम्मद ने उनकी इस प्रवृत्ति पर प्रकाश डालने की कोशिश की। नूर मोहम्मद ने बरसों फ़िल्मों में काम किया था। मीना कुमारी से नूर मोहम्मद तब से परिचित थे, जब मीना कुमारी ने बतौर चाइल्ड आर्टिस्ट अपने फ़िल्मी करियर की शुरुआत की थी। उनका कहना है कि मीना कुमारी जब स्कूल में पढ़ती थीं, तभी से पुरुषों के प्रति उनके मन में आकर्षण का भाव पैदा हो गया था। उन दिनों अली बख़्श ने मीना कुमारी और मधु को स्कूल पहुँचाने और स्कूल से घर ले आने के लिए मोहन नाम का एक नौकर रखा था। ऊँचे क़द का मोहन शारीरिक रूप से दबंग था। स्कूल जाते-आते मोहन धीरे-धीरे मीना कुमारी के साथ छेड़खानी करने लगा, लेकिन उन्होंने उसका ख़ास विरोध नहीं किया। इसलिए उसकी धृष्टता बढ़ती गई, लेकिन एक दिन इस पर खुर्शीद की नज़र पड़ गई और उसने यह बात अली बख़्श के कान में डाल दी। उन्होंने मोहन को फ़ौरन काम से हटा दिया, लेकिन उस समय से मीना कुमारी को मर्दों का जो चस्का लगा, लगा ही रह गया। अपनी इस लत के चलते अमरोही से अलग होने के बाद, मीना कुमारी ख़ुद को सँभाल न सकीं। मीना कुमारी की समकालीन अभिनेत्री नर्गिस का नाम राज कपूर के साथ, तो गुरुदत्त के साथ वहीदा रहमान का प्रेम प्रकरण भी कोई कम चर्चित नहीं रहा, लेकिन आगे चलकर दोनों ने ख़ुद को सँभाल लिया। नर्गिस, वहीदा रहमान के प्रेम-प्रसंग चाहे जितने चर्चित क्यों न रहे हों, लेकिन उनका नाम आदर से लिया जाता है, लेकिन मीना कुमारी के साथ वैसा नहीं हुआ।

धर्मेंद्र पर आरोप लगता रहा है कि उन्होंने मीना कुमारी को शराब की लत लगाकर उनकी ज़िंदगी तबाह कर दी। साथ ही यह भी कहा जाता है कि उन्होंने अपना करियर बनाने के लिए मीना कुमारी का नाजायज़ फ़ायदा उठाया।

लेकिन कुछ लोगों का कहना है (जो नाम न छापने की शर्त पर बातचीत करने को राज़ी हुए) कि धर्मेंद्र ने मीना कुमारी को शराब पीने के लिए बिलकुल भी प्रोत्साहित नहीं किया। कभी-कभार वे उनके साथ पीने बैठते ज़रूर थे, लेकिन वे उनके साथ पीते-पीते शराब पीने की आदी हो गईं, ऐसा नहीं था। अमरोही के घर से उन्हें शराब का चस्का लग गया था। उनका घर छोड़ने के बाद उनकी शराबख़ोरी बढ़ती गई और इसके लिए अमरोही के साथ संबंध विच्छेद और उनके सगे-संबंधियों से मिला प्रोत्साहन ज़िम्मेदार था।

'जानकी कुटीर' में जाने के बाद मीना कुमारी की शराबख़ोरी की लत बढ़ती चली गई। उनके रिश्तेदार उन्हें विस्की की बोतल में देशी शराब भरकर देते थे। दो-चार पैग गले के नीचे उतारने के बाद मीना कुमारी को इसका भी होश नहीं रहता था कि कौन-सी शराब पी रही हैं। मीना कुमारी की भांजी नाज़ (खुर्शीद की बेटी) इस बाबत बताती हैं, "जिन दिनों मीना आंटी 'जानकी कुटीर' में रहती थीं, उन दिनों मेरी माँ और मैं उनके साथ नहीं रहते थे। इस विषय में मुझे काफ़ी कुछ पता है, लेकिन मैं कुछ कहना नहीं चाहती। नाज़ का इशारा मीना कुमारी की सौतेली बहन शमा की ओर था, जो 'जानकी कुटीर' में उनके साथ रहती थीं।"

घटिया क़िस्म की ज़्यादा शराब पीने की वजह से मीना कुमारी का स्वास्थ्य धीरे-धीरे ख़राब होता गया। उनके शराब पीने का कोई समय नहीं रह गया था। उनकी सुबह मद्यपान के साथ होती और उसी तरह शराब के नशे में वे शूटिंग करने चली आतीं। अलबत्ता, कैमरे के सामने वे सहज अभिनय करतीं। शाम को वे शूटिंग से घर लौटते ही पीना शुरू कर देतीं। 1965 से 1968 तक उन्होंने शराब पीने की हद कर दी। उनके पैसों से ही घर चलता था, लेकिन उनके स्वास्थ्य, उनके खाने-पीने की किसी को कोई चिंता नहीं थी। कभी-कभी शूटिंग से देर रात गए घर लौटतीं, तो घर में उनके लिए खाना नदारद होता। इन सबका उनका सेहत पर बहुत बुरा असर पड़ता गया।

अमरोही को छोड़कर उन्होंने अच्छा नहीं किया, अब धीरे-धीरे उन्हें इसका अहसास होने लगा था।

अमरोही सख़्त मिज़ाज और दखलअंदाज़ पति थे, लेकिन उनके रूप में एक मज़बूत सुरक्षा कवच हासिल था। अमरोही का घर छोड़ने के बाद उन पर किसी तरह का अंकुश नहीं रह गया था। उनका जीवन एक तरह से कटी पंतग बन कर रह गया था। अपने रिश्तेदारों से भी उनका मोहभंग हो चुका था। न वे घर की रह गई थीं, न घाट की, लेकिन उनका स्वाभिमान उन्हें अमरोही के पास जाने की अनुमति नहीं दे रहा था। वे दुविधा में फँसी थीं। सीधे अमरोही के पास जाने के बजाय एक दिन उन्होंने उनके बेटे ताजदार को बुलाने का फ़ैसला किया, जिनका वे काफ़ी लाड़ करती थीं और अपने बेटे की तरह प्यार करती थीं। वे अमरोही के घर की पूरी ख़बर रखती थीं। उन दिनों पूना के वाड़िया कॉलेज का छात्र ताजदार कॉलेज में छुट्टी होने के कारण पूना से बंबई आया हुआ था। एक शाम वह कमाल स्टूडियो में अमरोही के साथ उनके दफ़्तर में बैठा था। ताजदार वहाँ बैठा है, यह ख़बर जाने कैसे मीना कुमारी को लग गई, उन्होंने शमा से कमाल स्टूडियो में फ़ोन लगाने को कहा।।

"कमाल साहब, मैं शमा बोल रही हूँ। ताजदार है न वहाँ?"

अमरोही को आश्चर्य हुआ कि ताजदार यहाँ बैठा है, इसका पता इसे कैसे लगा? "मंजू ताजदार से बात करना चाहती है," शमा ने कहा। अमरोही ने ताजदार से कहा, "फ़ोन लो, तुम्हारी छोटी अम्मी तुमसे बात करना चाहती हैं।"

अमरोही का व्यक्तित्व कुछ ऐसा था कि उनके लड़के सामने बोलने की जुर्रत नहीं करते थे। मीना कुमारी के घर छोड़कर जाने की बाबत पूछने की भी उनकी कभी हिम्मत नहीं पड़ी थी, फिर भी हिम्मत करके ताजदार ने कहा, "मेरा उनसे बात करने का मन नहीं है।"

अमरोही ने फ़ोन पर हाथ रखकर कहा, "देखो, झगड़ा हम दोनों में हुआ है, मतभेद हमारे बीच हैं। तुम अपनी सीमा में रहो।" फ़ोन पर हथेली रखे हुए भी शमा को यह बात सुनाई दी। उन्होंने अमरोही से कहा, "मंजू की तबीयत ठीक नहीं है और वे ताजदार से मिलना चाहती हैं।"

"रुको, वह मेरे साथ ही बैठा है, लो, उससे बात कर लो", कहते हुए अमरोही ने फ़ोन ताजदार को थमा दिया।

"ताजदार, कैसे हो? तुम्हारा अपनी छोटी अम्मी से मिलने का मन नहीं करता?" शमा ने सवाल किया।

"नहीं…" ताजदार ने कहा।

"लेकिन बेटा, वे तुम्हें बहुत याद करती हैं। तुम आओगे, तो उन्हें अच्छा लगेगा।"

"ठीक है। मैं किसी दिन आकर उनसे मिल लूँगा, लेकिन आपको कैसे पता चला कि मैं यहाँ बैठा हूँ।"

"तुम्हारी छोटी अम्मी हर बात की ख़बर रखती हैं। उन्होंने तुम्हें अभी इसी वक़्त बुलाया है।" शमा की बात ताजदार टाल न सका। वह मीना कुमारी से मिलने 'जानकी कुटीर' जा पहुँचा। उस समय मीना कुमारी बीमार थीं। "मुझसे बहुत नाराज़ हो?" उसे देखते ही उन्होंने कहा।

"गुस्सा न होऊँ, तो क्या करूँ?" बाबा से कोई ग़लती हो गई थी, तब भी तुम्हें मुझे छोड़कर जाने की क्या ज़रूरत थी? तुम्हें घर छोड़ते समय मेरा ख़याल नहीं आया? शुरुआती गिले-शिकवे के बाद ताजदार के कॉलेज-मीना कुमारी की बीमारी आदि विषयों को लेकर दोनों के बीच खुलकर बातचीत होने लगी। रात एक-डेढ़ बजे तक दोनों बतियाते रहे। रात दो बजे के क़रीब ताजदार घर जाने के लिए उठ खड़ा हुआ तो मीना कुमारी ने कहा, "मुझे भी अपने साथ ले चलो।"

"चलो," ताजदार खिल उठा।

"लेकिन तुम्हारे अब्बा?"

"अब्बा ने तुमसे कह रखा है न कि घर के दरवाज़े तुम्हारे लिए हमेशा खुले रहेंगे!"

मीना कुमारी गाड़ी से ताजदार के साथ पाली हिल वाले अपने घर तक आईं। उन्होंने दूसरी मंज़िल पर स्थित अपने फ़्लैट की ओर नज़र उठा कर देखा। अमरोही के कमरे में बत्ती जल रही थी।...''देखो, अब्बा अभी तक जाग रहे हैं। चलो, ऊपर चलो।'' ताजदार ने मीना कुमारी से कहा। क्षण भर चुप्पी के बाद उन्होंने कहा, ''नहीं, अभी नहीं।'' ताजदार को वहीं छोड़कर उन्होंने ड्राइवर से गाड़ी 'जानकी कुटीर' की तरफ़ मोड़ने को कहा।

ताजदार ने अमरोही के कमरे में झाँक कर देखा, तो वे उस समय पेशंस (ताश का एक खेल) खेल रहे थे।

''अब लौट रहे हो? छोटी अम्मी के यहाँ इतनी देर लगा दी?'' अमरोही ने सवाल किया।

''हाँ, छोटी अम्मी मुझे नीचे तक छोड़ने आई थीं। मैंने उनसे ऊपर घर में आने का अनुरोध भी किया, लेकिन वे आई नहीं।'' ताजदार ने बताया। उसे लग रहा था कि उसके यह बताने पर अब्बा कुछ कहेंगे, लेकिन स्वाभिमानी अमरोही ने उसकी बात सुनकर कोई प्रतिक्रिया व्यक्त नहीं की और यह भी नहीं पूछा कि मीना कुमारी से उसकी क्या बातें हुईं।

उस मुलाक़ात के बाद ताजदार उनके यहाँ आने-जाने लगा था। ताजदार बंबई में रहता, तो मीना कुमारी उसे अपने यहाँ बुला लेती थीं। वे कभी शूटिंग के सिलसिले में या घूमने के लिए पूना की तरफ़ जातीं तो वे ताजदार के वाड़िया कॉलेज के पास स्थित मोंबोस होटल में रुकती थीं, हालाँकि वह होटल पाँच सितारा नहीं था, लेकिन ताजदार से मिलने की ख़ातिर वे एकाध रात वहाँ ज़रूर रुकतीं। उन्होंने उसके कॉलेज के वार्षिकोत्सव में दो बार मुख्य अतिथि की हैसियत से भाग लिया।

लेकिन एक बार ऐसा हुआ कि मीना कुमारी पूना में रहते हुए भी ताजदार से नहीं मिलीं, कारण ही कुछ ऐसा था कि वे उससे नहीं मिल सकती थीं। ताजदार को अपने कॉलेज के कुछ लड़कों से पता चला कि मीना कुमारी पूना के कैपिटल सिनेमाहॉल में छह बजे के शो में पिक्चर देख रही हैं। छोटी अम्मी पूना आईं और उसे बताया तक नहीं, यह जानकर ताजदार को बड़ी हैरत हुई। वह फ़ौरन कैपिटल सिनेमाहॉल की ओर चल पड़ा। वह कॉलेज के छात्र संगठन का नेता था, इसलिए पूना के ज़्यादातर थियेटरों में उसकी जान-पहचान थी। मीना कुमारी कहाँ बैठी हैं, इसका पता करके वह सीधा थियेटर में जा घुसा। मीना कुमारी कोने की एक सीट पर बैठी थीं। वह सीधा उनके पास जा पहुँचा। छोटी अम्मीऽऽऽ'' उसने हल्के से आवाज़ लगाई। ताजदार को सामने पाकर मीना कुमारी घबरा गईं। उनके इस तरह

घबरा उठने का कारण समझने में ताजदार को कोई वक़्त नहीं लगा, क्योंकि उनके बगल वाली कुर्सी पर जब उसकी नज़र गई, तो उस कुर्सी पर धर्मेंद्र बैठे थे। "तुम यहाँ कैसे?" घबराहट में उन्होंने सवाल किया और धर्मेंद्र से उसका परिचय कराया।

खैर, शराबख़ोरी की अति के चलते दिनों-दिन उनकी तबीयत ज़्यादा बिगड़ती गई। उनके पेट में सूजन रहने लगी थी। एक दिन डॉ. जे. आर. शाह ने आकर उनकी जाँच की और पेट की जाँच कराने को कहा। रिपोर्ट आने पर लिवर सिरोसिस (यकृत शोथ) की उनकी आशंका सही निकली। डॉक्टर ने मीना कुमारी के शराब पीने पर पाबंदी लगा दी, पर डॉक्टर की सलाह उन्होंने नहीं मानी। डॉक्टर के मुताबिक़ उन्हें अच्छे और स्थायी इलाज की ज़रूरत थी। उनका लिवर ख़राब हो गया था, इसलिए स्वास्थ्य की ओर से लापरवाही ठीक नहीं थी।

कुछ दिनों बाद वे अपने जीजा और सचिव किशोर शर्मा के साथ इलाज के लिए लंदन चली गईं। वहाँ उनका उचित इलाज हुआ। उनकी तबीयत काफ़ी सुधर गई थी, लेकिन वहाँ भी डॉक्टर शेरलाक ने उनसे यही कहा कि मरना हो, तभी शराब को हाथ लगाना।

निर्देशक सावन कुमार टाक ने बताया कि लंदन से लौटने के बाद मीना कुमारी ने शराब को हाथ भी नहीं लगाया था, लेकिन महमूद, बाक़र और दूसरे लोग दावा करते थे कि मीना कुमारी अंत तक शराब की लत छोड़ न सकीं।

इसी दौरान एक दिन धर्मेंद्र के साथ उनके प्रेम-प्रसंग का अंत हो गया। धर्मेंद्र पर यह भी आरोप लगाया जाता है कि उन्होंने स्टार बनने के बाद मीना कुमारी को छोड़ दिया, लेकिन मीना कुमारी के साथ उनके प्रेम-प्रसंग का अंत राहुल नाम के एक युवक की वजह से हुआ। धर्मेंद्र के साथ उनका प्रेम चल ही रहा था कि राहुल नाम के एक स्ट्रगलर से मीना कुमारी का परिचय हुआ और वह परिचय प्रेम-प्रसंग में तब्दील हो गया। राहुल नाम का यह ख़ूबसूरत युवक हीरो बनने बंबई आया था, लेकिन मीना कुमारी उस पर इस क़दर फ़िदा थीं कि धर्म बदल कर उससे शादी करने को तैयार थीं। धर्मेंद्र को इसकी ख़बर लगी, तो उन्होंने उनके साथ अपने संबंध तोड़ दिए। संभवतः यही कारण था कि धर्मेंद्र मीना कुमारी के बारे में कुछ कहने को तैयार नहीं हुए। उसी राहुल के चलते किशोर शर्मा से मीना कुमारी का झगड़ा हुआ और वह 'जानकी कुटीर' से बाहर हो गए। उसके बाद कुछ समय के लिए उन्होंने महल पिक्चर्स (प्रा.) लि. के प्रबंध निदेशक रहे चाँद बहादुर सक्सेना को अपना सचिव बनाया।

लेकिन राहुल जैसे अचानक उनकी ज़िंदगी में आया था, उसी तरह एक दिन अचानक निकल भी गया। उसके बाद उसका क्या हुआ, इस बाबत किसी को कुछ पता नहीं चला। उसके जाने के बाद मीना कुमारी एक बार फिर अकेली पड़ गईं।

स्वास्थ्य के साथ-साथ उनका करियर भी ढलान पर था। 1968 तक आते-आते सिने जगत में काफ़ी बदलाव आने लगा था। फ़िल्मों की कहानी, अभिनय, पटकथा, तकनीक वगैरह में काफ़ी परिवर्तन हो गया था। संगीत बदलने लगा था। इससे पुरानी अभिनेत्रियों के करियर पर काफ़ी असर पड़ा। मीना कुमारी भी इसका अपवाद नहीं थीं। साथ ही शराब की लत से उनका चेहरा और शरीर बुरी तरह प्रभावित हुआ। वे मोटी और बेडौल हो गईं। नतीजतन, उन्हें *दुश्मन, गोमती के किनारे* और *जवाब* जैसी फ़िल्में करनी पड़ीं, जिनमें वे सेकेंड लीड में थीं।

अब तक यह बात बख़ूबी उनकी समझ में आ चुकी थी कि अमरोही को छोड़कर उन्होंने कुछ ख़ास हासिल नहीं हुआ। 1969 में शमा, मधु और दूसरे रिश्तेदारों के साथ झगड़ा हो जाने के कारण उन्होंने 'जानकी कुटीर' छोड़कर बांद्रा के कार्टर रोड पर लैंडपार्क बिल्डिंग में एक फ़्लैट ले लिया। वहाँ वे अपनी बड़ी बहन ख़ुर्शीद और उसके परिवार के साथ रहने लगीं। पति से अलग अकेली रहने वाली औरत के सगे-संबंधी और अगल-बग़ल के लोग किस तरह नाजायज़ फ़ायदा उठाना चाहते हैं, इसका उन्हें अच्छी तरह अनुभव हो चुका था। बिना तलाक़ लिए अक्सर उनके मन में सवाल उठाता कि पति से सिर्फ़ अलग रहने वाली स्त्री का यह हाल है तो तलाक़शुदा औरतों के साथ क्या होता होगा? लिहाज़ा, एक दिन उन्होंने अमरोही को पत्र भेजकर कहा कि "तुम मुझे कभी भी तलाक़ न देना। मैं तुम्हारे निकाह से बँध कर ही रहना चाहती हूँ।"

उसके बाद एक दिन उन्होंने ताजदार के सामने अमरोही से मिलने की इच्छा जताई। अमरोही भी पुरानी बातें भूलकर उनसे मिलने गए। उसके बाद फिर धीरे-धीरे आने-जाने का सिलसिला शुरू हुआ। पहले की ही तरह मुलाक़ातें होने लगीं और मानो उनके बीच कभी किसी तरह की कटुता रही ही नहीं। अलबत्ता, उन मुलाक़ातों के दौरान दोनों ने कभी *पाकीज़ा* की चर्चा भी नहीं की।

16

शंकर हुसैन के बाद ख़य्याम और अमरोही के बीच व्यावसायिक ही नहीं, बल्कि हार्दिक-पारिवारिक संबंध भी जुड़ गए थे। ख़य्याम दंपत्ति की मीना कुमारी के साथ भी अच्छी दोस्ती थी। एक दिन ख़य्याम और उनकी पत्नी तथा गायिका जगजीत कौर अमरोही से मिलने उनके घर गए। बातचीत के दौरान *पाकीज़ा* की चर्चा निकल पड़ी और जगजीत कौर ने अधूरी पड़ी *पाकीज़ा* देखने की इच्छा व्यक्त की। अमरोही ने उनकी इच्छा तुरंत पूरी कर दी। *पाकीज़ा* देखने के बाद जगजीत कौर ने अमरोही से कहा, "भाई साहब यह तो अद्भुत फ़िल्म है और इसे पूरा किया ही जाना चाहिए।"

"लेकिन आपको तो पता ही है भाभी कि मेरे और मंजू के संबंध ख़राब हो गए हैं। हम दोनों अलग-अलग रहते हैं, इसलिए अब इस फ़िल्म का पूरा हो पाना नामुमकिन है।"

"आप यह मानकर चलें कि वे आपकी पत्नी नहीं, एक बड़ी और नामचीन अभिनेत्री हैं और आप एक निर्देशक हैं और आप यह फ़िल्म पूरी कीजिए।"

जगजीत कौर की बात क़ाबिले गौर थी।

"आपका कहना सही है, भाभी, लेकिन यह कैसे हो सकता है। मंजू यह बात मानेगी क्या?" अमरोही ने आशंका जताई।

"मैं मीना से बात करती हूँ।" जगजीत कौर ने उस समय अमरोही को कोई आश्वासन तो नहीं दिया, लेकिन जल्द ही उन्होंने मीना कुमारी से मिलकर उनसे *पाकीज़ा* के बारे में चर्चा की।

"मीना, अभी तक *पाकीज़ा* जितनी बनी है, बहुत अच्छी बनी है। यह फ़िल्म पूरी होनी चाहिए।"

"लेकिन यह कैसे संभव है? चंदन और मैं दोनों अलग-अलग रहते हैं।"

जगजीत कौर ने मीना कुमारी को भी यही सलाह दी कि पति-पत्नी के रिश्ते को भुलाकर आप दोनों निर्देशक और नायिका की हैसियत से मिलकर यह फ़िल्म पूरी करें।

152

मीना कुमारी को एक बात मालूम थी ख़य्याम और जगजीत कौर, दोनों निःस्वार्थ प्रेम करते हैं, इसलिए जगजीत कौर की बात को वे सिरे से नकार भी नहीं सकती थीं। तब तक मीना कुमारी और अमरोही की आपस में भेंट-मुलाक़ात भी होने लगी थीं। उनके आपसी संबंधों की कटुता ख़त्म-सी हो चली थी। इसी बीच, सुनील दत्त ने भी मीना कुमारी को फिर *पाकीज़ा* में काम करने की सलाह दी। उन्होंने अधूरी *पाकीज़ा* देख रखी थी और उन्हें भी यही लगता था कि यह फ़िल्म पूरी होनी चाहिए। वैसे *पाकीज़ा* को पूरी कराने के लिए मीना कुमारी को राज़ी कराने का श्रेय, तीन व्यक्ति और भी लेते थे नौशाद, महमूद और उस्मान अली। इस किताब के लिखते समय महमूद अपनी बेटी जिनी के साथ अमेरिका में रहते थे। मैंने ई-मेल भेजकर उनसे संपर्क किया था। ये तीनों दावा करते थे कि उन्हीं के कहने पर मीना कुमारी दोबारा *पाकीज़ा* में काम करने पर राज़ी हुईं।

खैर, *पाकीज़ा* फिर से शुरू हो गई। मीना कुमारी इस बात लेकर आशंकित थीं कि अब वे बेढब और बेडौल हो गई हैं। चेहरे पर भी उम्र के निशान दिखने लगे हैं। *पाकीज़ा* मे वे पहले जैसी दिखती थीं, वैसी फिर से दिख सकेंगी?

एक दिन मीना कुमारी ने अमरोही से भी अपने मन की बात कही, "चंदन, तुम मुझे पहले जैसी दिखा सकोगे?"

"क्यों नहीं?" अमरोही ने आत्मविश्वास से भरकर सवाल किया।

मीना कुमारी 7 मार्च 1969 को *पाकीज़ा* के सेट पर आईं। उन्होंने अमरोही को पेड़ा खिलाया और इस तरह एक बार फिर *पाकीज़ा* की शूटिंग शुरू हुई। बावजूद इसके कि धर्मेंद्र और मीना कुमारी के प्रेम का अंत हो गया था, अमरोही को धर्मेंद्र की नायिका के रूप में मीना कुमारी का काम अजीब लग रहा था। इसलिए उन्होंने धर्मेंद्र को इस फ़िल्म से अलग करने का मन बना लिया और उनकी जगह राजकुमार को चुन लिया।

पाकीज़ा के फिर से शुरू होने से पहले ही उसके संगीतकार गुलाम मोहम्मद और कैमरामैन जोसेफ़ विर्स्किंग का निधन हो चुका था। जोसेफ़ ने *बाज़ार-ए-हुस्न* और *गुलाबी महल* के सेटों पर काम किया था। उनका निधन हो जाने के कारण अमरोही को अलग-अलग कैमरामैनों से काम लेना पड़ा। आर. डी. माथुर, के. आसिफ़ की यूनिट में काम करते थे, जबकि वी. एन. मूर्ति गुरुदत्त प्रोडक्शन कंपनी में। इन कैमरामैनों की लाइटिंग और काम करने की अपनी-अपनी शैली थी। अमरोही को लाइटिंग की अच्छी ख़ासी जानकारी थी। कैमरामैनों के बदलने के अलावा इस बात का पता सिर्फ़ अमरोही को था कि *पाकीज़ा* की शूटिंग पहले क्या और कैसी हुई है। किस शॉट में कौन-सा कलाकार किस मूड में है और उसे कैसे शूट किया गया है। यही कारण है कि उन अलग-अलग कैमरामैनों के साथ उनकी पटरी जम

नहीं रही थी। *रेशमा और शेरा* के कैमरामैन रामचंद्र को भी आज़माया गया, लेकिन वे भी अमरोही के साथ ज़्यादा दिन काम न कर सके। के.के. मिस्त्री सही अर्थों में बड़े कैमरामैन थे। फ़िल्मिस्तान स्टूडियो में राजकुमार की हवेली का भव्य सेट लगाया गया था। उस शिड्यूल के दौरान राजकुमार और कई दूसरे कलाकारों पर कई दृश्य फ़िल्माए गए, लेकिन उनके रशेज देखने से पता चला कि सेट तिरछा लगा है। अमरोही सहित तमाम लोग चकरा गए। सेट तिरछा लगा था, तो किसी को नज़र क्यों नहीं आया? फ़िल्मिस्तान स्टूडियो में लगाया गया वह सेट अभी तक अपनी जगह बरक़रार था। स्टूडियो जाकर देखने पर पता चला कि सेट तो ठीक लगा है, लेकिन प्रिंट में सेट तिरछा दिख रहा था। इसकी वजह यह थी कि शूटिंग के समय कैमरा तिरछा लगाया गया था। अब तक हुई सारी शूटिंग बेकार गई। बीस दिन की शूटिंग फिर करनी पड़ी।

उसी के. के. मिस्त्री को लेकर अमरोही शूटिंग के लिए मैसूर गए हुए थे। फ़िल्म के एक दृश्य में मीना कुमारी नवाब के साथ एक नाव में बैठी होती हैं, जिसे हाथी उलट देता है। पानी में गिरी मीना कुमारी संयोग से राजकुमार के पास आ जाती हैं। इस दृश्य को फ़िल्माने के लिए अमरोही ने मैसूर से 30 किमी की दूरी पर स्थित एक तालाब के पास की जगह तय की। कई और दृश्यों के साथ सूर्यास्त का दृश्य भी वहाँ फ़िल्माया जाना था। सारे लाव-लश्कर के साथ अमरोही हर दिन शूटिंग स्थल पर जाते थे, लेकिन सूर्यास्त के समय आसमान की वह रंगत न पाकर, जो वे दिखाना चाहते थे, मैसूर वापस लौट आते थे। लगातार चार दिन यह चलता रहा, तो के. के. मिस्त्री आजिज़ आकर वहाँ से भाग खड़े हुए। उसके बाद अमरोही ने कैमरामैन वी. के. मूर्ति को बुलवाया। इस दृश्य के साथ ही जंगल में जहाँ राजकुमार और मीना कुमारी की पहली मुलाक़ात होती है, उस जगह पर कुछ दृश्य फ़िल्माए जाने थे। इसके लिए अमरोही ने जो जगह चुनी थी, मूर्ति को वह जगह पसंद नहीं आई, क्योंकि वहाँ तालाब और चंद वृक्षों को छोड़कर कोई प्राकृतिक सौंदर्य नहीं था। उन्होंने अमरोही से कहा, "ये क्या लोकेशन है?"

"जवाब में अमरोही ने कहा, "लोकेशन होती नहीं, बनाई जाती है। आप दो दिन के बाद देखिए।"

तीसरे दिन मूर्ति लोकेशन पर गए, तो उसे कृत्रिम पेड़-पौधों से सजा पाया। उन्होंने मन ही मन अमरोही को दाद दी। मूर्ति के आने के बाद भी अमरोही ने सूर्यास्त वाला दृश्य फ़िल्माया नहीं था। एक दिन मूर्ति ने कहा, "आज हम शॉट ले ही लेते हैं।" उनके कहने का आशय ताड़कर अमरोही ने कहा, "मैं बहुत ही ज़िद्दी आदमी हूँ। मुझे भी पता है कि हर दिन मैसूर से यहाँ तक आने-जाने में काफ़ी ख़र्च हो रहा है, लेकिन जल्दी भी क्या है? सूर्यास्त तो रोज़ ही होता है। जब तक आसमान में रंगों की वैसी छटा नहीं आएगी, जैसी कि मैं चाहता हूँ, तब तक मैं

शॉट नहीं लूँगा।" अपने कहे मुताबिक़ उन्होंने वैसा ही शॉट लिया, जैसा कि चाहते थे। इसमें उनके आठ-दस दिन गए, लेकिन उन्होंने उसकी परवाह नहीं की।

पाकीज़ा की शूटिंग की एक ख़ूबी यह थी कि जब भी उसकी शूटिंग शुरू होती, बारिश का मौसम न भी होता, तब भी बारिश होने लगती और शूटिंग रद्द करनी पड़ती। इस बाबत मज़ाक़ करते हुए अमरोही कहते थे, "अगर सरकार को पता चल जाए कि हम जहाँ-जहाँ शूटिंग करने जाते हैं, वहीं बारिश होने लगती है, तो वह हमें अकालग्रस्त इलाक़ों में शूटिंग के लिए भेज देगी।"

सृजनात्मक कार्यों के साथ अमरोही कभी किसी तरह का समझौता नहीं करते थे और *पाकीज़ा* तो उनका सपना ही थी। इस फ़िल्म में नायक पहली बार ट्रेन के डिब्बे में नायिका को देखता है और उसके पैरों की तारीफ़ करता है। जब-जब ट्रेन सीटी देती है, नायिका को वो घटना याद आती है और वह ट्रेन देखने दौड़ पड़ती है। इसलिए इस फ़िल्म में ट्रेन का महत्त्व सबसे ज़्यादा है। अमरोही ने पटकथा में इस दृश्य का वर्णन कुछ इस प्रकार किया :

एक ट्रेन नदी पार कर साहेबजान के सीने से सरसराती हुई जा रही है। सूरज ढल रहा है। साहेबजान खड़ी होती हैं और झरोखों में आकर देखती हैं कि ट्रेन आज रुक गई है, ट्रेन ने देखा कि साहेबजान आज नहीं आई तो वो बत्तियाँ बुझा देती है। घबरा जाती है, फिर सीटियों पर सीटियाँ दिए जाती हैं, फिर ट्रेन ने साँस ली तो सिग्नल ने उसे झुककर सलाम किया और ट्रेन छुक-छुक-छुक करके चली गई। इस दृश्य को फ़िल्माने के लिए ट्रेन बुक की गई। दमन से रात दो बजे छूटने वाली गाड़ी के साथ अमरोही के सहायक और यूनिट के कुछ आदमियों को भोर में चार बजे पश्चिम रेलवे के विरार स्टेशन पर आना था और विरार स्टेशन पर शूटिंग की जानी थी। अमरोही विरार स्टेशन पर आने वाले थे। शूटिंग की सारी तैयारियाँ पूरी कर ली गई थीं। गाड़ी के स्टेशन पर आने में देरी हो रही थी। साढ़े चार बजे के आस-पास गाड़ी स्टेशन पर आई, लेकिन अमरोही ने देखा कि गाड़ी में इंजन उलटा लगा हुआ था। इंजन की लाइट का रुख़ डिब्बों की तरफ़ था। इस तरह की गलतियाँ हमेशा नहीं होतीं, लेकिन इस तरह की ग़लतियाँ अमरोही के नसीब में थीं। उलटी दिशा में लगे इंजन को खार या ग्रांट रोड के रेलवे शेड में सीधा किया जा सकता था। स्वाभाविक था कि उस दिन की शूटिंग रद्द करनी पड़ी और अमरोही शांति से घर लौट आए। अमरोही का मानना था कि ट्रेन ही इस फ़िल्म की हीरो है। यही कारण था कि ट्रेन की शूटिंग के लिए उन्होंने समूचे महाराष्ट्र और गुजरात की खाक़ छान मारी। वे सुबह ही अपने सहायकों के साथ दादर, सीएसटी (यानी वीटी) और बॉम्बे सेंट्रल वग़ैरह स्टेशनों पर जाते और लंबी दूरी की गाड़ियों के टिकट लेकर उनसे यात्रा करते थे। वे हर स्टेशन पर उतर कर उसके आस-पास के इलाक़ों का मुआयना करते थे। वे एकाध दृश्यों को अच्छी तरह विजुअलाइज़ करते थे। वे जिस

दृश्य को जिस तरह विजुअलाइज़ करते, उसे उसी तरह शूट करने का उनका आग्रह रहता था। विभिन्न स्टेशनों को देखने के बाद वलसाड (गुजरात) स्थित दमनगंगा का पुल उन्हें पसंद आ गया। हाइवे उस पुल के पास में ही है। गाड़ी वहाँ से न तो बिलकुल क़रीब होकर गुज़रती है और न ही बहुत दूर से। इससे शूटिंग करने में कोई ख़ास दिक़्क़त नहीं थी। तमाम चीज़ों की जानकारियाँ लेने के बाद उन्होंने उसी जगह पर शूटिंग करने का फ़ैसला किया। अमरोही को शाम को सूर्यास्त के समय शूटिंग करनी थी। सूर्यास्त के समय आकाश में रंगों की जो छटा होती है, उसे जादुई प्रकाश कहा जाता है। उन्होंने शूटिंग के लिए पूरी ट्रेन बुक कराई थी, लेकिन पुल के पास रेलवे सिग्नल नहीं था, जबकि अमरोही को पुल पर खड़ी गाड़ी के सिग्नल मिलने पर सीटी देने की आवाज़ सुनकर साहेबजान के बेचैन होकर खिड़की पर आ खड़े होने का दृश्य शूट करना था। इसलिए उन्होंने ब्रिज के आगे एक ख़ास सिग्नल लगवाया, जबकि ब्रिज पर कभी सिग्नल नहीं होता है। उस ज़माने में फ़ोन की सुविधा सहज उपलब्ध नहीं थी। इसलिए उन्हें इस बात का अंदाज़ा न था कि पिछले स्टेशन से छूटकर गाड़ी नियमित रूप से उस शूटिंग स्थल तक कितनी देर में पहुँचती है। समय का गणित गड़बड़ा जाने के कारण गाड़ी आई और सीधी निकल गई, इसलिए पहले दिन शूटिंग नहीं हो सकी, लेकिन दूसरे दिन गाड़ी के लोकेशन तक पहुँचने से पहले सिग्नल लाल हो गया और शूटिंग संपन्न हुई।

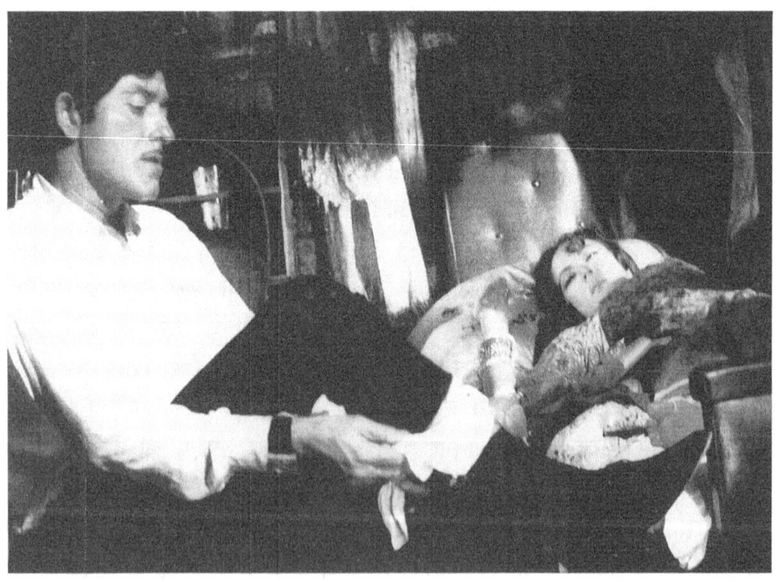

तुम्हारे पाँव कितने... 'पाकीज़ा' के एक दृश्य में राजकुमार और मीना कुमारी

'पाकीज़ा' में राजकुमार और मीना कुमारी

पाकीज़ा का एक दृश्य है, जिसमें निकाह के समय मीना कुमारी राजकुमार को छोड़कर चली जाती हैं। उनके चले जाने से आहत-अपमानित राजकुमार जंगल में आग लगा देते हैं और उसी जंगल से होकर चले जाते हैं। राजकुमार की मानसिक व्यथा को व्यक्त करने वाले इस दृश्य की शूटिंग के लिए अमरोही ने गुजरात के पास वाड़ी में एक छोटा-सा जंगल ख़रीदा। कारण कि आग लगाने के लिए भाड़े पर जंगल कौन देता? चार दिन मज़दूर लगाकर शूटिंग की तैयारी की गई। तीस-तीस फुट ऊँचे पेड़ों को कपड़े से ढककर उन्हें डीज़ल से भिगोया गया। चार कैमरे लगाए गए। तीन कैमरे जंगल की अलग-अलग दिशाओं में लगाए गए और चौथा कैमरा जंगल के पास से गुज़रने वाली नदी के तट पर लगाया गया। राजकुमार को घोड़े पर बैठाया गया। हरि सिंघानी प्रोडक्शन मैनेजर थे। तीन कैमरों की पोजीशन सेट कर ली गई थी और चौथे कैमरे की पोजीशन सेट की जा रही थी। सारे मज़दूर हाथ में जलती मशालें लिए खड़े थे। "मेरे आगऽऽऽ" कहते ही सब पेड़ों को आग लगा दें।" हरि सिंघानी ने तमाम स्पॉट बॉयज को निर्देश दे रखा था, लेकिन मशाल जलाते हुए एक स्पाट बॉय के हाथ से माचिस की जलती तीली ज़मीन पर गिर गई। ज़मीन पर डीज़ल गिरे होने के कारण पल भर में जंगल में आग फैल गई। जान बचाने की अफ़रातफ़रा मच गई। काफ़ी नुक़सान हुआ। समय, पैसे सब व्यर्थ चले गए। इतने बड़े नुक़सान के बावजूद अमरोही ने हरि सिंघानी को कुछ नहीं कहा, साथ ही

जिसकी ग़लती से ज़मीन पर तीली गिरी थी, उस स्पॉट बॉय को भी अमरोही ने कुछ नहीं कहा। तू-तू, मैं-मैं करने, एक-दूसरे के सिर दोष मढ़ने से नुक़सान की भरपाई तो होने वाली नहीं थी। शूटिंग का सारा सामान ट्रक पर लादकर सभी चुपचाप बंबई लौट आए। अमरोही चाहते थे कि यह बात फ़िल्म के फ़ाइनैंसर धीरू भाई तक न पहुँचे, क्योंकि धीरू भाई को यह न लगे कि हम बिना वजह उनके पैसे उड़ा रहे हैं, लेकिन उनके किसी 'हितैषी' ने यह ख़बर फ़ाइनैंसर तक पहुँचा दी। इस घटना को लेकर धीरू भाई नाराज़ हो गए। फिर से जंगल ख़रीदकर उसे आग लगाना अब अमरोही के वश की बात नहीं रही, लेकिन वह शॉट था, उनके मन से हट ही नहीं रहा था। आगे चलकर उन्होंने उसका भी रास्ता निकाल लिया। महीने भर बाद वे एक बार फिर अपनी यूनिट के साथ वाड़ी गए और जंगल पेड़ों को आग लगाने की जगह राजकुमार के तंबू जलाने का दृश्य फ़िल्माया और उस शॉट में अपनी मर्ज़ी का प्रभाव पैदा करने की कोशिश की।

सब समस्याएँ तो आ रही थीं और साथ ही मीना कुमारी की तबीयत अक्सर ख़राब रहने लगी थी। इसलिए उनके सीन पद्मा खन्ना और बिल्क़ीस जैसी डुप्लीकेटों पर फ़िल्माए जाते थे। दूर से शॉट लेने पर दर्शक ताड़ जाएँगे कि यह डुप्लीकेट कलाकार है, यही सोचकर पद्मा खन्ना और बिल्क़ीस के मेकअप पर अमरोही काफ़ी मेहनत करते और उनके क्लोज़अप शॉट भी लेते थे।

तीरे नज़र देखेंगे... वाले गाने की शूटिंग चल रही थी। गाने के आख़िरी अंतरे में मीना कुमारी काँच के टुकड़ों पर नृत्य करती हैं और ख़ून से सने उनके पैरों के निशान पलंग पर बिछे सफ़ेद गद्दे पर पड़ जाते हैं, अमरोही को ऐसा दिखाना था। इस गाने का सेट तैयार करते समय कला निर्देशक ने सफ़ेद गद्दे के नीचे इस तरह से रंग फैला रखा था कि उस पर पाँव रखने पर पाँव लाल हो जाते और उसके निशान गद्दे पर पड़ते चले जाते। अमरोही को इस गाने के लिए सफ़ेद गद्दे ही चाहिए थे। उनका मानना था कि सफ़ेद गद्दे पर पैरों के लाल रंग के निशान पड़ने पर उनका अच्छा प्रभाव पड़ेगा। यह गाना मीना कुमारी के बजाय पद्मा खन्ना पर फ़िल्माया गया है। नृत्य करते समय उनके पाँव पड़ने पर पूरे गद्दे पर पैरों के निशान पड़ रहे थे और पूरा गद्दा लाल होता जा रहा था। आख़िरकार अमरोही को एक उपाय सूझ गया। उन्होंने कला निर्देशक को नृत्य के स्टेप्स के मुताबिक़ गद्दे के नीचे लाल रंग का पतला स्पंज बिछाने का निर्देश दिया और कहा कि जहाँ-जहाँ स्पंज रखा जाए, वहीं गद्दे के नीचे लाल रंग रखा जाए ताकि स्पंज पर पद्मा खन्ना पाँव रखें, तो लाल रंग उनके पैरों में लग जाए। ऐसे थे अमरोही!

खैर, राजकुमार की सनक के कई क़िस्से मशहूर हैं। वे निर्माता-निर्देशकों, सह कलाकारों वगैरह को कैसे-कैसे और कितना परेशान करते थे, इसके अनेक क़िस्से आज भी सुनने को मिलते हैं।

लेकिन *पाकीज़ा* के सेट पर राजकुमार को अपनी जोड़ का सनकी इंसान यानी, कमाल अमरोही मिल गए थे। राजकुमार ने अमरोही को तंग करने की काफ़ी कोशिश की, लेकिन अमरोही के आगे उनकी एक भी कोशिश न चली। *पाकीज़ा* का एक दृश्य है, जिसमें साहेबजान से निकाह करने के लिए सलीम, यानी राजकुमार उसके साथ ताँगे में जा रहा होता है और बीच में फूल लेने के लिए वह ताँगा रुकवा देता है। इतने में खान नाम का एक गुंडा मीना कुमारी के पास आता है। वह उसकी ओर मुँह उठाकर देखती भी नहीं। इतने में पीछे से राजकुमार आ जाते हैं और खान के कंधो पर हाथ रखकर उससे पूछते हैं, “कौन साहब हैं आप?” गुंडा पास में खड़े एक आदमी से कहता है, “इनको मेरा नाम बता दो।”

ताँगे पर बैठने के बाद राजकुमार मीना कुमारी से पूछते हैं, “कौन है यह?”

“किस-किस का नाम पूछेंगे आप?” मीना कुमारी कहती है। गुंडा ताँगे के साथ ही आ रहा होता है। उसके बाद गुस्से से भरे राजकुमार ताँगे वाले से कहते हैं, “मियाँ ज़रा ताँगा रोको तो– मैं इन्हें अपना नाम बताना भूल गया।” और फिर खान और सलीम के बीच मारपीट हो जाती है और पुलिस आकर दोनों को थाने ले जाती है।

यह दृश्य महाबलेश्वर में फ़िल्माया जाना था। उस गुंडे के घोड़े की लगाम पकड़ लेने पर राजकुमार जब ताँगे से उतरते हैं, तो खान उनके हाथ पर चाकू मार देता है। अमरोही इस दृश्य को इसी तरह फ़िल्माना चाहते थे, लेकिन राजकुमार इस तरह का दृश्य देने को तैयार नहीं थे। “राजकुमार और एक गुंडे के हाथों मार खाएँ छि-छि! आप इस दृश्य को इस तरह दिखाएँ कि मैं गुंडे को नीचे गिरा देता हूँ और उसे जी भर मारता हूँ।” उनकी मंशा कुछ उसी तरह दृश्य देने की थी, जैसे आम फ़िल्मों में नायक खलनायक को मारता है और वह मार खाकर किसी सब्जी के

राजकुमार और कमाल अमरोही

ठेले पर गिर पड़ता है, मुर्गियों के किसी टोकरे पर गिर पड़ता है और जान बचाकर भागता है, लेकिन अमरोही इसके लिए तैयार नहीं थे। उन्होंने कहा, "देखो राज, यह कोई ऐसी-वैसी फ़िल्म नहीं है। मैंने जो सीन सोचा है, उसे उसी तरह लूँगा।"

"लेकिन..." राजकुमार से कुछ कहते न बना। "लेकिन-वेकिन कुछ नहीं। यह सीन ऐसे ही लिया जाएगा।" "मान लीजिए कि मैंने घोड़े की लगाम नहीं छोड़ी तो?" राजकुमार ने अक्ल लड़ाई। "तो फिर सीन आगे कैसे बढ़ेगा?" "उसे आप आगे बढ़ाइए।"

"राज, अभिनेता तुम हो, मैं नहीं। तुम्हें लगाम नहीं छोड़नी है, तो मत छोड़ो। उस दृश्य को तुम इंप्रूव करो, नहीं तो लगाम छोड़ने तक गुंडे की चाबुक खाते रहो, लेकिन मैं सीन इसी तरह लूँगा।" शूटिंग ठप हो गई। राजकुमार अपनी बात पर अड़े थे, लेकिन अमरोही भी झुकने को तैयार नहीं थे। कुछ देर बाद राजकुमार को लग गया कि अमरोही अपनी मर्ज़ी ही करेंगे। जान-बूझकर उस गुंडे के हाथ से चाबुक खाते रहने से तो यही अच्छा है कि लगाम छोड़ दी जाए। यह सोचकर ज़्यादा बहस न करके वे अमरोही के मनमाफ़िक शॉट देने पर राज़ी हो गए, पर कभी-कभी राजकुमार की दी सलाह भी वे मानते थे। राजकुमार और गुंडे के बीच मारपीट हो रही है, राजकुमार उस गुंडे को मारते हैं और वह मार खाकर एक दुकान की सीढ़ियों पर गिर पड़ता है। अमरोही उसी सीन को मैसूर की एक ईदगाह में फ़िल्मा रहे थे। (जहाँ ईद के दिन मुस्लिम इकट्ठा होते हैं) राजकुमार ने उन्हें सलाह दी कि अगर गुंडा दुकान की सीढ़ियों की बजाय ताँगे पर बैठी मीना कुमारी के पैरों पर गिरे, तो दृश्य ज्यादा प्रभावशाली बनेगा। अमरोही को राजकुमार की बात जमी और उन्होंने फ़ौरन उसी तरह का सीन ले लिया।

मस्जिद में राजकुमार और मीना कुमारी का निकाह हो रहा है। काज़ी, मीना कुमारी से पूछता है, "तुम्हारा नाम क्या है बेटी?"

राजकुमार जवाब देते हैं, "पाकीज़ा"

"बेटी पाकीज़ा, क्या यह निकाह तुम्हें मंज़ूर है?" काज़ी पूछता है।

"नहीं" कहकर मीना कुमारी रोते हुए उठती हैं और भाग खड़ी होती हैं। इस सीन के समय राजकुमार ने अमरोही को सुझाया कि इस सीन में अगर यह दिखाया जाए कि भागती हुई मीना कुमारी का नक़ाब उड़कर उनके पैरों पर आ गिरता है तो यह दृश्य ज्यादा प्रभावशाली होगा। उनकी यह सलाह भी अमरोही को जँची, लेकिन नक़ाब उड़ने के लिए उतनी तेज़ हवा चलनी चाहिए थी। अमरोही ने बंबई से शक्तिशाली पंखे मँगाए। पंखों के आने तक वे दूसरे दृश्य शूट करते रहे।

एक शूटिंग शिड्यूल के लिए राजकुमार ने अमरोही को तारीख़ें नहीं दीं। अमरोही ने इंपा से उन्हें नोटिस भिजवाया तो उसके जवाब में उन्होंने कहा, "मेरे

दाँतों में दर्द हो रहा है, इसलिए मैं शूटिंग नहीं कर सकता।” और इसके सुबूत के तौर पर दाँतों के डॉक्टर का प्रमाण-पत्र भी पेश कर दिया। अमरोही जानते थे कि उनका दाँत दर्द नहीं कर रहा है। वे उन्हें परेशान करने के लिए यह बहाना बना रहे हैं। वे यह बात साबित नहीं कर सकते थे, लेकिन शूटिंग जल्द से जल्द पूरी करना भी ज़रूरी थी, इसलिए राजकुमार की तारीख़ें लेने के लिए अमरोही ने के. आसिफ़ से मदद माँगी। के. आसिफ़ के समझाने पर राजकुमार एक दिन की शूटिंग के लिए हाज़िर हुए। उस दिन शूटिंग के समय के. आसिफ़ भी सेट पर मौजूद थे। ट्रेन वाले दृश्य में राजकुमार ने चारखाने का अपना एक कोट पहन रखा था। आगे की कांटीन्यूटी के लिए उसी कोट की ज़रूरत थी। अमरोही के सहायक ने राजकुमार से अपने घर से वह कोट माँगने की विनती की तो वे हुज़्ज़त करने लगे कि “मेरे पास वैसा कोट नहीं है।”

“साहब, पिछली शूटिंग के समय तो आप उसे ले आए थे।”

“हो ही नहीं सकता। मेरे पास वैसा चारखाने का कोट है ही नहीं।” इतने में दूसरे सहायक ने उनके पास आकर कहा, “साहब, रामसिंह (राजकुमार का नौकर) आपके घर से कोट ले आया है, शॉट की तैयारी की जाए क्या?” राजकुमार से कुछ कहते न बना। उसके बाद उनकी नज़र शॉट की तैयारी कर रहे कैमरामैन अरविंद लाड़ पर पड़ी। वे लाड़ को पहचानते नहीं थे। उन्होंने अमरोही के सहायक से पूछा, “यह कैमरामैन कौन है?”

“यह अरविंद लाड़ हैं। इन्होंने राजश्री प्रोडक्शन की फ़िल्मों के लिए काम किया है। इस शिड्यूल में मिस्त्री नहीं हैं।”

“देखा, कहीं से भी कैमरामैन उठा लाते हैं।” राजकुमार ने अपने पीछे बैठे के. आसिफ़ से कहा।

सिगरेट का कश खींचते हुए के. आसिफ़ ज़ोर से हँस पड़े। उनका हँसना-बोलना पहाड़ों की गड़गड़ाहट जैसा होता था। सारी यूनिट के सामने उन्होंने राजकुमार से कहा, “राज तूने की करना, तू कुड़ी है? ए कुड़ी पुंछीदा की कैमरामैन कौन है। चल भाग जा।” उनका यह कहना था कि राजकुमार शर्म से पानी-पानी हो गए और उन्होंने चुप लगाने में ही भलाई समझी।

चलो दिलदार चलो... वाले गाने की शूटिंग के लिए अमरोही ने गोवा जाने का फ़ैसला किया। राजकुमार चाहते थे कि अमरोही यह गाना कुल्लू मनाली में शूट करें और वहाँ जाने-आने की पूरी यूनिट का ख़र्च उठाने तक के लिए राज़ी थे, लेकिन अमरोही ने उनसे स्पष्ट शब्दों में कह दिया कि “मेरे मन में इस गाने की जो लोकेशन है, वह गोवा की ही है। मैं वहीं शूटिंग करूँगा।” इससे नाराज़ होकर राजकुमार ने शूटिंग की तारीख़ें नहीं दीं। अमरोही ने उसकी ख़ास परवाह भी नहीं। मीना कुमारी

की डुप्लीकेट के रूप में काम करने वाली बिल्क़ीस को लेकर शूटिंग करने का फ़ैसला किया। उन्होंने राजकुमार के चेहरे से मिलते-जुलते चेहरे वाले व्यक्ति को तलाश किया और गाने की शूटिंग शुरू की। यही कारण है कि *चलो दिलदार चलो...* वाले गाने में राजकुमार-मीना कुमारी के मुक़ाबले आसमान के तारे, चंद्रमा, नदी वगैरह के प्राकृतिक दृश्य ज़्यादा दिखते हैं। इस गाने की शूटिंग के समय भी अमरोही के सामने दिक्क़तें आईं। इस गाने की शूटिंग समुंदर में होनी थी और जेनरेटर की मदद से लोकेशन वातावरण को लाइट-अप करके चाँदनी का आभास पैदा किया जाता था। रात का समय है, आकाश में चाँद, तारे दिखाई पड़ रहे हैं। सारा वातारण रोमांटिक है और नायक-नायिका प्रेम गीत गाते नाव से चले जा रहे हैं, इस तरह का दृश्य दर्शाया जाना था, लेकिन जेनरेटर का ट्रक समय से गोवा पहुँच नहीं सका। इसलिए कैमरे के फ़िल्टर से सूर्यास्त के समय जैसी रोशनी होती है, उसी तरह की रोशनी में शूटिंग करके यह आभास पैदा किया गया कि मानो आसमान से चाँदनी उतर रही है। एक-दो दिन बाद जेनरेटर का ट्रक शूटिंग स्थल पर पहुँचा। उसकी मदद से शूटिंग की जाती, इससे पहले एक घटना और घट गई। क्लीनर का अंदाज़ा चूक गया और पूरा ट्रक सागर में जा घुसा। समुंदर में इतनी ज़ोर से लहरें उठ रही थीं कि ट्रक हिलकोरे खाने लगा। आस-पास चल रही शूटिंग की यूनिटों के दौ सौ

'पाकीज़ा' के सेट पर राजकुमार, अमरोही और अशोक कुमार

आदमियों ने रस्सा बाँधकर ट्रक को बाहर खींचने की कोशिश की, लेकिन उनकी सारी कोशिशें नाकाम साबित हुईं। वहाँ मौजूद कुछ लोगों ने अमरोही से कहा कि यह ट्रक बाहर आने वाला नहीं है। आप अपना समय बर्बाद न करें। दूसरी सुबह अमरोही की यूनिट के लोग एक होटल पर बैठे चाय-नाश्ता कर रहे थे। बातचीत का विषय वह जेनरेटर ट्रक ही था। उस होटल में आए दो-तीन आदमियों ने उनकी बातें सुनीं और उस यूनिट के लोगों के पास आए और बोले, "हम वह ट्रक निकाल देंगे।" "कल दो सौ लोगों ने कोशिश की फिर भी ट्रक नहीं निकाल नहीं पाए। तुम लोग क्या कर लोगे?" यूनिट के किसी आदमी ने कहा।

"अगर निकाल दिया, तो आपको हमें साढ़े सात सौ रुपये मेहनताना देना होगा।"

यह बात अमरोही के कानों तक पहुँची, तो उन्होंने कहा, "ये लोग इतने यक़ीन से कह रहे हैं, तो उन्हें कोशिश करके देख लेने दो, इसमें हर्ज़ क्या है? देखें तो सही।"

उनके साथ यूनिट के लोग शूटिंग स्थल पर गए। वे लोग लोहे की ज़ंजीरें बाँध कर ट्रक को बाहर निकालने की कोशिश करने लगे। शुरुआत में दो-तीन ज़ंजीरें टूट गईं, लेकिन अंततः वे ट्रक को पानी से बाहर निकालने में कामयाब रहे।

यह देखकर अमरोही खुश हो गए। उन्होंने अपने भांजे शहाने हसन से कहा, "उन आदमियों को दस हज़ार रुपये दे दो। अगर ट्रक बाहर न आता तो हमें हर्ज़ाना तो देना ही पड़ता न!"

खैर, उन दिनों अशोक कुमार की तबीयत ठीक नहीं चल रही थी, जिसकी वजह से वे कई बार शूटिंग के लिए नहीं आ पाते थे। फ़िल्म जल्दी से पूरी होती नज़र नहीं आ रही थी, पूरी भी हो गई तो चलेगी भी या नहीं, इसकी भी आशंका लगी थी।

फ़िल्म पूरी न होने के कारण इसके फ़ाइनैंसर धीरू भाई कभी-कभार नाराज़ होने लगते थे। एक बार नाराज़गी के स्वर में उन्होंने अमरोही के सहायक हेमंत देसाई से पूछा, "कब पूरी होगी यह फ़िल्म?"

"साहब, अब हाथी निकल गया है, पूँछ रह गई है।"

"सही है, लेकिन पूँछ भी तो हाथी की ही है न!"

बातों-बातों में हेमंत देसाई ने धीरू भाई से पूछ लिया, "फ़िल्म इतनी धीमी रफ़्तार से बन रही है, फिर भी आप इसे फ़ाइनैंस कर रहे हैं, आख़िर इसका राज़ क्या है?"

"देखो, मैं अमरोही को बरसों से जानता हूँ। मैं उनके घर भी गया हूँ, लेकिन मुझे कभी भी उनके घर के फ़र्नीचरों में, उनकी दीवारों के रंग-रोगन में कोई फ़र्क़ नज़र नहीं आया। इस आदमी का पहनावा जैसा पहले था, आज भी वैसा ही है। यहाँ लोग हैं कि पैसे आते ही पहले घर बदलते हैं। उसके बाद फ़िल्मों पर पैसे लगाते हैं, लेकिन अमरोही उनमें से नहीं हैं। और शूटिंग के समय पैसे लेकर मेरा आदमी सेट पर हाज़िर रहता है। शूटिंग में समय लग रहा है, जंगल जलाने जैसी कितनी ही ग़लतियाँ हुईं, लेकिन वह पैसे शूटिंग पर ही ख़र्च किए गए। यही कारण है कि मैं इस आदमी को फाइनैंस कर रहा हूँ।"

खैर, अब तक हिंदी फ़िल्मों के संगीत के वाद्ययंत्र बदल गए थे। इसलिए बहुतों को *पाकीज़ा* का संगीत पुराना लगने लगने लगा था। कई लोगों ने अमरोही से कहा कि इस फ़िल्म का संगीत दर्शकों को पसंद नहीं आएगा। *पाकीज़ा* के दोबारा शुरू होने

के बाद एक दिन रेडियो सीलोन पर हिंदी फ़िल्मों के लोकप्रिय गानों के कार्यक्रम के प्रस्तुतकर्ता अमीन सयानी ने भी अमरोही को इस फ़िल्म के गाने बदलने की सलाह दी, लेकिन अमरोही ने उनकी सलाह पर विशेष ध्यान नहीं दिया। कुमार नाम के एक फ़ाइनैंसर ने गुलाम मोहम्मद के गीतों को बदलने की सलाह दी, लेकिन अमरोही ने उनकी सलाह पर विशेष ध्यान नहीं दिया। गुलाम मोहम्मद के गीतों को बदलने की शर्त पर कुमार फ़िल्म पर पैसे लगाने को तैयार थे।

भारतीय क्रिकेट क्लब में उनके साथ अमरोही की बातचीत हुई। उन्होंने स्पष्ट शब्दों में कहा कि "आपको जितने पैसे चाहिए, मैं उतने दूँगा, लेकिन आप फ़िल्म से गुलाम मोहम्मद के गाने निकाल दीजिए। वे अब आउटडेटेड हो चुके हैं।" लेकिन अमरोही को यह शर्त मंज़ूर नहीं थी। *पाकीज़ा* के गाने कहानी का हिस्सा हैं। गुलाम मोहम्मद आज ज़िंदा नहीं हैं, इसलिए मैं उनके साथ नाइंसाफ़ी करूँ? उनके बनाए गाने मेरे लिए उनकी अमानत हैं। आपको फ़ाइनैंस करना है तो कीजिए, वरना मत कीजिए, लेकिन मैं गुलाम मोहम्मद का संगीत नहीं बदलूँगा। यह संगीत सिर्फ़ *पाकीज़ा* के लिए बनाया गया है, किसी दूसरी

'*पाकीज़ा*' के सेट पर अमरोही और मीना कुमारी

फ़िल्म के लिए नहीं।" अमरोही ने उस फ़ाइनैंसर की परवाह नहीं की। शंकर-जयकिशन जैसे उस समय के चोटी के संगीतकार भी *पाकीज़ा* के लिए संगीत देने को उत्सुक थे, इसीलिए वे इस फ़िल्म के लिए किसी फ़ाइनैंसर की मदद देने को तैयार थे।

फ़िल्म को बनाने में कई तरह की अड़चनें आते देखकर किसी ने अमरोही को सुझाया कि इसका नाम बदल दें, तो यह फ़िल्म सुचारू रूप से बन कर पूरी हो जाएगी। सच पूछिए तो अमरोही ज्योतिष और अंकशास्त्र पर सिरे से यक़ीन नहीं करते थे, लेकिन परेशानियों में फँसा व्यक्ति ज्योतिष, भविष्य, व्रत, उपवास वगैरह का सहारा लेने लगता है। अमरोही के साथ भी यही हुआ। एक-दो ज्योतिषियों के कहने के मुताबिक़ अमरोही के बड़े भाई रज़ा हैदर ने उनसे कहा कि अगर नाम बदलने से सचमुच अड़चनें दूर होती हों, तो नाम बदलने में क्या दिक़्क़त है। अमरोही को

उनकी बातों में सार नज़र आया, लेकिन अब सवाल उठा कि नाम क्या रखा जाए? काफ़ी सोच-विचार के बाद अमरोही ने इस फ़िल्म के किसी दृश्य के आधार पर इसका नाम रखने का फ़ैसला किया।

फ़िल्म में *आज हम अपनी दुआओं का...* वाले गीत के बाद का एक दृश्य कुछ इस प्रकार है। मीना कुमारी इस गाने पर नृत्य कर रही हैं, उसी समय चरित्र अभिनेत्री वीणा राजकुमार के घर अशोक कुमार को देखती हैं। मीना कुमारी उन्हीं की बेटी हैं, यह बात वीणा को मालूम रहती है। अपनी भांजी को तवायफ़ के रूप में अपने ही पिता के घर नाचते देखकर वीणा को ज़बरदस्त आघात लगता है और वे गुस्से में अशोक कुमार से कहती हैं, "शहाबुद्दीन ! यह तुम्हारा ही लहू है, देखो क्या रंग लाया है?" इसी तरह का उर्दू का एक प्रसिद्ध शेर है -

"क़रीब है यारो, रोज़-ए-महशर, छुपेगा कुश्तों का ख़ून क्यूँकर
जो चुप रहेगी ज़बान-ए-ख़ंजर लहू पुकारेगा आस्तीं का।"

इस तरह *पाकीज़ा* का नाम बदल कर *लहू पुकारेगा* रख दिया गया।

लेकिन इतना लंबा नाम अमरोही के गले उतर नहीं रहा था। *पाकीज़ा* कहने में जितना अच्छा लगता है, *लहू पुकारेगा* के साथ वैसा नहीं था। दूसरे, नाम बदलने के बावजूद समस्याएँ ख़त्म नहीं हो रही थीं। लिहाज़ा, अमरोही ने *पाकीज़ा* नाम को बहाल रखने का फ़ैसला कर लिया।

पाकीज़ा को जल्द से जल्द पूरा करने की हड़बड़ी में अमरोही ने मीना कुमारी के स्वास्थ्य की उपेक्षा की, उन पर यह आरोप भी लगाया गया। मैसूर से बीस किमी दूर स्थित बर्ड सेंचुरी में *मौसम है आशिक़ाना...* वाले गाने की शूटिंग की गई। उस समय उनकी आया, हेयर ड्रेसर बर्था वगैरह उनके साथ थीं। उनको किसी तरह की तकलीफ़ देने वाला, उनकी जान को ख़तरे में डालने वाला कोई सीन उन पर फ़िल्माया नहीं गया। *तीरेनज़र देखेंगे...* वाले गाने पर वे नृत्य करने की स्थिति में नहीं थीं। वह गाना पद्मा खन्ना पर फ़िल्माया गया।

पाकीज़ा के अंत में एक सीन है, जिसमें राजकुमार बारात लेकर मीना कुमारी से निकाह करने आते हैं, उनके पीछे से अशोक कुमार की मय्यत आती है और उसके बाद बेड़ियों में जकड़ा सप्रू आता है। इस सीन में सेहरा बाँधे हुए दूल्हे के रूप में धर्मेंद्र ही हैं। उन पर फ़िल्माया गया यह सीन वैसे ही रखा गया है। पास के एक कोठे से एक तवायफ़ हसरत भरी नज़रों से आती हुई बारात देखती है। काज़ी मीना कुमारी से सवाल करता है, "तुम्हें यह निकाह मंज़ूर है?" वह हामी भरती हैं और उनकी डोली का पर्दा गिरता है। डोली के पास खड़ा राजकुमार उनके हामी भरने पर राहत की साँस लेता है। उसके बाद बारात चली जाती है, शव यात्रा आगे

बढ़ती है, सप्रू जाता है और कैमरा एक बार फिर उस लड़की पर केंद्रित होता है और एक शेर सुनाई पड़ता है -

"हज़ारों साल नर्गिस अपनी बेनूरी पे रोती है,
बड़ी मुश्किल से होता है चमन में दीदावर पैदा।"

यह डॉ. अल्लामा इक़बाल का लिखा शेर है, जिन्होंने देश भक्ति पर "सारे। जहाँ से अच्छा..." गीत लिखा है। इसी शेर के साथ फ़िल्म ख़त्म हो जाती है।

इस सीन को लेकर कमाल अमरोही अपने सहायक हेमंत देसाई, यूसुफ नक़वी, नौशाद और इस फ़िल्म के संकलनकर्ता वगैरह के साथ चर्चा कर रहे थे। नौशाद ने कहा, "कमाल साहब, मीना की डोली पर पर्दा गिरने के साथ ही सही अर्थों में फ़िल्म ख़त्म हो जाती है। दर्शक उठ कर सिनेमा से निकलने लगते हैं। उसके बाद यह सब कौन देखेगा?"

हेमंत देसाई ने नौशाद की बात का समर्थन किया। फ़िल्म के संकलनकर्ता बरसों से अमरोही के साथ काम करते आ रहे थे। उन्होंने अमरोही से कहा, "कमाल, लोग कहेंगे कि यह अमरोही का जनाज़ा जा रहा है।"

"कहने दो, लेकिन मैं यह शॉट अवश्य लूँगा।" सारे लोगों ने अमरोही से कहा कि यह शॉट लेने की कोई ज़रूरत नहीं है।

"कमाल साहब, आप उस लड़की के चेहरे पर कैमरा मारने की ज़िद्द क्यों कर रहे हैं? इस सीन से पहले फ़िल्म भर में तो वह कहीं दिखती नहीं?" हेमंत देसाई ने पूछा।

"तुम्हारी समझ में नहीं आ रहा है कि मैं इस दृश्य के ज़रिये क्या कहना चाहता हूँ। एक तवायफ़ सारी ज़िंदगी में यही कामना करती है कि काश! कोई उसके लिए भी बारात लेकर आए। आम युवतियों की तरह उसकी भी शादी होती, उसका भी अपना घर-संसार होता। पूरी कहानी भर में यह सीन सबसे महत्त्वपूर्ण है। मैं जो कहना चाहता हूँ, अगर उसे एक भी दर्शक समझ सका, अगर देशभर से इसकी बाबत एक भी पत्र मेरे पास आया, तो मैं समझूगा कि मेरा यह फ़िल्म बनाना सार्थक हो गया।"

इस मुद्दे पर सचमुच अमरोही के पास दो-तीन पत्र आए। उनमें से एक पत्र तो एक तवायफ़ का ही था। उसने अपने पत्र में लिखा था, "आपने हमारे मन की बात जान ली!" वह पत्र पढ़ कर अमरोही बहुत खुश हुए।

फ़िल्म पूरी हो गई, लेकिन उसका पार्श्व संगीत कौन दे, यह सवाल अमरोही के सामने उठ खड़ा हुआ। ऐसे पार्श्व संगीत की ज़रूरत थी, जो गुलाम मोहम्मद के संगीत से मेल खाता हो। शुरुआत में अमरोही ने सलिल चौधरी और ख़य्याम के बारे में सोचा। "गुलाम मोहम्मद का संगीत मेरे संगीत से बिलकुल अलग है, इसलिए

मेरा संगीत उनके साथ मेल नहीं खाएगा।" यह कहकर ख़्य्याम ने *पाकीज़ा* का पार्श्व संगीत देने से मना कर दिया। आगे चलकर नौशाद का नाम उभर कर सामने आया। गुलाम मोहम्मद ने नौशाद के साथ भी काम किया था। लिहाज़ा, अमरोही ने नौशाद से पार्श्व संगीत तैयार कराने का निश्चय किया। उस वक़्त नौशाद *पाकीज़ा* का पार्श्व संगीत देने पर राज़ी हो गए, हालाँकि नौशाद अमरोही के बारे में कोई अच्छी राय नहीं रखते थे। इस किताब के सिलसिले में मैंने उनसे मुलाक़ात की और तभी यह बात सामने आई। साक्षात्कार के दौरान मैंने टेप रिकॉर्डर चालू किया, तो नौशाद ने मुझसे टेप रिकॉर्डर बँद करने को कहा और अमरोही के दोष गिनाने लगे। नौशाद के अनुसार कमाल अमरोही को पटकथा का तनिक भर भी ज्ञान नहीं था। वे सिर्फ़ मुस्लिम विषयों पर ही काम कर सकते थे। यही नहीं, वे तो यहाँ तक दावा कर रहे थे कि *पाकीज़ा* का काफ़ी सारा स्क्रीन प्ले उन्होंने ठीक किया। सत्रह हज़ार फुट लंबी बनी *पाकीज़ा* को कहाँ से और कैसे एडिट किया जाए, यह भी अमरोही की समझ में नहीं आ रहा था। उन्होंने ही अमरोही को यह समझाया और एडिटिंग करने बैठे। यह पूछने पर कि अगर यह सारी बातें सही हैं, तो आपने टेप क्यों बंद करा दिया, उन्होंने कहा था कि अब यह सब क्यों कहा जाए! उसके बाद मैंने टेप चालू कर दिया और वे अमरोही की तारीफ़ों के पुल बाँधने लगे। अमरोही मिनर्वा मूवीटोन में काम कर रहे थे, तब से नौशाद ने उनका नाम सुन रखा था। अमरोही से उनकी मुलाक़ात 1947-48 के आस-पास हुई थी। पुराने ज़माने में नौशाद जिस झंडे खाँ के यहाँ वादक की हैसियत से काम करते थे, उसी झंडे खाँ के पड़ोसी प्रोफ़ेसर वाक़िब के घर जब एक दिन अमरोही गए थे, तो वहीं नौशाद की अमरोही से पहली मुलाक़ात हुई थी। उन दिनों नौशाद ख़ास नामचीन नहीं हुए थे। फ़िल्म जगत में काम करने के बावजूद दोनों ने *पाकीज़ा* से पहले कभी एक साथ काम नहीं किया था। नौशाद कहते थे कि अमरोही ने शुरू में उन्हें ही *पाकीज़ा* का संगीत देने के लिए कहा था, पर चूँकि अमरोही संगीतकार को अपनी तरह से सलाह देते थे और नौशाद को अपने काम में निर्माता-निर्देशकों की दख़लअंदाज़ी पसंद नहीं थी। इसीलिए उन्होंने अमरोही को मना कर दिया था। उनका मानना था कि निर्माता पैसे लगाता है, इसलिए हर चीज़ में टाँग अड़ाता है। आज भी ऐसे ही होता है। नौशाद कहते थे कि अमरोही को मना करने के बावजूद गुलाम मोहम्मद का नाम उन्होंने ही सुझाया था। *पाकीज़ा* का पार्श्व संगीत देने के समय अमरोही उनके काम में टाँग नहीं अड़ा सकते थे, इसलिए वे पार्श्व संगीत देने पर राज़ी हुए, लेकिन *पाकीज़ा* का प्रकरण पढ़ने से स्पष्ट हो जाता है कि अमरोही ने मिर्ज़ा ग़ालिब का संगीत सुनकर गुलाम मोहम्मद का चयन किया था। उन्होंने नौशाद के बारे में तो सोचा ही नहीं था।

गुलाम मोहम्मद के बेटे मुमताज़ मोहम्मद के अनुसार अमरोही ने गुलाम मोहम्मद को रॉयल्टी देने से इंकार कर दिया था, लेकिन जब पार्श्व संगीत का सवाल

उठा, तब नौशाद ने अमरोही से रॉयल्टी माँगी और नौशाद का कोई विकल्प न होने के कारण मजबूरी में अमरोही को उनकी माँग माननी पड़ी। फ़िल्म के प्रदर्शन के बाद नौशाद ने *पाकीज़ा* का लांग प्ले रिकॉर्ड बनवाया। यह पहली फ़िल्म थी, जिसके बैक ग्राउंड संगीत का लांग प्ले रिकॉर्ड अमेरिका में, बना – "सांग ऑफ़ वेव्ज बाई नौशाद"। नौशाद कहते थे कि यह लांग प्ले उन्होंने मीना कुमारी के आग्रह पर बनवाया। नौशाद के साथ मीना कुमारी के पारिवारिक संबंध होने के बावजूद मीना कुमारी ने अपनी शायरी का लांग प्ले "आई राइट आई रिसाइट" (मेरी नज़्में मेरी ज़बानी) संगीतकार ख़य्याम के साथ क्यों बनवाया? यह सवाल आज भी अनुत्तरित है। मुमताज़ मोहम्मद का कहना है कि राजकुमारी (*नज़रिया की मारी*), वाणी जयराम (*मोरा साजन*) और परवीन सुलताना (*कौन जला*) ने इस फ़िल्म में जो पार्श्व गीत गाए हैं, नौशाद ने उनको भी लांग प्ले में शामिल कर लिया, ताकि उनसे कोई रायल्टी की माँग न कर सके। एक दृश्य में मीना कुमारी अपनी सहेली को राजकुमार की चिट्ठी के बारे में बताती हैं। उस सीन के पार्श्व में एक ग़ज़ल है, "ये धुआँ सा कहाँ से उठता है, एक तो दिल के जहाँ से उठाता है।" यह ग़ज़ल नौशाद ने नसीम चोपड़ा नामक गायिका से गवाई थी, लेकिन वह ग़ज़ल उन्होंने लांग प्ले में शामिल नहीं की। कारण कि मूलतः यह ग़ज़ल सम्राट मेहदी हसन की है।

नौशाद अपनी तारीफ़ करते हुए एक बात और बताते थे कि फ़िल्म की श्रेय नामावली शुरू होने से पहले अमरोही ने अपनी आवाज़ में नर्गिस (*पाकीज़ा* में मीना कुमारी के शुरुआती दिनों की किरदार) की कहानी बयाँ की है। नौशाद को लगा कि फ़िल्म की शुरुआत में ही यह रूखा विवरण सुनकर दर्शक बोर हो जाएँगे, तो उन्होंने ही अमरोही को सलाह दी और कहा कि फ़िल्म की शुरुआत में एक मोटी मोमबत्ती की रोशनी में एक लड़की को नृत्य करते दिखाया जाए, तो ज़्यादा अच्छा रहेगा। उस दृश्य की पृष्ठभूमि में आलाप दिया जाए, तो उस दृश्य के साथ-साथ अमरोही का निवेदन भी ज़्यादा प्रभावशाली लगेगा। वे बताते थे कि अमरोही को थीम इतनी पसंद आई कि उन्होंने इसे ज्यों-का-त्यों फ़िल्माया।

अमरोही के सहायक हेमंत देसाई कहते हैं कि नौशाद झूठ बोल रहे थे। उनका कहना है कि यह कल्पना खुद अमरोही की थी। एक ताँगा आता है और मीना कुमारी उस पर बैठकर चली जाती हैं। दोबारा फ़िल्म की शूटिंग करने के समय ही उन्होंने इस दृश्य से फ़िल्म की शुरुआत करने का फ़ैसला किया था। दृश्य का वर्णन करने की अमरोही की शैली अद्भुत थी। एक दिन हम सहायकों के साथ वे फ़िल्म की शुरुआत कैसे होगी, इस विषय पर चर्चा कर रहे थे। उन्होंने फ़िल्म की शुरुआत का निवेदन सुनाना शुरू किया : 'यह वह गली है, जहाँ तवायफ़ें रहती हैं। उनकी सुबह, शाम को शुरू होती है और उनकी शाम रात को। रात भर वे नाचती रहती हैं, फिर एक दिन रात के सन्नाटे में ताँगा आया और फिर नर्गिस उसमें बैठकर चली गई'।

पाकीज़ा के दोबारा शुरू होने पर निर्देशक दीपक बाहरी, जिन्होंने *कुर्बान, हमसे है ज़माना, पत्थर* और *परवाना* जैसी फ़िल्में बनाई हैं, अमरोही के सहायक के तौर पर काम कर रहे थे। उन्होंने अमरोही से कहा, "आप बार-बार कहते हैं ताँगा आया, ताँगा आया, लेकिन उसे दिखाएँगे नहीं, तो कैसे पता चलेगा कि ताँगे में कौन आ रहा है, जो ताँगे में बैठती है, वह कौन है?" अमरोही को दीपक बोहरा का उठाया मुद्दा पसंद आया और उन्होंने उसी समय मोमबत्ती, नृत्य करती नर्गिस, उसकी और शहाब (अशोक कुमार) की प्रेम कहानी की पृष्ठभूमि वाला दृश्य तैयार किया। हेमंत देसाई के अनुसार नौशाद ने महज़ उस दृश्य का पार्श्व संगीत तैयार किया था। महमूद बाक़र और मुमताज़ मोहम्मद कहते हैं कि नौशाद ने बैकग्राउंड के बारे में अमरोही को सलाह अवश्य दी होगी, लेकिन अमरोही को स्क्रीन प्ले की समझ थी, यह बात किसी से छिपी नहीं है। बहरहाल, जो भी रहा हो, इतना सच है कि नौशाद का दिया पार्श्व संगीत अमरोही को बहुत पसंद आया

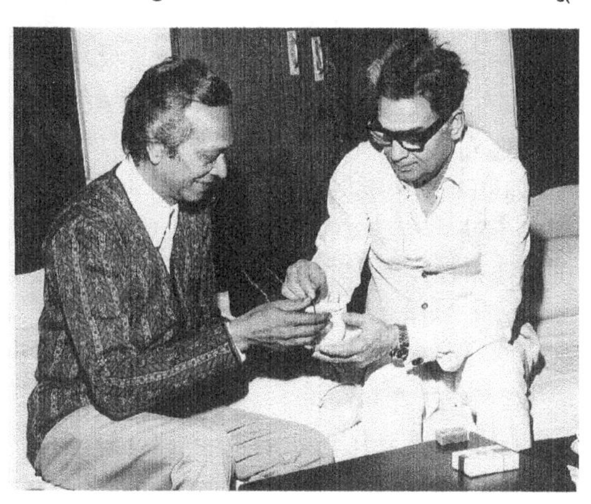

नौशाद और कमाल अमरोही

था। उन्होंने नौशाद को एक पत्र लिखकर कहा था कि "किसी को कैंसर हो जाता है और किसी को कुछ, लेकिन मुझे नौशाद हो गया।"

रिलीज़ के वक़्त *पाकीज़ा* का विज्ञापन बिलकुल अलग तरह से किया गया। जगह-जगह दुपट्टे की ओट से झाँकते हुए मीना कुमारी के चेहरे की होर्डिंगें लगाई गईं। गिरगाँव चौपाटी से लेकर मरीन ड्राइव तक *पाकीज़ा* की बोर्ड लगी नावें समुंदर में उतारी गईं। उन पर बैठी युवतियाँ वाद्य यंत्रों के साथ *चलते-चलते...* वाला गीत गाती थीं।

पाकीज़ा के प्रदर्शन से एक दिन पहले दादर के प्रीतम होटल में वितरकों ने एक पार्टी का आयोजन किया था। आधी रात दो-ढाई बजे के क़रीब अमरोही घर लौटे। पार्टी में *पाकीज़ा* को लेकर लोगों की नकारात्मक टिप्पणियाँ सुनकर निराश अमरोही ने शायद उस रात कुछ ज़्यादा शराब पी ली थी। वे सीधे खड़े नहीं हो पा रहे थे। ड्राइवर ने उन्हें घर पहुँचाया। घर पहुँच कर उन्होंने अपने तीनों बच्चों को

पास बुलाया और अजीब अंदाज़ में कहा, "स्टूडियो पर अच्छी तरह ध्यान देना और रुख़सार का ख़याल रखना।" उनकी बात सुनकर शानदार रोने लगा। यह सोचकर सभी परेशान हो उठे कि अब्बा को अचानक क्या हो गया। अमरोही ने अपने जीवन में कभी इतनी शराब नहीं पी थी। बच्चों की समझ में कुछ भी नहीं आ रहा था। अंततः शानदार ने फ़ोन करके मीना कुमारी को बुलवाया। उन दिनों मीना कुमारी की तबीयत ठीक नहीं चल रही थी, फिर भी ख़बर पाते वे नाइटगाउन पहने ही अमरोही की इमारत के पास आ गईं। तब तक अमरोही काफ़ी पीकर धीरे-धीरे नींद के हवाले हो रहे थे। मीना कुमारी के आने की सूचना पाकर तीनों बच्चे भागकर नीचे आए। सारा हाल पूछने के बाद उन्होंने बच्चों को आगाह करते हुए कहा, "देखो, अब्बा की अच्छी तरह देखभाल करना। हर तरफ़ उनके दुश्मन भरे पड़े हैं। वे उन्हें ज़िंदा नहीं रहने देंगे। तुम लोग उनको कहीं भी ऐसे-वैसे कुछ खाने-पीने मत देना। कोई पान भी दे, तो उन्हें खाने न देना। फ़िल्म प्रदर्शित होने जा रही है और यह बात कुछ लोगों को रास नहीं आ रही है।" बच्चों ने मीना कुमारी से घर चलने का काफ़ी आग्रह किया। "नहीं, अभी नहीं, मैं गाउन पहन कर आई हूँ। मेरी तबीयत भी ठीक नहीं है। ठीक होने पर ही आऊँगी।" मीना कुमारी एक बार फिर अपनी नाक बचा ले गईं। वे अमरोही के घर नहीं गईं, लेकिन अमरोही जब तक ठीक से सो नहीं गए, घंटे-आधे घंटे वे घर के नीचे अपनी गाड़ी में बैठी रहीं। अमरोही के सो जाने की ख़बर पाकर वे घर लौटीं।

अंततः 4 फ़रवरी 1972 को मराठा मंदिर में *पाकीज़ा* का प्रदर्शन हुआ। प्रीमियर के लिए घोड़े की बग्घी से फ़िल्म के प्रिंट लाए गए। *पाकीज़ा* के प्रदर्शित होने से पहले मीना कुमारी ने *पाकीज़ा* के सिर्फ़ रशेज ही देखे थे, बीमार होने की वजह से वे पूरी फ़िल्म कभी देख नहीं सकी थीं। अलबत्ता, प्रीमियर के दिन वे उसे देखना चाहती थीं। फ़रवरी के महीने में हालाँकि कभी बारिश नहीं होती, लेकिन शूटिंग के समय नियमित रूप से उन्हें परेशान करती आई बारिश ने प्रीमियर के दिन भी उनका पीछा नहीं छोड़ा। (यही नहीं, 11 फ़रवरी के दिन दिल्ली में *पाकीज़ा* का प्रदर्शन हुआ और उस दिन वहाँ भी बारिश हुई)।

मराठा मंदिर में प्रीमियर के दौरान कमाल अमरोही और मीना कुमारी अगल-बग़ल की सीटों पर बैठे। फ़िल्म ख़त्म होने तक मीना कुमारी अमरोही का हाथ पकड़े रहीं। जब भी कोई दृश्य आता मीना कुमारी कहतीं, "अहा चंदन, क्या सुंदर दृश्य है। तुमने मुझे सचमुच बहुत सुंदर दिखाया है।" तो कभी अमरोही मीना कुमारी के अभिनय की तारीफ़ करते। ख़य्याम और उनकी पत्नी जगजीत कौर इस बात के गवाह थे। अमरोही-मीना कुमारी वाली क़तार के पीछे वाली क़तार में ख़य्याम-जगजीत कौर और उनका बेटा प्रदीप बैठे थे। ख़य्याम को वह दृश्य हूबहू याद था। वे कहते थे कि वह दृश्य देखकर लग ही नहीं रहा था कि कमाल साहब और मीना कुमारी के

बीच कभी अनबन थी। शो ख़त्म होने पर हम मीना कुमारी से मिले, तो वे जगजीत से बोलीं, "जगजीत जी आपका शाहकार बन गया न? आप ख़ुश तो हैं? सचमुच *पाकीज़ा* शाहकार ही बनी है।" मीना कुमारी *पाकीज़ा* की कामयाबी को लेकर मुतमइन थीं। प्रीमियर वाले दिन उनकी तबीयत ठीक नहीं थी। उनसे ठीक से चला भी नहीं जा रहा था। उनकी साँस फूल रही थी। जगजीत कौर से नज़रें मिलतीं तो उनकी आँखें भर आतीं। जगजीत कौर ने उनसे पूछा, "आप रो रही हैं?" लेकिन मीना कुमारी ने कुछ कहा नहीं। उसके चार-पाँच दिन बाद ख़य्याम दंपत्ति मीना कुमारी से मिलने उनके घर गए। उस समय जगजीत कौर ने मीना कुमारी से कहा, "*पाकीज़ा* के प्रीमियर वाले दिन आप और कमालजी कितने प्यार से एक-दूसरे से बोल-बतिया रहे थे। पिछली सारी बातें भुलाकर आप दोनों एक हो जाइए।"

"मैं भी यही सोच रही हूँ, लेकिन चंदन इस पर राज़ी होंगे? कितने दिन हो गए हैं, एक-दूसरे से अलग रहते।" जगजीतजी कुछ लोगों ने मुझे भड़का दिया था और उनके कहने में आकर मैंने अपना घर छोड़ दिया। उनके भड़काने की वजह से मेरी गृहस्थी बर्बाद हो गई। हर वक़्त लोग चंदन के विरोध में बोलते थे। कमाल साहब ऐसे हैं-वैसे हैं। उन्होंने फ़िल्मों पर कितने पैसे बर्बाद कर दिए, लेकिन जगजीतजी जिन्होंने मुझे ग़लत सलाह दी, मुझे दिग्भ्रमित किया, उनके घर भी साबुत रहने वाले नहीं हैं। वे भी सुखी नहीं रहेंगे।" मीना कुमारी ने कहा।

मीना कुमारी से ख़य्याम और जगजीत की यह मुलाक़ात आख़िरी मुलाक़ात साबित हुई। ख़य्याम कहते थे, "मीना कुमारी का श्राप सच साबित हुआ। सचमुच उन लोगों के घर बर्बाद हो गए। वे लोग कौन हैं, यह बात सभी जानते हैं। मैं किसी का नाम नहीं लेना चाहता, उनमें से कुछ लोग ऐसे भी हैं, जिन्होंने आपस में तलाक़ नहीं लिए, लेकिन एक-दूसरे से अलग रहते हैं। मैं किन की बात कर रहा हूँ, लोग बेहतर जानते हैं।"

ख़य्याम का इशारा गुलज़ार की तरफ़ था। महमूद बाक़र भी इस संबंध में गुलज़ार का नाम लेते हैं।

जैसा कि कुछ लोग कहते हैं, हो सकता है कि अमरोही मीना कुमारी पर ज़ुल्म ढाते रहे हों, लेकिन ख़य्याम के साथ उनकी यह आख़िरी मुलाक़ात और उस दौरान अमरोही के साथ नए सिरे से घर बसाने की मीना कुमारी की इच्छा बहुत कुछ कह जाती है। अमरोही ने उनके साथ छल किया था, तो वे फिर से उनके पास क्यों जाना चाहती थीं? जगजीत कौर, ख़य्याम, सुनील दत्त वग़ैरह के कहने पर वे *पाकीज़ा* पूरी करने पर राज़ी क्यों होतीं? "मुझे तलाक़ न देना, मुझे तुम्हारे निकाह में ही रहना है", चिट्ठी लिखकर अमरोही से उन्होंने यह बात क्यों कही? इन सवालों के जवाब आज भी नदारद हैं, क्योंकि आज हमारे बीच न तो अमरोही ज़िंदा हैं और न मीना कुमारी ही।

शुरुआत के कुछ हफ़्तों के दौरान *पाकीज़ा* को अच्छा प्रतिसाद नहीं मिला, लेकिन उसके बाद धीरे-धीरे थियेटरों में दर्शकों की भीड़ बढ़ने लगी और देखते-देखते *पाकीज़ा* सुपरहिट हो गई। फ़िल्मी पंडितों और ज्योतिषियों की भविष्यवाणियाँ कमाल अमरोही के आत्मविश्वास के आगे झूठी साबित हो गईं। फ़िल्म के बनने में विलंब होने पर उसके कलाकारों की उम्र बढ़ जाती है, कहानी बासी हो जाती है और उसका प्रभाव फ़िल्म पर भी पड़ता है। जब *पाकीज़ा* दोबारा शुरू हुई, उस समय मीना कुमारी काफ़ी उम्रदराज़ हो चुकी थीं। बढ़ती उम्र और शराबख़ोरी की लत के दुष्परिणाम उनके चेहरे और उनके बदन पर साफ़ दिखने लगे थे, लेकिन कमाल अमरोही ने साहस का परिचय देते हुए न सिर्फ़ फ़िल्म पूरी की, बल्कि उसमें मीना कुमारी को कहीं से भी बेढब नहीं दिखने दिया। तरह-तरह की परेशानियों से जूझते हुए अमरोही अपने सपने को साकार करने में कामयाब रहे। *पाकीज़ा* के बनने में 15 बरस लगे, लेकिन अमरोही इससे सहमत नहीं थे। उनके अनुसार फ़िल्म की पूरी शूटिंग में शिफ़्ट के हिसाब से कुल तीन साल लगे। इस फ़िल्म के लिए कुल डेढ़ सौ शिफ़्ट में शूटिंग की गई। उनमें से पचहत्तर शिफ़्टें बारिश और दूसरे कारणों से बेकार चली गईं। 1964 में मीना कुमारी के अमरोही का घर छोड़ने के बाद छह साल तक यह फ़िल्म बंद पड़ी रही, लेकिन इन छह बरसों को फ़िल्म के बनने में हुई देरी की नज़र से देखना अमरोही को अपने साथ अन्याय लगता था, हालाँकि नौशाद की राय अमरोही के बारे में अच्छी नहीं थी, फिर भी वे *पाकीज़ा* की कामयाबी का श्रेय अमरोही को ही देते थे। उनका कहना था कि "मीना के इंतक़ाल की वजह से यह फ़िल्म चली, मैं ऐसा नहीं मानता। फ़िल्म चली कि उसमें दम था, वरना मीना की फ़िल्म *गोमती के किनारे* मुँह के बल क्यों जा गिरी? वह भी तो उनकी आख़िरी फ़िल्म थी?"

सच पूछिए तो सावन कुमार टाक के निर्देशन में *गोमती के किनारे* ही मीना कुमारी की भूमिका वाली अंतिम फ़िल्म थी। फ़िल्म के प्रदर्शन के समय उसका विज्ञापन इसी रूप में किया गया था : मीना कुमारी की अंतिम अविस्मरणीय भूमिका – *गोमती के किनारे*, लेकिन यह फ़िल्म बॉक्स ऑफ़िस पर मुँह के बल जा गिरी। आज किसी से पूछिए कि मीना की आख़िरी फ़िल्म कौन-सी थी, एक ही जवाब मिलता है *पाकीज़ा*। *गोमती के किनारे* को लोग कब के भूल चुके हैं। *पाकीज़ा* की बदौलत अमरोही का सारा क़र्ज़ा चुक गया। यह फ़िल्म भारतीय फ़िल्म जगत के इतिहास में मील का पत्थर साबित हुई। इसके गीत आज भी लोकप्रिय हैं। आज भी जब कभी यह फ़िल्म थियेटरों में लग जाती है, अच्छा-ख़ासा व्यापार करती है।

17

पाकीज़ा के प्रदर्शन के कुछ ही दिनों बाद मीना कुमारी की तबीयत ज़्यादा बिगड़ने लगी। उन्हें बंबई के नेपियन-सी इलाक़े के एलिज़ाबेथ नर्सिंग होम में भर्ती कराया गया। मीना के सगे-संबंधी तो अस्पताल में उनके साथ ही थे। साथ ही साथ, कमाल अमरोही, ताजदार, शानदार, महमूद बाक़र वगैरह हर समय अस्पताल में बैठे रहते। अमरोही तो सिर्फ़ नहाने के लिए सुबह घर जाते थे। इलाज़ से मीना कुमारी की तबीयत में कोई सुधार नहीं हो रहा था। तीन-चार दिन वे कोमा में रहीं। उनकी छटपटाहट, उनकी पीड़ा देखी नहीं जाती थी। 31 मार्च 1972 को उनके रिश्तेदारों से सलाह-मशविरा करने के बाद डॉक्टरों ने उनके नाक-मुँह में लगी नलियाँ निकालने का फ़ैसला किया। उनका कहना था कि उनको कोमा में गए काफ़ी समय हो चुका है और अब उनके होश में आने की गुंजाइश नहीं है। उस वक़्त मीना कुमारी की सौतेली बहन शमा ने अमरोही से कहा, "कमाल साहब, मंजू को अब माफ़ कर दो, ताकि उसकी जान आसानी से निकल जाए।" शमा के मुँह से यह बात सुनकर अमरोही की आँखों से आँसू निकल पड़े। वे मीना कुमारी के बिस्तर के पास ही बैठे थे। उन्होंने उनके बदन पर पड़ी चादर उनके चेहरे पर आँचल की तरह डाल दी और बेहोश पड़ी मीना कुमारी को देखते हुए उन्होंने कहा, "ख़ुदा हाफ़िज़ मंजू, मैंने तुम्हें माफ़ किया।" और उसके कुछ ही पलों बाद मीना कुमारी ने अंतिम साँस ली। विरागी का जीवन जीने वाली मंजू उर्फ़ मीना कुमारी, उर्फ़ *पाकीज़ा* ने चालीस की उम्र में जीवन को अलविदा कह दिया। उस वक़्त शायद उन्हें लगा होगा –

"दिल को सुकून, रूह को आराम आ गया

मौत आ गई कि दोस्त का पैग़ाम आ गया।"

ग़रीब परिवार में जन्मी मीना कुमारी ने चार साल की छोटी-सी उम्र से ही परिवार के भरण-पोषण के लिए फ़िल्मों में काम करना शुरू कर दिया था। वहीं से उनकी फ़िल्मी जीवन यात्रा का श्रीगणेश हुआ। नतीजतन, वे उम्र के आधे रास्ते तक पहुँचते-पहुँचते थक गई थीं। इसके अलावा बदक़िस्मती ने भी उनका साथ नहीं छोड़ा। सफलता और

प्रसिद्धि भी उनके जीवन की रिक्तता को भर नहीं सकी। उनके जीवन के घटनाक्रमों ने उन्हें भाग्यवादी बना दिया। जीवन के प्रति उनका नज़रिया ही कुछ ऐसा बन गया था कि वे यह मानने लगी थीं कि आदमी के जीवन में जो कुछ भी होता है, वह सब भाग्य का लेखा होता है। संभवतः यही कारण था कि उन्होंने एक शेर में कहा था –

"टुकड़े-टुकड़े दिन बीता, धज्जी-धज्जी रात मिली

जिसका जितना आँचल था, उतनी ही सौगात मिली।"

पाकीज़ा के दोबारा शुरू होने के बाद मीना कुमारी ने खुद ही एक दिन अमरोही से माफ़ी माँगी थी। अमरोही से अलग होने की अपनी ग़लती स्वीकार की थी। मीना कुमारी के निधन पर अमरोही की बीबी अले ज़ेहरा बहुत रोईं। उन्होंने उनके निधन पर विलाप करते हुए कहा, "मैं मीना से बड़ी थी। मुझे उससे पहले मौत आनी चाहिए थी।"

मीना कुमारी की मृत्यु के बाद उनको कहाँ दफ़नाया जाए, इसे लेकर भी विवाद उठ खड़ा हुआ। विवाद इसलिए कि मीना कुमानी सुन्नी संप्रदाय की थीं और अमरोही शिया थे। वे बरसों से अमरोही का घर छोड़कर अलग रह रही थीं, लेकिन अमरोही से उन्होंने तलाक़ नहीं लिया था। इसलिए सवाल यह पैदा हो गया कि उन्हें सुन्नी क़ब्रिस्तान में दफ़न किया जाए या शिया क़ब्रिस्तान में। इस विवाद के तूल पकड़ने की आशंका पैदा हो गई थी, लेकिन वह इसलिए तूल नहीं पकड़ सका कि मीना ने खुद ही अपने रिश्तेदारों के सामने शिया क़ब्रिस्तान में दफ़न किए जाने की इच्छा व्यक्त की थीं। इसलिए उनकी इच्छा के मुताबिक़ उन्हें मझगाँव स्थित 'रहमानाबाद' शिया क़ब्रिस्तान में दफ़न किया गया, लेकिन बाद में अमरोही पर आरोप लगाया गया कि उन्होंने ज़बरदस्ती मीना कुमारी को शिया क़ब्रिस्तान में दफ़न कराया।

मीना कुमारी जिन दिनों एलिज़ाबेथ अस्पताल में भर्ती थीं, उस समय उनके पास अस्पताल का बिल भरने, दवाइयों का ख़र्च उठाने के लिए भी पैसे नहीं थे। इसलिए प्रेमजी, ओपी रल्हन वगैरह निर्माताओं ने उनके इलाज़ का ख़र्च उठाया। ऐसा बहुत कुछ कहा गया और लिखा गया, लेकिन इसमें काफ़ी कुछ अतिशयोक्तिपूर्ण था। असलियत यह थी कि मीना कुमारी ने इन निर्माताओं की फ़िल्मों में काम किया था और उनके यहाँ मीना कुमारी के जो पैसे बाक़ी थे, उनकी बीमारी के समय लोगों ने वही पैसे लाकर दिए थे। अस्पताल के कुछ बिल तो अमरोही ने ही चुकाए थे। बार-बार की बीमारी से मीना कुमारी के काफ़ी पैसे ख़र्च हो गए थे। इसके बावजूद उनके दिन ऐसे भी ख़राब नहीं थे कि मदद के लिए उनको किसी के आगे हाथ पसारना पड़ता। महज़ उनके निधन के बाद इस आशय की अफ़वाहें उड़ाई गईं कि उनकी माली हालत ख़राब थी। रुख़सार कहती हैं कि "मीना कुमारी अंतिम समय तक फ़िल्मों में काम करती रहीं। उनके पास अपनी गाड़ी थी। ढेर सारे जेवरात थे। फ़्लैट

था। उनके घर के कपाट की चाबी उनकी बहन ख़ुर्शीद के पास रहती थी। वह पैसे कहाँ गए? छोटी अम्मी के निधन के बाद लैंडमार्क में हमने कभी क़दम भी नहीं रखा। उनका फ़्लैट किसने बंद किया, उनकी गाड़ी कहाँ गई, हमें कुछ भी मालूम नहीं।"

उसके बाद संपत्ति को लेकर विवाद शुरू हुआ। चालीसवें के बाद मीना कुमारी की वसीयत पढ़ी गई। उस समय लैंडमार्क में ख़ुर्शीद, नाज़, मधु, मीना कुमारी की ख़ास सहेली तथा अभिनेत्री नर्गिस और मीना कुमारी के सचिव चाँद बहादुर सक्सेना वगैरह मौजूद थे। मीना कुमारी की भांजी नाज़ हालाँकि मीना कुमारी और अमरोही के वैवाहिक संबंधों या अपनी माँ ख़ुर्शीद पर लगे आरोपों के बारे में कुछ भी कहने से क़तराती रही, अलबत्ता, उसने उनकी वसीयत के बारे में खुलकर चर्चा की। नाज़ बताती हैं कि निधन से एक-दो महीने पहले मीना कुमारी ने एक वसीयत तैयार कराई थी। उस वसीयत में लैंडमार्क का फ़्लैट ख़ुर्शीद और खार स्थित देवाशीष बिल्डिंग में स्थित वन रूम फ़्लैट नाज़ को देने की बात कही थी। इस बाबत उन्होंने ख़ुर्शीद, नाज़ और मधु को इशारा भी किया था। इस वसीयत के लिखे जाने के समय, इन तीनों के अलावा सावन कुमार भी मौजूद थे। नाज़ का कहना है कि सावन कुमार ने मीना कुमारी को सलाह दी थी कि फ़्लैट नाज़ के बजाय उसकी बेटी के नाम कर दें, ताकि बड़े होने पर वह उसके नाम हो जाए। नाज़ कहती हैं, "मेरे पति का बर्ताव सही नहीं था, इसलिए मीना आंटी को मालूम था कि मुझे मदद की ज़रूरत है, लेकिन मीना आंटी के इंतक़ाल के बाद जो वसीयत पढ़ी गई थी, उसमें देवाशीष वाला फ़्लैट मेरी माँ को दिया गया था और लैंडमार्क वाला फ़्लैट ट्रस्ट के नाम किया गया था। मीना आंटी ने वह वसीयत चाँद बहादुर सक्सेना के यहाँ रखी थी। सबकी उपस्थिति में उन्होंने वह वसीयत खोली।

पहली वसीयत ख़ुद मीना आंटी या किसी और ने कब और क्यों बदली, इसके बारे में हमें कुछ भी पता नहीं है। यह अपने-आप में एक चमत्कार था। मुझे आज भी इस बात की जानकारी नहीं है कि मीना आंटी का अपना कोई ट्रस्ट था। लोगों को लगता है कि मीना आंटी के पैसे ख़ुर्शीद और उसकी बेटी यानी मेरे पास हैं, लेकिन इसमें कोई सच्चाई नहीं है। मीना आंटी के इंतक़ाल से पहले मेरे और मेरी बेटी के पचास हज़ार रुपये के जेवर मीना आंटी के पास रखे गए थे, लेकिन लैंडमार्के वाले फ़्लैट और उसके साजो-सामान को जब आयकर विभाग ने ज़ब्त कर लिया, तो उस ज़ब्ती में मेरे गहने भी चले गए। मैं आयकर विभाग में अपने जेवर माँगने गई, तो विभाग वालों ने मुझसे उसके सबूत माँगे, लेकिन सबूत कहाँ से आते? इनमें से ज़्यादातर गहने मेरी बेटी की पहली वर्षगाँठ पर उपहार में मिले थे। कुछ तो मीना आंटी ने ही दिए थे। मेरे पास उनकी पावतियाँ नहीं थीं। अभिनेत्री नर्गिस, मीना आंटी की क़रीबी सहेली थीं, इसलिए मैं मदद के लिए उनके पास गई। गहने वापस पाने के लिए मैंने नर्गिस आंटी के घर के कई चक्कर लगाए, लेकिन उससे कुछ भी

हासिल नहीं हुआ। उसके कुछ ही वर्षों बाद नर्गिस आंटी का भी इंतक़ाल हो गया और मेरे गहने मुझे वापस नहीं मिल सके।"

कर न भरने के कारण आयकर विभाग ने मीना कुमारी के फ़्लैट पर क़ब्ज़ा कर लिया था। इस इनकम टैक्स के मामले में भी नाज़ का कहना कुछ और ही है। वह बताती है कि अपने इंतक़ाल से कुछ दिनों पहले मीना कुमारी आयकर ऑफ़िस गई थीं और वहाँ से खुशी-खुशी लौटी थीं। उन्होंने अपनी बहन खुर्शीद से कहा था, "अब मुझे कोई चिंता नहीं है।"

खुर्शीद का सवाल था, "क्या हुआ?"

"मुझे सिर्फ़ सत्तर हज़ार रुपये आयकर के भरने हैं।" यह जानकर खुर्शीद को भी काफ़ी खुशी हुई थी, लेकिन मीना कुमारी के निधन के बाद आयकर अधिकारियों ने खुर्शीद से कहा कि मीना कुमारी पर साढ़े दस लाख रुपये बकाया हैं। खुर्शीद ने उनसे कहा कि मीना तो कह रही थीं कि सिर्फ़ सत्तर हज़ार रुपये देने हैं। अधिकारियों ने कहा, "उस समय अगर हम सही रक़म बता देते, तो उसी दिन उनकी मृत्यु हो जाती।" नाज़ का मानना है कि मीना कुमारी ने आयकर की रक़म अपने सचिव या सीए को भरने के लिए दी थी, लेकिन जिसे भी दी थी, उसने भरा नहीं। महमूद बाक़र कहते हैं कि जिन दिनों अमरोही के साथ मीना कुमारी के संबंध सुधरने लगे थे, उसी दौरान मीना कुमारी ने बताया था कि बैरिस्टर रजनी पटेल ने उनके तीन लाख रुपये हड़प लिए हैं।

लेकिन महमूद बाक़र के पास अपनी बात की सच्चाई साबित करने का कोई सबूत नहीं है। जगदीश बनर्जी के अनुसार रजनी पटेल को मीना कुमारी के पैसे हड़पने की कोई ज़रूरत नहीं थी। जगदीश बनर्जी कहते हैं कि सलिल दा ने ही उनसे मीना कुमारी के आर्थिक मामले सँभालने की सिफ़ारिश की थी।

खैर, आयकर विभाग ने इस बात को लेकर अमरोही से भी पूछताछ की कि उन्होंने अनुबंध के मुताबिक़ *पाकीज़ा* में काम करने का कितना पारिश्रमिक मीना कुमारी को दिया था, लेकिन *पाकीज़ा* में काम करने का मीना कुमारी के साथ जो क़रार हुआ था, उस क़रार के मुताबिक़, इस फ़िल्म में काम करने के बदले में उन्हें सिर्फ़ एक गिन्नी मिली थी। इस मामले में अमरोही खुशक़िस्मत निकले! इस क़रारनामे के काग़ज़ात बहुत दिनों तक अमरोही के ब्रीफकेस में रखे थे, लेकिन मीना कुमारी की मृत्यु से एक दिन पहले वे काग़ज़ात अपनी कंपनी के आर्थिक कारोबार सँभालने वाले को दिए थे। इसके आठ दिन के बाद अमरोही का ब्रीफकेस चोरी हो गया था। आयकर विभाग की ओर से पूछताछ करने पर अमरोही ने आयकर आयुक्त श्री वैष्णव को *पाकीज़ा* के क़रारनामे के दस्तावेज़ दिखाकर उनका संदेह दूर कर दिया।

मीना कुमारी के इनकम टैक्स का मामला सामने आने पर मीना कुमारी ने सावन कुमार टाक की जो आर्थिक मदद की थी, उस सिलसिले में टाक से भी पूछताछ की गई। *गोमती के किनारे* सावन कुमार टाक के निर्देशन में बनी पहली फ़िल्म थी। इससे पहले उन्होंने *नौ निहाल* नाम की एक फ़िल्म बनाई थीं। उनका कहना है, "मुझे निर्देशन और गीत लेखन के क्षेत्र में लाने वाली मीना कुमारी ही थीं।" वे चाहते थे कि *गोमती के किनारे* में मीना कुमारी काम करें और इस फ़िल्म के सिलसिले में ही मीना कुमारी से मुलाक़ात हुई थी।

गोमती के किनारे की तीन-चौथाई शूटिंग पूरी हो चुकी थी। उसी दौरान मीना कुमारी की तबीयत ज़्यादा ख़राब हो गई और सावन कुमार को इस फ़िल्म में काफ़ी फेरबदल करना पड़ा। उनकी भूमिका में काफ़ी काट-छाँट करनी पड़ी, चक्कर आने की वजह से उनसे सेट पर खड़े नहीं रहा जाता था। वितरक यह फ़िल्म लेने को तैयार नहीं थे। यह ख़बर मीना कुमारी तक पहुँची, तो एक दिन उन्होंने सावन कुमार को बुलाकर उन्हें एक लाख अस्सी हज़ार रुपये दिए। मीना कुमारी ने लैंडमार्क बिल्डिंग के पास ही एक बंगला ख़रीद रखा था, जो उन्होंने अभिनेत्री मुमताज़ को बेचकर सावन कुमार को पैसे दिए। मुमताज़ भी *गोमती के किनारे* में काम कर रही थी। सावन कुमार इन्हीं पैसों की बदौलत यह फ़िल्म पूरी कर सके।

जब मीना कुमारी के इनकम टैक्स मामले की जाँच हो रही थी, उन दिनों कुरुविला नाम के एक आयकर अधिकारी थे। उन्होंने सावन कुमार से कहा कि मीना कुमारी ने अपनी वसीयत में लिखा है कि उन्होंने अस्सी हज़ार रुपये आपको दिए थे, जो आपने वापस नहीं किए। उनकी बात सुनकर सावन कुमार ने कहा, "लिखने में ग़लती हुई है। मुझ पर एक लाख अस्सी हज़ार रुपए बक़ाया हैं, मेरी फ़िल्म अभी तक बिकी नहीं है, इसलिए रक़म मैं क़िस्तों में अदा करूँगा।" उनकी यह बात सुनकर कुरुविला को आश्चर्य हुआ। सावन कुमार की सच्चाई देखकर वे दंग रह गए। उसके कुछ दिनों बाद आयकर विभाग ने मीना कुमारी की कार और बंगला नीलाम करके बक़ाया आयकर की भरपाई की। नौशाद की राय में अमरोही को चाहिए था कि वे लैंडमार्क वाले मीना कुमारी के फ़्लैट को उनकी निशानी के रूप में नीलाम होने से बचा लेते।

लेकिन उसी दौरान यह जानकर अमरोही के दिल को चोट लगी थी कि मीना कुमारी ने अपनी निजी डायरियाँ गुलज़ार को दे रखी हैं। अमरोही को लगा कि मंजू सारी ज़िंदगी उनके साथ छल करती रहीं। मीना कुमारी ने उनसे कहा था कि उन्हें तलाक़ न देना। उन्हें उनके निकाह में रहना है। उनकी यह इच्छा पूरी करने के लिए उन्होंने उन्हें तलाक़ नहीं दिया। मंजू के विरोध में उन्होंने कभी कुछ नहीं कहा, फिर भी उन्होंने अपनी व्यक्तिगत ज़िंदगी के बारे में लिखी डायरियाँ एक तीसरे व्यक्ति, यानी गुलज़ार को दे दीं? यह बात उन्हें अच्छी नहीं लगी। अमरोही यह भी नहीं चाहते

थे कि ये डायरियाँ वे उन्हें ही देतीं। अगर वे उनको अपनी बहनों या किसी दूसरे रिश्तेदार को दे देतीं, तब भी उन्हें बुरा नहीं लगता। यही कारण था कि आयकर को लेकर इतना बखेड़ा होने के बावजूद अमरोही इस मामले में आगे नहीं आए। उस दिन के बाद से उन्होंने मीना कुमारी की क़ब्र पर जाना भी बंद कर दिया, लेकिन जगदीश बनर्जी का अंदाज़ा है कि मीना कुमारी ने अपनी व्यक्तिगत डायरियाँ गुलज़ार को तब दी होंगी, जब उनके साथ उनकी आशनाई चल रही थी। मीना कुमारी के निधन के बाद गुलज़ार और लघु फ़िल्मों के निर्देशक सुखदेव उन डायरियों के आधार पर एक डाक्यूमेंटरी बना रहे थे, लेकिन वह डाक्यूमेंटरी क्यों पूरी नहीं हुई, इसके बारे में सिर्फ़ गुलज़ार ही बता सकते हैं।

खैर, *पाकीज़ा* में बिल्क़ीस नाम की युवती ने मीना कुमारी के डुप्लीकेट के रूप में काम किया था। दरअसल, बिल्क़ीस, फ़िल्मों में हीरोइन बनने आई थी। महमूद बाक़र *आ जा सनम* नाम की फ़िल्म शुरू करने वाले थे। इस फ़िल्म में काम पाने के लिए वह बाक़र से मिलने आई थीं। *आ जा सनम* में बिल्क़ीस को काम तो नहीं मिल सका, लेकिन महमूद बाक़र ने उसकी मुलाक़ात अमरोही से करा दी थी। यह बात *पाकीज़ा* के फिर से शुरू होने के समय की है। अमरोही ने उसे *पाकीज़ा* में राजकुमार के भाई की पत्नी की एक छोटी-सी भूमिका अदा करने का अवसर दिया। उसका चेहरा मीना कुमारी से मिलता-जुलता था और उन दिनों मीना कुमारी की तबीयत ठीक नहीं चल रही थी, इसलिए अमरोही ने इस फ़िल्म के ढेर सारे दृश्यों की शूटिंग बिल्क़ीस को लेकर की और उन्हीं दिनों अमरोही और बिल्क़ीस के प्रेम संबंधों का सूत्रपात हुआ।

अमरोही बिल्क़ीस को कुछ ज़्यादा तरजीह देते थे, इस तरफ़ मीना कुमारी का भी ध्यान गया, लेकिन वे स्पष्ट रूप से कुछ कह न सकीं, क्योंकि बीबी की हैसियत से यह सवाल करने का अधिकार वे बहुत पहले ही खो चुकी थीं। दूसरे अमरोही से अलग होने के बाद खुद उनके ही कई प्रेम-प्रसंग चले थे।

एक बार मोहन स्टूडियो में *पाकीज़ा* की शूटिंग चल रही थी। अमरोही बिल्क़ीस के सिर का दुपट्टा ठीक कर रहे थे, इतने में शानदार सेट पर आ गया था। शॉट लेने का समय हो गया था। शानदार मीना कुमारी के पास पहुँचा और उसने अपनी अम्मी से पूछ, "छोटी अम्मी, तुम्हारी तबीयत ठीक है न?"

"मेरी क्या खैरियत पूछ रहे हो, वह देखो! उसकी तबीयत पूछो, जो इस समय तुम्हारे अब्बा की लाडली बनी हुई है।"

अगर मीना कुमारी का निधन नहीं होता और दोनों एक साथ रहने लगे होते तो शायद बिल्क़ीस के साथ उनके प्रेम-प्रसंग का अंत हो जाता, लेकिन मीना कुमारी की मृत्यु के शोक और गुलज़ार को अपनी निजी डायरियाँ देने से आहत रोमानी

स्वभाव के अमरोही बिल्क़ीस के क़रीब आते गए और दोनों ने निकाह कर लिया। अमरोही की नज़र में रोमांटिक होना पाप नहीं था, लेकिन किसी स्त्री के साथ शादी किए बिना संबंध रखने या उन संबंधों को छिपाने के हामी वे नहीं थे। बिल्क़ीस अमरोही से आधे उम्र की थी। अमरोही ने जब उससे शादी की, उस समय उनकी उम्र साठ के आस-पास थी और बिल्क़ीस 25-26 की।

रोमांटिक तबीयत के अमरोही को उम्रों का यह फ़ासला कोई बड़ा फ़ासला न लगा और न ही बिल्क़ीस को। अमरोही ने बिल्क़ीस से शादी तो कर ली, लेकिन इस मामले में अपने बच्चों को विश्वास में लेकर उन्हें बताना ज़रूरी नहीं समझा। यही कारण था कि उनके इस निकाह की जानकारी उनके बच्चों को काफ़ी देर से हुई और उन्हीं के बताने से हुई। बकरीद का दिन था, अमरोही के कई रिश्तेदार और परिचित वगैरह उनके घर में जमा थे, उस दिन वहाँ बिल्क़ीस भी उपस्थित थीं। शानदार कहते थे कि उस दिन का उसका बर्ताव ऐसा था कि जैसे वही घर की मालकिन हो। उसी समारोह में अमरोही ने अपने बच्चों को बुलाकर बिल्क़ीस से शादी की बात बताई और शानदार से कहा, "शानदार! बिल्क़ीस को तुम छोटी अम्मी कहकर बुलाना।"

शानदार को यह बात अच्छी नहीं लगी। उसने अमरोही से स्पष्ट शब्दों में कहा,

"अम्मी के बाद मैं सिर्फ़ मीना जी को छोटी अम्मी कहता था। उस समय मैं छोटा था, इसलिए मीना जी को माँ के रूप में स्वीकार कर सका, लेकिन बिल्क़ीस उम्र में मुझसे छोटी हैं। माँ के रूप में मैं उसे कभी स्वीकार नहीं कर सकता।"

अमरोही ने जब चौथी शादी की, उस समय उनकी पत्नी अले ज़ेहरा ज़िंदा थीं। मीना कुमारी की ही तरह बिल्क़ीस से शादी करते समय उन्होंने अले ज़ेहरा से इज़ाज़त नहीं ली थी, लेकिन इस बार उसका कारण अलग ही था। मीना कुमारी के साथ शादी के वक़्त उन्हें इस बात की आशंका थी कि पता चलने पर अले ज़ेहरा इस शादी की अनुमति नहीं देंगी और विरोध करेंगी, लेकिन बिल्क़ीस के साथ निकाह के वक़्त अले ज़ेहरा मानसिक रूप से अस्वस्थ थीं। इसलिए उन्हें मानसिक कष्ट देना उन्हें उचित नहीं लगा था। इसलिए उनसे यह बात छिपाए रखना ही बेहतर था, लेकिन न जाने कैसे अले ज़ेहरा को अमरोही की शादी की ख़बर लग गई, लेकिन उन्होंने इस बारे में किसी से कोई पूछताछ नहीं की। उन्हीं दिनों उन्हें फिर से अस्पताल में भर्ती करना पड़ा। एक दिन बाक़र उन्हें देखने अस्पताल आए तो उन्होंने उनसे कहा, "बाक़र भाई, आप मुझे मुबारक़बाद नहीं देंगे?"

"मुबारक़बाद किस बात का भाभी?" बाक़र ने आश्चर्य से कहा।

"बस ऐसे ही।" अले ज़ेहरा ने स्पष्ट शब्दों में तो कुछ नहीं कहा, लेकिन बाक़र उनका आशय समझ गए।

ताजदार अमरोही का मानना है कि बिल्क़ीस को सुरक्षा की ज़रूरत थी। उसे पता था कि अभिनेत्री के रूप में उसका भविष्य ख़ास अच्छा नहीं है, यही सोचकर वह अमरोही से शादी करने को तैयार हुई थी।

अलबत्ता, अमरोही की बेटी इस शादी को लेकर ज़्यादा ही परेशान थी। उनका कहना है, "जब मुझे लगा कि बिल्क़ीस अब्बा के ज़्यादा क़रीब आती जा रही है, तो मैं अब्बा से बहुत नाराज़ हुई थी। बिल्क़ीस लगभग मेरी ही उम्र की थी। मुझे उससे ईर्ष्या होती थी। गुस्सा भी आता था। अब्बा के प्रति अपनी नाराज़गी ज़ाहिर करने के लिए मैं उनसे कम ही बोलती थी। *पाकीज़ा* के सेट पर बिल्क़ीस आ जाती, तो मैं उससे दूर बैठती थी। अब्बा को लेकर मैं पहले से ही काफ़ी पज़ेसिव थी। मुझे लगता कि अब्बा और मेरे प्यार के बीच किसी को नहीं आना चाहिए था। आख़िरकार, अब्बा ने एक दिन कुछ रिश्तेदारों से मुझे समझाने को कहा। 'रुख़सार जिस तरह से पेश आ रही है, वह ग़लत है। समाज मेरे बच्चों की वजह से मुझे नहीं जानता, इसलिए मैं कुछ भी करूँ, उन्हें तकलीफ़ क्यों होनी चाहिए? मुझे ज़िंदा रहने के लिए रोमांटिक ऐंगल चाहिए, बिल्क़ीस अपनी खुशी से मेरे साथ रहना चाहती है।'

"रुख़सार को समझाइए। मैं उसका बाप हूँ। उसका भला-बुरा मैं ही सोच सकता हूँ। बाक़ी दुनियाभर में उसकी मदद करने वाला कोई नहीं है। मंजू भी इस दुनिया में नहीं है। मैं बिलकुल अकेला पड़ गया हूँ'।"

अमरोही ने अपनी नई गृहस्थी वर्सोवा के एक फ़्लैट में जमाई थी। उन दोनों के साथ बिल्क़ीस के माता-पिता भाई वगैरह भी रहते थे। इसमें अमरोही को कोई आपत्ति भी नहीं थी। बिल्क़ीस से उन्हें प्यार था, विश्वास था, वही उनकी देखभाल भी करती थी। बिल्क़ीस के बारे में कोई कुछ कहे, यह बात उन्हें पसंद नहीं थी।

एक दिन शानदार ने बिल्क़ीस के ख़िलाफ़ कुछ कहा, तो अमरोही ने साफ़ शब्दों में उसे लताड़ दिया, "तुम उसका आदर नहीं कर सकते तो ठीक है, लेकिन वह मेरी पत्नी है और मैं उसका सबूत देना ज़रूरी नहीं समझता। वह जैसी भी है, तुम्हें उसके ख़िलाफ़ बोलने का कोई हक़ नहीं है। तुम्हारा उसके बारे में कुछ भी बोलना मेरा अपमान करना है।"

समय आसानी से गुज़र रहा था। रुख़सार की शादी हो गई थी और वह ससुराल चली गई थी। ताजदार और शानदार अपनी-अपनी गृहस्थी में व्यस्त थे। अमरोही भी बिल्क़ीस के साथ सुखी थे। बिल्क़ीस के साथ उनकी शादी के पाँच-छह साल बीत चुके थे।

पहला बच्चा होने तक रुख़सार अमरोही से बातचीत नहीं करती थी, लेकिन पहली डिलीवरी के लिए रुख़सार मायके में अपने भाइयों के पास आई, तो किसी बात पर उसका उनसे झगड़ा हो गया। यह बात स्टूडियो में मौजूद अमरोही ने सुनी

और उन्होंने उसी दिन शाम को गाड़ी भेजकर रुख़सार को अपने घर बुला लिया। उसके बाद धीरे-धीरे अमरोही और रुख़सार के बिगड़े रिश्ते सुधरते गए।

रज़िया सुलतान के बाद अमरोही और बिल्क़ीस के वैवाहिक संबंध टूटने की क़गार पर आ गए। रुख़सार के मुताबिक़ इसका कारण था – उन्हीं दिनों बिल्क़ीस किसी और के साथ प्यार करने लगी थी। उन दिनों अमरोही की तबीयत ख़राब रहने लगी थी। वे घर पर सोये रहते थे। उनकी देखभाल करने के बजाय बिल्क़ीस बाहर निकल जाती थी। यह बात अमरोही की समझ में भी आने लगी थी। धीरे-धीरे घर से पैसे, ब्रीफ़केस वग़रैह ग़ायब होने लगे थे। बिल्क़ीस की बहन और बहनोई घर आते रहते थे। अमरोही ने चुप्पी साध रखी थी। कुछ दिनों बाद बिल्क़ीस की बहन ने अमरोही से कहा, "बिल्क़ीस आपसे कह नहीं पा रही है, लेकिन आप उसे तलाक़ दे दें। उसे दूसरी शादी करनी है, उसे बाल-बच्चों की ज़रूरत है, वह किसी और से प्यार करने लगी है।"

अमरोही ने कहा, "उसे तलाक़ चाहिए तो मैं तलाक़ दे दूँगा।" उसके बाद बिना कुछ कहे-सुने बिल्क़ीस को लिखित तलाक़ दे दिया।

रुख़सार का कहना है कि एक दिन बिल्क़ीस पाँच लाख रुपये और सामान लेकर घर छोड़कर चली गई। वे जिस सोफे पर बैठे थे, वह एक सोफा ही घर में बचा रह गया था। उनका एक पुराना नौकर उनकी तीमारदारी के लिए बचा था। बिल्क़ीस के घर से चले जाने की ख़बर अमरोही के बच्चों को काफ़ी देर से लगी।

इसके बारे में ताजदार कुछ और ही कहते हैं। उनका कहना है कि अमरोही का मानना था कि उनकी काफ़ी उम्र हो गई है और उनके पीछे बिल्क़ीस का भविष्य अंधकारमय हो जाएगा। इसलिए उन्होंने ख़ुद ही बिल्क़ीस से दूसरी शादी कर लेने को कहा था। इस मामले की सच्चाई जानने के लिए मैंने बिल्क़ीस से संपर्क किया, लेकिन बिल्क़ीस ने यह कहकर चुप्पी साध ली कि अमरोही उसके अतीत थे। उन्होंने अमरोही के मामले पर हमेशा-हमेशा के लिए पर्दा डाल दिया है।

खैर, कमाल अमरोही को इतिहास की अच्छी जानकारी थी। वे ख़ुद भी कहते थे कि फ़िल्मों में न आते, तो वे इतिहास के प्राध्यापक होते। तरह-तरह की इतिहास की किताबें पढ़ने का उन्हें शौक़ था। ऐतिहासिक विषयों पर एकाध फ़िल्म बनाने की उनकी दिली ख़्वाहिश थी। यही कारण था कि 1973-74 के आस-पास उन्होंने मिर्ज़ा मुग़ल के जीवन पर आधारित *आख़िरी मुग़ल* नामक फ़िल्म बनाने का फ़ैसला किया। मुग़ल साम्राज्य के तुरंत बाद, भारत में अँग्रेज़ी राज की शुरुआत हो गई थी। इसलिए इस फ़िल्म में मुग़ल काल की घटनाओं और अँग्रेज़ी हुकूमत के शुरुआती दिनों के बीच, सामंजस्य स्थापित करना ज़रूरी था। बहादुर शाह ज़फ़र को आख़िरी मुग़ल बादशाह माना जाता है, लेकिन सही अर्थों में उनका बेटा मिर्ज़ा मुग़ल ही आख़िरी

मुग़ल बादशाह था। बहादुर शाह ज़फ़र के दो बेटे थे। मिर्ज़ा दिनभर अय्याशी करता था और रात को अँग्रेज़ों के ख़िलाफ़ बगावत की योजनाएँ बनाता था। एक रात मिर्ज़ा घोड़े पर सवार कहीं जा रहा था कि रास्ते में उसके घोड़े की नाल घिस गई और वह नाल लगवाने नालसाज़ के पास गया।

वह नालसाज़ ब्रिटिश सेना में तोपची रह चुका था। उस नालसाज़ की बेटी पर नज़र पड़ते ही मिर्ज़ा उसे अपना दिल दे बैठा। इस तरह की प्रेम कहानी का एक ट्रैक भी अमरोही ने तैयार किया था। वे मिर्ज़ा मुग़ल की भूमिका के लिए अमिताभ बच्चन को लेना चाहते थे। अमिताभ बच्चन को कहानी सुनाई गई। इस फ़िल्म के लिए एक गाना भी रिकॉर्ड कर लिया गया, जिसके बोल थे – *ये रोशनी कहाँ जहाँ है, हमारे साथ चलो...।* इस गीत के लिए संगीत दिया था सज्जाद हुसैन ने। दिल्ली का भाटिया नाम का एक व्यापारी इसका निर्माण करने वाला था। दिल्ली में उसका पेट्रोप पंप था, लेकिन उसके किसी माफ़िया गिरोह के साथ संबंध थे। *आख़िरी मुग़ल* की तैयारियाँ चल ही रही थीं कि एक दिन भाटिया के दफ़्तर पर आयकर का छापा पड़ गया। लिहाज़ा, उसने फ़िल्म से हाथ खींच लिया। दूसरा फाइनैंसर न मिलने के कारण अमरोही ने भी यह फ़िल्म बनाने का इरादा छोड़ दिया। इसके अलावा वे *आख़िरी मुग़ल* बनाने से हिचक भी रहे थे, क्योंकि वे कोई बहुत पुराना इतिहास नहीं था। फ़िल्म बनाते समय अगर कहीं चूक से कोई ग़लत संदर्भ दे दिया जाता, तो नाक कटने वाली बात हो जाती।

लेकिन ऐतिहासिक फ़िल्म बनाने का विचार उन्हें चैन से जीने भी नहीं दे रहा था, इसलिए उन्होंने कुछ दिनों बाद भारत की पहली महिला शासक रज़िया और हब्शी ग़ुलाम को लेकर फ़िल्म बनाने का फ़ैसला किया। *रज़िया सुलतान* शुरू करने से पहले उन्होंने उससे संबंधित कई किताबें पढ़ीं। उस समय के परिवेश, पहनावे, भाषा वगैरह का अध्ययन किया और उसके बाद फ़िल्म की कहानी लिखनी शुरू की।

अमरोही ने अपनी फ़िल्मों में गीतकार नख़शब से लेकर साहिर लुधियानवी तक तमाम गीतकारों के साथ काम किया था, लेकिन जाँ निसार अख़्तर और कैफ़ भोपाली जैसे शायर-गीतकारों के साथ उनकी अच्छी ट्यूनिंग थी, क्योंकि अमरोही को गीतकारों के मुक़ाबले उनके अंदर का शायर ज़्यादा प्रभावित करता था। *रज़िया सुलतान* के गीत कैफ़ी आज़मी, जाँ निसार अख़्तर और कैफ़ भोपाली ने लिखे थे, लेकिन *आई ज़ंजीर की झंकार* के बाद *ऐ दिले नादाँ* वाला गीत लिख ही रहे थे कि जाँ निसार अख़्तर का इंतक़ाल हो गया। तब तक इस फ़िल्म के लिए सात गाने लिखे जा चुके थे, लेकिन अमरोही को अभी दो और गानों की ज़रूरत महसूस हो रही थी। अब गीत किससे लिखाया जाए, इसके बारे में सोचते-सोचते अचानक अमरोही का ध्यान फ़िल्मी दुनिया में स्ट्रगल कर रहे एक नए गीतकार की तरफ़ गया। वह नया गीतकार कोई और नहीं, मशहूर शायर निदा फ़ाज़ली थे। अमरोही ने कहीं

उनकी शायरी सुन रखी थी, लेकिन उनका कोई ठौर-ठिकाना अमरोही को मालूम नहीं था। उन्हें कहीं से पता चला कि वह शायर *धर्मयुग, बिल्ट्ज़* वगैरह साप्ताहिकों के कार्यालयों में आता-जाता रहता है। उन्होंने इन साप्ताहिकों के दफ़्तरों में संदेश भिजवाया कि अमरोही उससे मिलना चाहते हैं।

अमरोही का संदेश पाकर एक दिन दोपहर के समय निदा फ़ाज़ली उनसे मिलने कमालिस्तान स्टूडियो गए। उस समय अमरोही सो रहे थे। वर्षों से अमरोही दोपहर का खाना खाने के बाद घंटे भर की नींद लेते थे। अमरोही से वह पहली मुलाक़ात निदा फ़ाज़ली को ज्यों-का-त्यों याद थी। निदा फ़ाज़ली को आधे घंटे अमरोही के जागने का इंतज़ार करना पड़ा।

इस तरह पहली मुलाक़ात में अमरोही ने निदा फ़ाज़ली से दो गाने लिखने को कहा और उनके लिखे *तेरा हबीब मेरा नसीब है और हरियाला बन्नो लाया...* ये दो गाने अमरोही को पसंद आए। जाँ निसार अख़्तर की मृत्यु की वजह से अधूरा रह गया *ऐ दिले नादाँ...* वाला गीत भी अमरोही ने निदा फ़ाज़ली से ही पूरा कराया, लेकिन निदा फ़ाज़ली ने इस गाने पर जाँ निसार अख़्तर का ही नाम देने का फ़ैसला किया।

उसके बाद से निदा फ़ाज़ली अमरोही के चहेते गीतकार बन गए। अपनी और दूसरों की शायरी सुनाने, गप्पे मारने के लिए नियमित रूप अमरोही के यहाँ जाने लगे। सुसंस्कृत और सुशिक्षित अमरोही को पारंपरिक रीति-रिवाजों का ज्ञान था। वे हर किसी के साथ बहुत अदब से बात करते। आदमी जितना ही बड़ा होता जाता है, जितना सफल होता जाता है, उसी अनुपात में ख़ुद को औरों से श्रेष्ठ समझते लगता है और उसे अपने इर्द-गिर्द के लोगों में खोट नज़र आने लगती है। उसे लगता है कि वह जो कह रहा है, वही सच है और ऐसे लोगों को सुनने के बजाय सुनाने की आदत पड़ जाती है। निदा फ़ाज़ली कहते थे कि अमरोही भी इसके अपवाद नहीं थे। उन्हें भी अपनी बैठक में उनसे हाँ में हाँ मिलाने वाले लोग अच्छे लगते थे।

निदा फ़ाज़ली के साथ अमरोही के इतने आत्मीय संबंध बन गए थे कि वे उन्हें अपनी निजी ज़िंदगी के बारे में भी बताते रहते थे। वे कभी निदा फ़ाज़ली को मधुबाला के बारे में बताते, तो कभी मीना कुमारी से जुड़े क़िस्से सुनाते। मधुबाला के बारे में उनका कहना था कि मधुबाला बहुत ही ख़ूबसूरत थीं, लेकिन उन्होंने अपने हुस्न की क़द्र नहीं की और एक मसख़रे से शादी करके ख़ुदा की इनायत की तौहीन की। इसीलिए ख़ुदा ने उन्हें जल्दी अपने पास बुला लिया।

मीना कुमारी के विषय में बोलते हुए अमरोही कहते - "पैसा और प्रसिद्धि अच्छे-अच्छों का दिमाग़ ख़राब कर देती है। दौलत और शोहरत पाने के बाद भी आदमी के पाँव ज़मीन पर टिके रहें, इसके लिए उसे अच्छे संस्कार मिलने चाहिए।

मंजू का ताल्लुक़ मामूली घराने से था, जिस पर उसकी फ़नकारी ने नक़ाब डाल दिया था, लेकिन उसमें जो ख़ून था, उसे मैं बदल नहीं पाया। यह मुमकिन भी नहीं था। इस ख़ून ने रंग दिखाया और वे वक़्त से पहले ही रुखसत हो गईं।”

खैर, *रज़िया सुलतान* के गाने लिखे जाने के बाद अमरोही ने संगीत के लिए ख़य्याम को ही चुना। दरअसल, उन्हें विश्वास था कि उनकी पसंद का संगीत ख़य्याम ही दे सकते हैं। इस किताब के सिलसिले में मैंने नौशाद से भेंट की थी, तो उन्होंने यह कहा था कि *रज़िया सुलतान* के लिए अमरोही ने उनसे पूछा था, लेकिन संगीतकार के काम में दख़ल देने के उनके स्वभाव की वजह से उन्होंने मना कर दिया। यह पूछने पर कि इसका मतलब यह है कि अगर *पाकीज़ा* का पार्श्व संगीत तैयार करते समय अमरोही आपको तकलीफ़ न देते तो आप *रज़िया सुलतान* का संगीत देने के लिए तैयार हो जाते, तो नौशाद चुप लगा गए थे। अमरोही के क़रीबियों का कहना है कि *रज़िया सुलतान* के लिए अमरोही ने सिर्फ़ ख़य्याम से ही पूछा था। *रज़िया सुलतान* के लिए जो पहला गीत रिकॉर्ड हुआ था, वह था *ऐ दिले नादाँ...*। किसी भी गीत की धुन तैयार करते समय कमाल अमरोही ख़य्याम से दो अंतरों के बीच की इंटर धुन को थोड़ा लंबा रखने को कहते थे, ताकि शूटिंग के समय उस गाने पर अलग-अलग शॉट लिए जा सकें। इस फ़िल्म में जाँ निसार अख़्तर का लिखा एक गीत था *ख़्वाब बनकर कोई आएगा, तो नींद आ जाएगी।* ख़य्याम ने इस गाने के लिए पूरी सिंफ़नी रखी थी। शत-प्रतिशत आर्केस्टा था और सिंफ़नी का वाल्यूम थोड़ा ऊँचा ही रखा था। अमरोही को उस संगीत की धुन उसकी सिंफ़नी पसंद तो आई, लेकिन उन्होंने दो चार बार ख़य्याम से अपनी प्रशंसा व्यक्त की, “ख़य्याम साहब, सिंफ़नी लाउड लगती है, थोड़ा कम करेंगे क्या?”

“कमाल साहब, थिएटर में सिंफ़नी का वाल्यूम थोड़ा ज़्यादा रहेगा, तभी सुनने में अच्छा लगेगा। इसलिए यह गीत थोड़ा लाउड ही रहने दें,” ख़य्याम ने कहा।

लेकिन अमरोही को यह बात जमी नहीं, उन्होंने ख़य्याम से कहा, “इस गाने की रिकॉर्डिंग फिर से कराइए ख़य्याम साहब। रात की नीरव स्तब्धता छाई हुई है। एक नाव में राजकुमारी और उसका हब्शी ग़ुलाम है और यह गीत सिर्फ़ शहज़ादी के लिए गाया जा रहा है, दूसरे किसी के लिए नहीं। यह सरगोशी है, इसे फिर से कीजिए, वाल्यूम कम दीजिए और आर्केस्ट्रा धीमा रखिए।” अमरोही की बात ख़य्याम को अच्छी लगी और उन्होंने अमरोही के कहे मुताबिक़ इसी गीत को फिर से रिकॉर्ड किया।

इस फ़िल्म में एक गीत था *ख़ुदा खैर करे।* फ़िल्म में यह गाना धर्मेंद्र गाते हैं। इस फ़िल्म में वे एक हब्शी ग़ुलाम याकूत की भूमिका में हैं। इसलिए अमरोही को इस गाने के लिए ऐसी आवाज़ चाहिए थी, जो सामान्य गायक की आवाज़ लगे,

क्योंकि याकूत इस फ़िल्म का नायक भले ही था, लेकिन वह न तो सुंदर था और न ही गायक। उसे संगीत की शिक्षा नहीं मिली थी, लेकिन वह अपनी मस्ती में गाता था। इसलिए अमरोही का मानना था कि इस गीत को सुनकर श्रोता के सामने काले चेहरे वाले एक अत्यंत साधारण गुलाम का चित्र साकार होना चाहिए, यानी इस गीत के गायक के लिए संगीत की थोड़ी-बहुत जानकारी ही काफ़ी थी। अमरोही की इस मान्यता के अनुसार ख़य्याम किसी सधे हुए गायक के लिए संगीत रिकॉर्ड नहीं कर सकते थे। इसके लिए उन्होंने भारतभर के नए गायकों का पता लगाने के वास्ते लगभग चार दर्जन गायकों के ऑडिशन लिए। उनकी आवाज़ में गीत रिकॉर्ड किया गया। उनमें से कुछ की आवाज़ अच्छी थी, तो कुछ बहुत ही बेसुरे थे। इसलिए अमरोही को कोई पसंद नहीं आया। अंततः किसी सधे हुए, लेकिन लीक से हटकर गाने वाले गायक से यह गाना रिकॉर्ड करने का फ़ैसला लिया गया। येसुदास की आवाज़ औरों से अलग भी थी और सुरीली भी, इसीलिए उन्हीं की आवाज़ में यह गाना रिकॉर्ड कर लिया गया, लेकिन अमरोही का मानना था कि यह भी महान गायक है, इसकी आवाज़ भी सधे हुए गायक की आवाज़ है। इसलिए यह आवाज़ भी धर्मेंद्र की भूमिका के साथ सूट नहीं करेगी। उसके बाद भूपेंद्र की आवाज़ में यह गीत रिकॉर्ड किया गया, लेकिन उनके साथ भी वही हुआ। अमरोही ने कहा कि येसुदास और भूपेंद्र अच्छे गायक हैं। उन्हें ऐसी आवाज़ चाहिए, जो आम आदमी की आवाज़ लगे।

मोहर्रम के दस दिनों के दौरान जुहू से बांद्रा तक के इलाक़े में मर्सिया गाया जाता था। आकाशवाणी पर उद्घोषक के रूप में काम करने वाले कब्बन मिर्ज़ा मोहर्रम के दिनों में मर्सिया गाते थे। किसी ने अमरोही को उनका नाम सुझाया। दूसरे दिन ही ख़य्याम ने उन्हें बुलवा दिया। कब्बन मिर्ज़ा जब ख़य्याम से मिलने आए, उस समय अमरोही और ख़य्याम की पत्नी जगजीत कौर उपस्थित थे। मिर्ज़ा ने मर्सिये गाकर सुनाए तो ख़य्याम को उनकी आवाज़ अच्छी लगी। "आपको सुर-ताल का कुछ ज्ञान है?", "नहीं", मैंने संगीत की शिक्षा नहीं ली है। मुझे मोहर्रम के मर्सिये गाना ही आता है," कब्बन मिर्ज़ा ने कहा।

रज़िया सुलतान कोई आम फ़िल्म नहीं थी। यह ऐतिहासिक और भव्य फ़िल्म थी। इसलिए ख़य्याम संगीत के ज्ञान के अछूते व्यक्ति से उसका गाना गवाने का ख़तरा मोल नहीं ले सकते थे, क्योंकि याकूत गुलाम ही सही, फ़िल्म का नायक था। उन्हें लग रहा था कि अगर कब्बन मिर्ज़ा ठीक से गा न सके तो अपनी बेइज़्ज़ती होगी।

दूसरे दिन सुबह के लगभग आठ बजे ख़य्याम को फ़ोन करके अमरोही ने उन्हें और जगजीत कौर को नाश्ते पर आने का न्योता दिया। ख़य्याम दंपत्ति अमरोही के घर गए और नाश्ते के बाद अमरोही ने ख़य्याम से कहा, "कल रात मुझे बिलकुल भी नींद नहीं आई।"

"लेकिन क्यों?"

"ख़्य्याम जी, मैं चाहता हूँ कि हम कब्बन मिर्ज़ा से ही गवाएँ। उनकी आवाज़ मेरे नायक जैसी है। दोनों के व्यक्तित्व एक-जैसे हैं। आप उन्हें सिखाइए। ताल से गवाइए, लेकिन मुझे वही गायक चाहिए।"

अंततः ख़्य्याम ने एक संगीत आचार्य से कब्बन मिर्ज़ा को एक-दो महीने संगीत की शिक्षा दिलाई, जिससे वे ताल और लय से थोड़ा परिचित हो गए। वे पहले के मुक़ाबले थोड़ा लय से गा सकते हैं, इस ओर से आश्वस्त हो जाने के बाद ख़्य्याम ने यह गीत रिकॉर्ड किया, तब कहीं जाकर अमरोही संतुष्ट हुए। बाद में यही कच्ची और बेसुरी आवाज़ दर्शकों को बहुत पसंद आई, लेकिन इसे बदक़िस्मती ही कहा जाएगा कि वही कब्बन मिर्ज़ा आख़िरी दिनों में गले के कैंसर जैसे असाध्य रोग से लड़ रहे थे और उनका स्वर यंत्र ख़राब हो गया था। यह फ़िल्म हालाँकि बहुत चली नहीं, लेकिन उनका गाया हुआ यह गाना *ख़ुदा ख़ैर करे* ख़ूब लोकप्रिय हुआ। फ़िल्म के तीन गाने रिकॉर्ड होने के बाद ही उन गानों की पायरेसी होने लगी थी और उनके कैसेट बाज़ार में आ गए थे।

गानों के रिकॉर्ड हो जाने के बाद कलाकारों का चयन शुरू हुआ। *पाकीज़ा* में अमरोही ने नायक के रूप में धर्मेंद्र को लिया था, लेकिन बाद में उन्होंने धर्मेंद्र को *पाकीज़ा* से अलग कर दिया था, पर धर्मेंद्र-मीना कुमारी प्रेम प्रसंग में अमरोही मीना कुमारी को ही दोषी मानते थे। मानना था कि विवाहेत्तर संबंधों में ग़लती मर्द की नहीं, औरत की ज़्यादा होती है। औरत को आगे-पीछे सोचना चाहिए। उनका मानना था कि धर्मेंद्र से प्रेम करना मीना की ग़लती थी। विवाहेत्तर संबंधों को समाज कभी मान्यता नहीं देता। मुस्लिम समाज में एक मर्द चार शादियाँ कर सकता है, लेकिन उसके लिए वैसे कारण होने चाहिएँ। व्यक्ति की पहली पत्नी बीमार हो या संतान पैदा करने में असक्षम हो या विधवा स्त्री को सहारा देने के लिए भी मर्द चार शादियाँ कर सकता है, लेकिन उसके लिए पहली पत्नी की रज़ामंदी ज़रूरी होती है। इस्लाम धर्म में अगर किसी

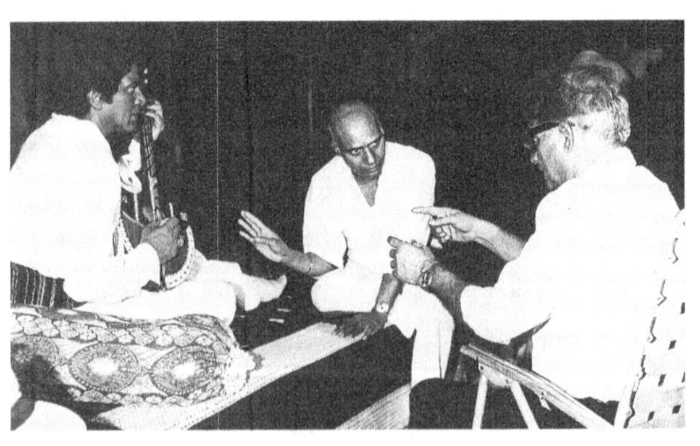

'रज़िया सुल्तान' के सेट पर धर्मेंद्र, ख़्य्याम और कमाल अमरोही

स्त्री का पति संतान सुख देने में अक्षम हो या लापता हो गया हो या किसी असाध्य रोग का रोगी हो, तो ऐसी स्थिति में पत्नी तलाक़ देकर (जिसे खुली लेना कहा जाता है) दूसरी शादी कर सकती है। मुसलमान मर्द एक पत्नी के होते तीन और शादियाँ कर सकते हैं, लेकिन मुस्लिम स्त्री पति की मौजूदगी में उससे तलाक़ लिए बिना दूसरी शादी नहीं कर सकती।

मीना कुमारी अमरोही से अलग ज़रूर रहती थीं, लेकिन उन्होंने उनसे संबंध विच्छेद नहीं किया था। धर्मेंद्र भी शादीशुदा थे। वे उम्र में भी उनसे छोटे थे। ऐसे में एक विवाहित स्त्री के लिए, एक विवाहित पुरुष से खुलेआम विवाहेत्तर संबंध रखने के मामले में स्त्री ही ज़्यादा दोषी थी। उसके साथ वह कहानी भी अतीत की चीज़ हो चुकी थी। दूसरे *रज़िया सुलतान* की नायिका मीना कुमारी नहीं, कोई दूसरी लड़की नायिका बनने वाली थी। इसलिए अमरोही को इस फ़िल्म में धर्मेंद्र को लेने में कोई आपत्ति नज़र नहीं आ रही थी।

"रज़िया हिंदुस्तान की मलिका थी, इसलिए इस भूमिका के लिए उन्हें ऐसी अभिनेत्री की ज़रूरत थी, जिसकी चाल-ढाल अलग होती, जिसके रूप-रंग में जादुई आकर्षण होता। कजरारी आँखों, अकड़भरी चाल, आकर्षक और स्वाभिमानी व्यक्तित्व वाली हेमा मालिनी इस भूमिका के लिए सबसे उपयुक्त थीं। वे दक्षिण भारतीय थीं, उनसे उर्दू, फ़ारसी बुलवाना कठिन काम था, लेकिन अमरोही यह कठिन काम करने के लिए तैयार थे। हेमा मालिनी और धर्मेंद्र के चयन के बाद बाक़ी के कलाकारों के बारे में विचार-विमर्श शुरू हुआ।

शानदार अमरोही नायक के रूप में फ़िल्मों में करियर बनाना चाहते थे। वे चाहते थे कि अब्बा उनके लिए कोई फ़िल्म बनाएँ, लेकिन अमरोही इसके पक्ष में नहीं थे। उन्होंने साफ़ शब्दों में कहा कि तुम्हारे लिए फ़िल्म बनाने का ख़तरा मैं मोल नहीं ले सकता।

"लेकिन अब्बा, मुझे एक मौक़ा दीजिए।"

"मुझे किसने मौक़ा दिया था। तुम ख़ुद भागदौड़ क्यों नहीं करते?" यह कहकर अमरोही ने उसकी आशाओं पर तुषारापात कर दिया था। यह बात है 1965 की।

उसके बाद से शानदार और कमाल अमरोही के बीच कई छोटे-मोटे विवाद हुए थे और उन्हीं दिनों अमरोही ने उन्हें घर से निकाल दिया था। फ़िल्मों में नाम कमाने के इच्छुक शानदार मद्रास-बंगलौर कई जगहों पर गए। उन दिनों मद्रास में बहुत-सारी हिंदी फ़िल्में बनती थीं, लेकिन वहाँ भी उन्हें उचित मौक़ा नहीं मिल सका। निर्माता-निर्देशकों को लगता था कि कमाल अमरोही के बेटे को क्या काम दें? उलटा वही दूसरों को काम दे सकता है। कई जगहों पर भटकने के बावजूद शानदार को सफलता नहीं मिली। बीच-बीच में वे बंबई भी आते, लेकिन यहाँ भी उन्हें कोई मौक़ा

नहीं मिला। कहीं काम न मिलने की वजह से वे निराश हो गए, शानदार की अमरोही से पटती नहीं थी, इसलिए वे ज़्यादा दिन बंबई में नहीं रहे। कलकत्ता जाकर उन्होंने एक नौकरी कर ली, लेकिन वहाँ भी उन्हें मुश्किलों का सामना करना पड़ा और वे घर वापस लौट आए। यह बात 1975 की है। अमरोही उन दिनों *रज़िया सुलतान* के कलाकारों के चयन में व्यस्त थे।

अमरोही के कई रिश्तेदारों और परिचितों ने उन्हें समझाने की कोशिश की कि शानदार बहुत निराश है, उसे सँभालने के लिए आपको ही कुछ करना होगा, उसे एक मौक़ा देना होगा, लेकिन शूटिंग शुरू होने का समय आ गया, तब तक अमरोही शानदार के बारे में कोई फ़ैसला नहीं कर सके थे। फ़िल्म में रज़िया के भाई की खलनायक की एक भूमिका थी, उस भूमिका के बारे में वे कुछ अच्छे कलाकारों पर विचार कर रहे थे।

रज़िया सुलतान की शूटिंग होने से एक दिन पहले शाम को स्टूडियो से घर लौटने पर अमरोही ने शानदार को आवाज़ देकर बुलाया और कहा, "शानदार, कल से मैं एक नई फ़िल्म की शूटिंग करने जा रहा हूँ, उसमें एक किरदार है, तुम कर सकते हो? लेकिन अभिनेताओं के व्यक्तित्व में जो एक चमक होती है, जो एक बाँकपन होता है, वह भी मुझे तुममें कभी नज़र नहीं आया। बाहर के किसी आदमी के मुँह से मैंने तुम्हारे बारे में कभी कोई आशाजनक बात नहीं सुनी। यही कारण है कि तुम्हें यह भूमिका देते हुए मुझे डर लग रहा है।"

"अब्बा, वह भूमिका मुझे दीजिए, एक बार कैमरे के सामने खड़ा हो जाऊँ, तो निश्चित रूप से अच्छा अभिनय करूँगा।"

"ठीक है, लेकिन मेरी भी एक शर्त है, पहले ही शॉट में तुम्हें अपने आपको साबित कर दिखाना होगा और अगर तुम नहीं कर सके तो समझ लो तुम्हारे लिए आख़िरी मौक़ा होगा। तुम्हें मेरे घर से निकल जाना होगा। उसके बाद बंबई के स्टूडियो तो क्या बंबई के आसमान के नीचे भी तुम्हें देखना नहीं चाहूँगा।"

शानदार ने यह चुनौती स्वीकार कर ली। रज़िया के भाई फ़िरोजशाह रुकनुद्दीन की भूमिका करने का अवसर उन्हें मिल गया। अगले दिन शानदार पर एक दृश्य फ़िल्माया गया, जो पहली ही बार में अमरोही की अपेक्षा पर खरा उतरा।

उसके बाद ताजदार ने भी फ़िल्म में काम करने की इच्छा व्यक्त की। उसने बेहराम शाह नामक किरदार निभाया। अमरोही ने शानदार को मौक़ा तो दिया, लेकिन उसकी मर्ज़ी के मुताबिक़ उन्होंने उसे उतनी पब्लिसिटी नहीं दी। उन्होंने शानदार से कहा, "अगर तुम अच्छे कलाकार हो तो जंगल में रहोगे, तो लोग तुम्हें ढूँढ निकालेंगे।" लेकिन इस फ़िल्म में शानदार के अभिनय पर किसी ने ख़ास ध्यान नहीं दिया और इस तरह अभिनेता के रूप में उसके करियर पर पूर्ण विराम लग गया।

अमरोही ने अपने बच्चों को लेकर कुछ सपने देखे थे। उनकी बेटी रुख़सार कहती हैं, "वे शानदार भाई को इंजीनियर और ताजदार भाई को बैरिस्टर बनाना चाहते थे। अब्बा फ़िल्मों में काम तो करते थे, लेकिन उनके ख़यालात पुराने ही थे। उनका मानना था कि अपने घर की रीति-रिवाज को निभाना चाहिए। मैं उनकी लाड़ली बेटी थी, लेकिन उन्होंने मुझे बेटों की तरह हॉस्टल में रखकर नहीं पढ़ाया। युवतियों-स्त्रियों का घर से बाहर जाकर पैसे कमाना उन्हें अच्छा नहीं लगता था। उन्होंने मुझसे कहा था, 'देखो, रुख़सार निर्माता-निर्देशक तुम्हें नायिका की भूमिका के लिए ऑफ़र करते हैं, लेकिन तुम्हारा फ़िल्मों में काम करना मुझे बिलकुल अच्छा नहीं लगेगा। तुम्हें काम करना ही है, तो तुम निर्देशन, संपादन जैसे क्षेत्रों में काम कर सकती हो'।" रुख़सार कहती हैं कि बेटों को लेकर अब्बा की इच्छा पूरी नहीं हुई। शानदार भाई, ताजदार भाई पढ़ाई-लिखाई में उतने दक्ष नहीं निकले। आस-पास के लोग भी उनसे यही कहते, 'तुम्हारा क्या है, तुम अमरोही के बेटे हो, तुम्हें दूसरे क्षेत्र में जाने की क्या ज़रूरत है। तुम इसी क्षेत्र में काम करो'। शानदार भाई ने *रज़िया सुलतान* में काम किया, लेकिन अभिनेता के रूप में वे सफल नहीं हो सके। ताजदार भाई ने निर्देशन के क्षेत्र में उतरकर *एक नंबर का चोर* नाम की फ़िल्म बनाई, पर अब्बा बहुत नाराज़ हुए। उन्हें लगा कि उनका बेटा *एक नंबर का चोर* जैसे नाम की फ़िल्म बना रहा है।

खैर, अमरोही की दूसरी फ़िल्मों की तरह ही *रज़िया सुलतान* की शूटिंग भी धीमी रफ़्तार से चल रही थी। इस फ़िल्म में धर्मेंद्र हब्शी गुलाम की भूमिका में थे, इसलिए उनके सेट पर पहुँचते ही मेकअप मैन उनके सुदर्शन गोरे चेहरे पर कालिख लगा देता था। अमरोही दिन भर एकाध शॉट लेते और कभी-कभार तो एक भी शॉट पूरा न होता, पर धर्मेंद्र को सेट पर दिन भर कालिख लगाया चेहरा लेकर बैठना पड़ता था। इस वजह से सेट पर मौजूद कुछ लोग हँसी-मज़ाक़ में यह कहते थे कि बेचारे धर्मेंद्र के सुदर्शन चेहरे पर कालिख पोतकर अमरोही मीना कुमारी के साथ उनके प्रेम-प्रसंग का बदला ले रहे हैं, लेकिन सेट पर दोनों को देखकर नहीं लगता था कि उनके बीच कभी मनमुटाव रहा होगा। धर्मेंद्र अपनी ओर से पूरा सहयोग कर रहे थे। इस फ़िल्म में रज़िया की सहेली की भूमिका परवीन बाबी निभा रही थीं, लेकिन उन्होंने रीशूटिंग करने, सेट पर देर से आने जैसे नाटक शुरू कर दिए। *पाकीज़ा* के दौरान मेहताब, नादिरा बब्बर वगैरह के साथ इस मामले में जो कुछ भी हुआ था, संभवतः वह उन्हें पता नहीं था। फ़िल्म का एक दृश्य हेमा मालिनी और परवीन बाबी पर फ़िल्माया जाना था। परवीन बाबी के साथ हेमा मालिनी का सोहराब से मिलने जाने का दृश्य था। कमालिस्तान स्टूडियो में सेट लगाया गया था। शूटिंग की तारीख़ देकर परवीन बाबी सेट पर नहीं आईं। हेमा मालिनी और सोहराब सहित यूनिट दिन-दिन भर इंतज़ार करती रहती। वे आज आएँगी, कल आएँगी

करते-करते दो-तीन महीने बीत गए। उनके आने के कोई आसार नज़र नहीं आ रहे थे। आख़िरकार, अमरोही ने यूसुफ़ नक़वी को मद्रास भेजकर एक चीता मँगाया। राजकुमारी होने के नाते रज़िया का अकेले जाना उचित नहीं था, इसलिए रज़िया चीता लेकर सोहराब से मिलने जाती है। इस तरह का दृश्य फ़िल्माया गया है और परवीन बाबी के सीन काटकर उन्हें फ़िल्म से बाहर किया गया।

रज़िया सुलतान की शूटिंग के एक शिड्यूल में अमरोही के सामने धर्मेंद्र की तारीख़ों की समस्या खड़ी हो गई। धर्मेंद्र यानी फ़िल्म के पात्र याक़ूत को क़ैद की सज़ा हो जाने के बाद रज़िया का उससे मिलने जाने का दृश्य था। धर्मेंद्र कोई तारीख़ नहीं दे पा रहे थे, लेकिन अमरोही उनके इंतज़ार में नहीं बैठ सकते थे।

उन्होंने इस दृश्य का संवाद और उसका ट्रीटमेंट ही बदल दिया। उस दृश्य को बदलकर उन्होंने कुछ इस तरह कर दिया कि रज़िया याक़ूत से मिलने जाती है, क़ैदखाने में अंधेरा है, इसलिए याक़ूत दिखाई नहीं देता। ज़ंजीरों में जकड़े किसी के चलने की आहट सुनाई देती है। रज़िया, याक़ूतऽऽऽ याक़ूतऽऽऽ की हाँक लगाती है, इतने में याक़ूत की आवाज़ सुनाई देती है, "मैं तुम्हें देख लूँगा रज़िया, तो मर नहीं सकूँगा, मेरी आँखें खुली रह जाएँगी। तुम्हें देखने के लिए..." इस तरह के संवाद लिखकर उन्होंने यह दृश्य सिर्फ़ हेमा मालिनी पर फ़िल्माया और डबिंग के वक़्त धर्मेंद्र से डायलॉग बुलवा लिए।

'*रज़िया सुलतान*' के सेट पर हेमा मालिनी, कमाल अमरोही और विनोद खन्ना

रज़िया सुलतान के एक-दो शिड्यूल में *जलता है बदन* वाला गीत, फ़ख़रुद्दीन के राजमहल के कुछ दृश्य और *ऐ दिले नादाँ*वाले गीत की इनडोर शूटिंग हो चुकी

थी। इस गाने का सेट मोहन स्टूडियो में लगाया गया था। फ़िल्म में यह गीत हेमा मालिनी पर फ़िल्माया गया था। इस गाने के लिए अमरोही ने रेगिस्तान का सेट लगाया था। फ़िल्माने के बाद उस गाने को देखा गया, तो जो इफ़ेक्ट आना चाहिए था, वह आया नहीं था। रेगिस्तान के सेट से प्राकृतिक रेगिस्तान वाली बात पैदा नहीं हो सकी थी। लिहाज़ा, फ़िल्माया हुआ गाना डिब्बे में डालकर राजस्थान के रेगिस्तान में उसकी शूटिंग करने का फ़ैसला किया गया, लेकिन

राखी और राजेश खन्ना 'मजनूँ' में

जल्द ही अमरोही समझ गए कि पैसे के अभाव में आगे की शूटिंग नहीं हो सकती।

इसी दौरान उन्हें डॉ. राही मासूम रज़ा के ज़रिए फ़िल्म *मजनूँ* का प्रपोजल मिला। इस फ़िल्म के निर्माता थे राजेश खन्ना और उनके ससुर चुन्नी भाई कापड़िया। फ़िल्म के निर्देशन की ज़िम्मेदारी अमरोही को सौंपी गई, जबकि पटकथा और संवाद डॉ. राही मासूम रज़ा ही लिखने वाले थे। मध्यप्रदेश के उज्जैन के पास स्थित माँडू प्रदेश के राजा बाज़ बहादुर और रूपमती की प्रेम कहानी पर आधारित फ़िल्म थी वह। बादशाह अकबर के ज़माने में बाज़ बहादुर माँडू के राजा थे। वे अच्छे सितार वादक भी थे। इस फ़िल्म पर चर्चा राजेश खन्ना के बंगले पर होती थी। निर्माता होने के नाते राजेश खन्ना फ़िल्म के नायक की भूमिका ख़ुद करना चाहते थे।

फ़िल्म के लेखन को लेकर एक बैठक के दौरान सवाल उठा कि रूपमती की भूमिका कौन करे। कमाल अमरोही ने तपाक से कहा, "रूपमती भी तो आपके घर में ही हैं।" उनका इशारा डिंपल की तरफ़ था। चर्चा के दौरान वे भी वहाँ बैठी थीं। रूपमती की भूमिका के लिए ऐसी अभिनेत्री की ज़रूरत थी, जो राजेश खन्ना के स्टारडम पर खरी उतरती हो और सुंदर हो। डिंपल इन दोनों शर्तों पर खरी उतरती थीं, लेकिन राजेश खन्ना ने यह प्रस्ताव अस्वीकार कर दिया। असली ज़िंदगी में

पति-पत्नी की जोड़ी को दर्शक प्रेमी-प्रेमिका के रूप में स्वीकार करेंगे या नहीं, उन्हें इसकी आशंका सता रही थी। इसके अलावा उनके इंकार की एक वजह यह भी थी कि शादी के बाद डिंपल ने फ़िल्मों में काम करना बंद कर दिया था। आख़िरकार, ढेर सारी अभिनेत्रियों पर विचार करने के बाद सर्वसम्मति से रूपमती की भूमिका के लिए राखी का चयन किया गया। ख़य्याम के संगीत निर्देशन में फ़िल्म के गाने रिकॉर्ड किए गए।

कुछ दिनों बाद चेंबूर के आरके स्टूडियो में भव्य मुहूर्त के साथ फ़िल्म की शूटिंग शुरू हुई। पहले शिड्यूल में राजेश खन्ना, राखी और राजकपूर पर कुछ दृश्य और एक गाना फ़िल्माया गया। दूसरे शिड्यूल में अमरोही एक गीत शूट करने वाले थे। रूपमती के पहली बार बाज़ बहादुर से मिलने जाने के समय का अभिसार का दृश्य था। रूपमती के बाज़ बहादुर के राजमहल में क़दम रखने का दृश्य फ़िल्माने के लिए अमरोही ने पाँच हज़ार सफ़ेद कबूतरों के पैरों में धुंघरू बाँध कर उन्हें आकाश में उड़ाने का फ़ैसला किया था।

दूसरे शिड्यूल की तारीख़ तय होने से पिछले शिड्यूल में फ़िल्माए गए गाने का ट्रायल जुहू के बीआर थियेटर में रखा गया। ट्रायल के समय राजेश खन्ना, डिंपल, राखी, चुन्नी भाई कापड़िया, कमाल अमरोही वगैरह उपस्थित थे।

फ़िल्माए गए गाने में राखी गज़ब की सुंदर दिख रही थीं। ट्रायल ख़त्म होने के बाद डिंपल ने राखी से कहा- "आई एम जेलस।" उस समय तो राखी ने कोई प्रतिक्रिया व्यक्त नहीं की, लेकिन घर जाने के बाद रात के लगभग दो-ढाई बजे उन्होंने फ़ोन करके कमाल अमरोही को डिंपल की प्रतिक्रिया के बारे में बताया और कहा, "कमाल साहब!, मुझे असहज महसूस हो रहा है, क्योंकि डिंपल मुझे डिस्टर्ब लग रही थीं। वह यह भूमिका करना चाहती थीं, लेकिन मिल मुझे गई। ऐसी स्थिति में आगे की शूटिंग होती है, तो नई समस्या पैदा हो जाएगी। इससे बेहतर होगा कि मैं ख़ुद को इस फ़िल्म से अलग कर लूँ।"

राखी की बात सुनकर अमरोही भी चिंता में पड़ गए। राखी की बात ग़लत भी नहीं थी। क्या किया जाए, कुछ समझ में नहीं आ रहा था, लेकिन वह या राखी कोई निर्णय लेते, इससे पहले सौभाग्य कहें या दुर्भाग्य, लेकिन फ़िल्म की शूटिंग आगे हुई ही नहीं। कुछ आर्थिक और कुछ दूसरे कारणों से चुन्नी भाई कापड़िया और राजेश खन्ना के बीच मतभेद हो गए और फ़िल्म बंद हो गई।

उसके बाद अमरोही एक बार फिर *रज़िया सुल्तान* पूरी करने के बारे में सोचने लगे। उसी दौरान एक दिन उनके मित्र और *शंकर हुसैन* के दिल्ली के वितरक ए.के. मिश्रा से उनकी मुलाक़ात हुई। प्रधानमंत्री इंदिरा गांधी के ज़माने में ए.के. मिश्रा सचिवालय में काम करते थे। दिल्ली के कनाटप्लेस इलाक़े में उनका बड़ा-सा

कार्यालय था। राजधानी प्रिंटिंग प्रेस, राजधानी वितरण वगैरह राजधानी के नाम से उनके कई व्यवसाय थे। लंदन में भी उनका अपना व्यवसाय था। उनके साथ बातचीत के दौरान अमरोही ने उन्हें अपनी समस्या बताई। ए.के. मिश्रा फ़िल्म बनाने पर तैयार हो गए। उन्होंने अपने भाई के.के. मिश्रा और बहन जीजी वाजपेयी पर फ़िल्म की आर्थिक ज़िम्मेदारी सौंपी, लेकिन उन दोनों को उस क्षेत्र की कोई जानकारी नहीं थी। किसी सीन की कोई माँग होती, तो क्वालिटी में कमाल अमरोही उनके साथ किसी तरह का समझौता नहीं करते थे। मोती महल के दृश्य को यथार्थपरक बनाने के लिए उन्होंने ट्रक भरकर मोती मँगाए? लेकिन जीजी वाजपेयी और के.के. मिश्रा को लगा कि बेकार पैसे बहाए जा रहे हैं। नतीजतन, शूटिंग के दौरान अमरोही और मिश्रा भाई-बहन के बीच तनाव रहने लगा। इस तरह की न जाने कितनी कठिनाइयों से जूझते हुए *रज़िया सुलतान* पूरी हुई और 1983 में उसका प्रदर्शन हुआ। अमरोही को जितनी उम्मीद थी, यह फ़िल्म उतनी चली नहीं। इसका मुख्य कारण यह था कि फ़िल्म की विशुद्ध फ़ारसी जो आम दर्शकों के सिर के ऊपर से चली गई। दूसरे, यह रज़िया और याकूत की प्रेम कहानी पर आधारित फ़िल्म थी। एक शहज़ादी एक गुलाम से प्यार करती है और उसके लिए राज तक छोड़ने को तैयार है, इस फ़िल्म का मुख्य विषय यही था, लेकिन फ़िल्म में रज़िया और याकूत के प्रेम के मुक़ाबले युद्धों और राजनीति को ज़्यादा तरजीह दी गई थी, नतीजतन, फ़िल्म का मूल आशय ही ग़ायब था।

रज़िया सुलतान के बाद अमरोही *राहत* नाम की एक फ़िल्म बनाने वाले थे। पुरातत्त्व विभाग में काम करने वाला एक नवयुवक शोध के लिए आगरा जाता है और वहाँ एक युवती से प्यार करने लगता है। उसके बाद नौजवान और नवयुवती के जीवन में जो कुछ भी घटता है और उन घटनाक्रमों का उनके भावी जीवन पर जो प्रभाव पड़ता है, इसी विषय पर आधारित यह सामाजिक कहानी थी। इस फ़िल्म के लिए सबसे पहले अमरोही ने अमिताभ बच्चन को लेने के लिए सोचा, लेकिन अत्यंत व्यस्त होने के नाते अमिताभ ने उस फ़िल्म में काम करने से इंकार कर दिया। उन्हीं दिनों जैकी श्राफ ने विल्स सिगरेट के विज्ञापन में काम किया था, उस विज्ञापन को देखकर अमरोही ने नायक की भूमिका के लिए जैकी श्राफ का चयन किया। उनकी प्रेमिका की भूमिका शीबा और पत्नी की भूमिका सोनू वालिया करने वाली थीं। फ़िल्म के दो गाने भी रिकॉर्ड कर लिये गए। फ़िल्म के संगीतकार थे ख़य्याम और गीत लिखे थे निदा फ़ाज़ली ने। फ़िल्म शुरू होने तक जैकी दूसरी फ़िल्मों में व्यस्त हो गए, इसलिए उनकी जगह कबीर बेदी को लिया गया, लेकिन आगे चलकर फाइनैंस की समस्या खड़ी हो गई और अमरोही की तबीयत भी ख़राब रहने लगी। बरसों स्टूडियो, शूटिंग, एडिटिंग वगैरह में व्यस्त रहने वाले अमरोही ने एक बार जो चारपाई पकड़ी, तो उन्हें कई छोटी-छोटी बीमारियों ने घेर लिया, लेकिन अमरोही इतनी जल्दी

हार मानने वाले नहीं थे। 85 बरस ज़िंदा रहकर जीवन का आनंद उठाने की उनकी इच्छा थी, लेकिन शरीर उनके मन का साथ नहीं दे रहा था। इसलिए उन्हें आराम नहीं मिल रहा था। अमरोही की तबीयत सुधर नहीं रही थी। एक न एक शारीरिक परेशानी लगी रहती थी। ऊपर से उन्हें फेफड़े की बीमारी लग गई थी।

बाबरी मस्जिद ध्वंस के बाद 1992 के अंत तक जब बंबई के दंगे चल रहे थे, तब अमरोही का स्वास्थ्य ज़्यादा ख़राब हो गया। उनके फेफड़ों में पानी भर गया था। उन्हें बांद्रा के आराधना अस्पताल में भर्ती कराया गया। अमरोही प्रबल जिजीविषा के व्यक्ति थे। अपने जिजीविषा के दम पर उनकी तबीयत धीरे-धीरे सुधरने लगी, लेकिन कछ ही दिनों बाद, शारीरिक व्याधियाँ उनकी जिजीविषा पर भारी पड़ने लगीं और फ़रवरी में उन्हें दोबारा अस्पताल में भर्ती कराना पड़ा। एक-दो दिनों में उनकी तबीयत में थोड़ा सुधार होने पर अस्पताल में मिलने आए ताजदार से उन्होंने मज़ाक़ में कहा, "मैं जल्दी ठीक हो जाऊँगा। यहाँ की डॉक्टर कह रही है कि आप जल्दी ठीक हो जाओ। मैं आपसे शादी करूँगी।" उनका इलाज कर रही एक युवा डॉक्टर ने उनका दिल रखने के लिए यह बात कही थी, लेकिन अमरोही की रसिकता बीमारी के दिनों में भी पहले ही की तरह हरी-भरी थी।

दस फ़रवरी, 1993 के दिन उनकी तबीयत ज़्यादा ख़राब हो गई। वे बेहोश हो गए। डॉक्टर ने उनके बच्चों को बुलाकर कहा, "आप लोग मानसिक रूप से तैयार हो जाएँ, कभी भी कुछ हो सकता है।" उसके बाद रात में अमरोही के बच्चे अपने-अपने घर चले गए। अमरोही के पास उनके स्टूडियो का नौकर मारुति मौजूद था। रात को लगभग ढाई बजे उनका निधन हो गया। छोटी उम्र में घर से बाहर निकले अमरोही ने तरह-तरह की कठिनाइयों का सामने करते हुए सफलता हासिल की थी। वे सच्चे कलाकार थे। संवेदनशीलता और रसिकता जैसे गुणों से संपन्न अमरोही की कहानियों-फ़िल्मों में उनकी कल्पनाशीलता स्पष्ट दिखाई देती है, लेकिन व्यक्तिगत जीवन में वे हमेशा विवादों से घिरे रहे। ख़ासतौर से अपनी रूमानियत और शादियों को लेकर, मुख्य रूप से मीना कुमारी को लेकर। इस मामले में उन पर तरह-तरह के आरोप लगे, लेकिन मीना कुमारी के साथ अपने प्रेम का सम्मान करते हुए अमरोही ने उनके बारे में कभी मुँह नहीं खोला और अपनी गरिमा बनाए रखी।

किसी शायर ने कहा है -

"ग़म तो यह है कि अहदेवफा टूट गया

बेवफा कोई भी हो, तुम न सही, हम ही सही।"

मीना कुमारी के निधन के वर्षों बाद उनकी यादों को अपनी दिल में सँजोए कमाल अमरोही जन्नतनशीन हुए। सारी ज़िंदगी ख़ूब प्रेम करने के बाद भी उनके सुख

का पलड़ा हल्का ही रहा, लेकिन मृत्यु ने उन पर मेहरबानी की। वक़्त की मार के चलते कमाल अमरोही और मीना कुमारी एक-दूसरे से अलग रहे, लेकिन मृत्यु ने दोनों को पास-पास ला दिया, जहाँ थके हुए लोगों की नींद में कोई खलल डालने नहीं आता। मझगाँव के रहमानाबाद क़ब्रगाह में कमाल अमरोही और मीना कुमारी अगल-बगल की क़ब्रों में चिरनिंद्रा में लीन हैं और अले ज़ेहरा की क़ब्र अमरोही के पैरों के पास है।

मीना कुमारी और अमरोही को जन्नतनशीन हुए लंबा अरसा बीत चुका है, लेकिन आज भी उन दोनों को लेकर किंवदंतियाँ पहले की ही तरह ताज़ा हैं। मृत्यु के बाद कमाल अमरोही पहले की तरह ही विवादों से घिरे रहे हैं। कोई उन्हें एक संवेदनशील लेखक-निर्देशक तो कोई नायक मानता है और कोई खलनायक मानते हुए उनकी आलोचना करता है। अगर आज अमरोही ज़िंदा होते तो निश्चित रूप से यही कहते –

"हर तरफ़ छा गए पैग़ाम-ए-मुहब्बत बन कर,
मुझसे अच्छी रही क़िस्मत मेरे अफ़सानों की।"

अनिता पाध्ये

1987 में पत्रकार के तौर पर करियर की शुरुआत की। इसके बाद 7 वर्षों तक हिंदी भाषा के एक फ़िल्म साप्ताहिक में काम किया। पिछले 23 वर्षों से टीवी चैनलों से जुड़ी रही हैं। ज़ी टीवी हिंदी की स्क्रिप्ट लेखक और असोसिएट डायरेक्टर के तौर पर सेवाएँ भी दे चुकी हैं। ज़ी टीवी मराठी, ई टीवी और मी मराठी के प्रोग्रामिंग हेड के रूप में अनेक उत्कृष्ट कार्यक्रम तैयार किए।

मराठी में अभी तक प्रकाशित किताबें

- एकटा जीव
- इश्क़ाचा ज़हरी प्याला
- एक होता गोल्डी
- यही है रंगरूप
- सेलिब्रिटींच्या भेटीगाठी

हिंदी में अभी तक प्रकाशित किताबें

- दस क्लासिक्स

कमाल अमरोही का
फ़िल्मी सफ़र

फ़िल्म : जेलर
वर्ष : 1938
बैनर : मिनर्वा मूवीटोन
निर्माता-निर्देशक : सोहराब मोदी
कथा-पटकथा-संवाद-गीत : अमीर हैदर अमराहोवी (कमाल अमरोही)
कलाकार : सोहराब मोदी, लीला चिटणीस, कुसुम देशपांडे, सादिक अली
संगीत : मीर सहाब

फ़िल्म : पुकार
वर्ष : 1939
बैनर : मिनर्वा मूवीटोन
निर्माता-निर्देशक : सोहराब मोदी
कथा-पटकथा-संवाद-गीत : अमीर हैदर 'कमाल'
कलाकार : सोहराब मोदी, चंद्रमोहन, नसीम, शीला
संगीत : मीर सहाब

फ़िल्म : मैं हारी
वर्ष : 1940
बैनर : मिनर्वा मूवीटोन
निर्माता : सोहराब मोदी
निर्देशक : गजानन जहागीरदार
कथा-गीत : कमाल अमरोही
कलाकार : नसीम, माया देवी, नवीन याज्ञिक
संगीत : मीर सहाब

फ़िल्म   : भरोसा
वर्ष   : 1940
बैनर   : मिनर्वा मूवीटोन
निर्माता-निर्देशक   : सोहराब मोदी
कथा   : कमाल अमरोही
कलाकार   : चंद्रमोहन, सरदार अख्तर, शीला
संगीत   : जे.पी. कपूर

फ़िल्म   : परदेसी
वर्ष   : 1941
बैनर   : रणजीत मूवीटोन
निर्माता   : चंदूलाल शाह
निर्देशक   : चतुर्भुज दोशी
कथा   : कमाल अमरोही
कलाकार   : खुर्शीद, मोतीलाल, स्नेहप्रभा, दुर्गेश
संगीत   : खेमचंद प्रकाश

फ़िल्म   : फूल
वर्ष   : 1945
बैनर   : फेमस फ़िल्म्स
निर्माता-निर्देशक   : के. आसिफ़
कथा   : कमाल अमरोही
कलाकार   : पृथ्वीराज कपूर, वीणा, सुरैया
संगीत   : गुलाम हैदर

फ़िल्म   : महल
वर्ष   : 1949
बैनर   : बॉम्बे टॉकीज़
निर्माता   : अशोक कुमार
लेखक-निर्देशक   : कमाल अमरोही
कलाकार   : अशोक कुमार, मधुबाला, विजयालक्ष्मी
संगीत   : खेमचंद प्रकाश

फ़िल्म	: दायरा
वर्ष	: 1953
बैनर	: कमाल फ़िल्मस
निर्माता-निर्देशक-लेखक	: कमाल अमरोही
कलाकार	: मीना कुमारी, नासिर खान
संगीत	: जमाल सेन

फ़िल्म	: मुग़ल-ए-आज़म
वर्ष	: 1960
बैनर	: स्टर्लिंग इन्वेस्टमेंट कं.प्रा.लि.
निर्माता-निर्देशक	: के. आसिफ़
पटकथा	: के. आसिफ़, अमान
संवाद	: अमान, कमाल अमरोही, एहसान रिज़वी व वज़ाहत मिर्ज़ा
कलाकार	: पृथ्वीराज कपूर, दिलीप कुमार, मधुबाला, दुर्गा खोटे
संगीत	: नौशाद

फ़िल्म	: ज़िंदगी और ख्वाब
वर्ष	: 1961
बैनर	: न्यू प्रेशियस पिक्चर्स
निर्माता	: दीनू देसाई
निर्देशक	: एस. बैनर्जी
कथा	: कमाल अमरोही
कलाकार	: मीना कुमारी, राजेंद्र कुमार, जयंत
संगीत	: दत्ताराम

फ़िल्म	: दिल अपना और प्रीत पराई
वर्ष	: 1964
बैनर	: महल पिक्चर्स
निर्माता	: कमाल अमरोही, बाक़र अली
कथा-निर्देशक	: किशोर साहू

| कलाकार | : मीना कुमारी, राजकुमार, नादिरा, शम्मी |
| संगीत | : शंकर जयकिशन |

फ़िल्म	: पाकीज़ा
वर्ष	: 1972
बैनर	: महल पिक्चर्स
निर्माता-निर्देशक-लेखक	: कमाल अमरोही
कलाकार	: मीनाकुमार, राजकुमार, नादिरा, वीणा व अशोककुमार
संगीत	: गुलाम मुहम्मद

फ़िल्म	: शंकर हुसैन
वर्ष	: 1977
बैनर	: महल पिक्चर्स प्रा.लि.
निर्माता	: ताज़दार अमरोही
निर्देशक	: युसुफ़ नक्वी
लेखक	: कमाल अमरोही
कलाकार	: कंवलजीत, मधुचंदा, सोहेल
संगीत	: ख़य्याम

फ़िल्म	: रज़िया सुल्तान
वर्ष	: 1983
बैनर	: राजधानी पिक्चर्स
निर्माता	: ए.के. मिश्रा
लेखक-निर्देशक	: कमाल अमरोही
कलाकार	: धर्मेंद्र, हेमामालिनी, वीणा, विजयेंद्र घाटगे, परवीन बाबी व सोहराब मोदी
संगीत	: ख़य्याम